贵州省中小学心理健康教育探索

倪 磊 主编

天津出版传媒集团
天津科学技术出版社

图书在版编目（CIP）数据

贵州省中小学心理健康教育探索 / 倪磊主编. -- 天津 : 天津科学技术出版社, 2023.2
ISBN 978-7-5742-0597-0

Ⅰ.①贵… Ⅱ.①倪… Ⅲ.①心理健康－健康教育－教学研究－中小学 Ⅳ.①G444

中国版本图书馆CIP数据核字(2022)第194713号

贵州省中小学心理健康教育探索
GUIZHOUSHENG ZHONGXIAOXUE XINLI JIANKANG JIAOYU TANSUO

责任编辑：宋佳霖
责任印制：兰　毅

出　　版：	天津出版传媒集团 天津科学技术出版社
地　　址：	天津市西康路35号
邮　　编：	300051
电　　话：	（022）23332490
网　　址：	www.tjkjcbs.com.cn
发　　行：	新华书店经销
印　　刷：	定州启航印刷有限公司

开本 787×1092　1/16　印张 12.25　字数 240 000
2023年2月第1版第1次印刷
定价：78.00元

编委会

副主编：倪思思
编　委：薛　秋　张璐璐　李燕艳　陈　娜
　　　　　李方敏　严　丽　彭小情　敖春雪
　　　　　谢远梦　姚晓峰　黄　蓉　沈　洁

前言

　　本书由贵州师范学院应用心理学系教师倪磊、中央民族大学附属中学贵阳学校专职心理教师李方敏、云南师范大学心理学专业研究生薛秋、贵州省六盘水市第二中学心理教师张璐璐、安顺学院附属中学李燕艳老师、重庆师范大学心理学硕士研究生陈娜、贵州师范大学应用心理学在读硕士研究生严丽、重庆师范大学发展与教育心理学在读硕士研究生彭小情、贵州省六盘水市第二中学心理教师敖春雪、重庆师范大学教育科学学院发展与教育心理学在读硕士研究生谢远梦、阳新县实验幼儿园教师倪思思、贵州师范学院姚晓峰、黄蓉、沈洁老师共同所编著。

　　编著团队主要信息如下：

　　李方敏，女，汉族，中共党员，云南师范大学应用心理学硕士研究生，中央民族大学附属中学贵阳学校专职心理教师，擅长以短期焦点解决为主的后现代整合流派心理咨询，解决青少年成长和人际关系问题。

　　薛秋，女，汉族，贵州毕节人，云南师范大学教育学部应用心理学在读硕士研究生，研究方向为文化心理学。

　　张璐璐，女，苗族，中共党员，贵州普安人，六盘水市第二中学专职心理教师。

　　李燕艳，女，汉族，贵州六盘水人，安顺学院附属中学专职心理教师。

　　陈娜，女，汉族，中共党员，贵州晴隆人，国家三级心理咨询师，重庆师范大学应用心理学硕士研究生，研究方向为应用心理学与思想政治教育。

　　严丽，女，土家族，中共党员，贵州师范大学应用心理学在读硕士研究生。

　　彭小情，女，汉族，中共党员，重庆云阳人，重庆师范大学发展与教育心理学硕士研究生，研究方向为人格与认知。

　　敖春雪，女，汉族，贵州六盘水人，六盘水市第二中学专职心理教师。

　　倪磊，贵州师范学院应用心理学系主任，马来西亚国立大学心理学在读博士，贵阳市乌当区未成年人心理服务中心负责人，国家二级心理咨询师。

　　谢远梦，女，汉族，贵州遵义人，重庆师范大学教育科学学院发展与教育心理学在读硕士研究生，研究方向为学习心理学。

倪思思，女，汉族，湖北阳新人，阳新县实验幼儿园教师。

姚晓峰，男，河南平舆人，硕士研究生，讲师，研究方向为课程融合与教育管理。

黄蓉，女，贵州遵义人，土家族，贵州师范学院教育科学学院讲师，专业为心理统计与测量，研究方向为统计测量。

沈洁，女，安徽淮南人，汉族，心理学硕士，贵州师范学院教育科学学院讲师，研究方向为心理健康教育。

本书分为十一章。第一章贵州省中小学心理健康教育概述由云南师范大学心理学专业研究生薛秋所著；第二章贵州省中小学心理健康教育体系的建构由中央民族大学附属中学贵阳学校专职心理教师李方敏所著；第三章贵州省中小学心理健康教育课堂由六盘水市第二中学心理老师张璐璐所著；第四章贵州省中小学心理辅导工作模式由安顺学院附属中学心理老师李燕艳所著；第五章贵州省中小学心理危机干预由重庆师范大学心理学研究生陈娜所著；第六章贵州省中小学心理教师职业晋升状态由贵州师范大学应用心理学在读研究生严丽所著；第七章贵州省中小学心理教师的心理成长由重庆师范大学发展与教育心理学硕士彭小情所著；第八章贵州省中小学心理教师专业成长路径由六盘水市第二中学心理老师敖春雪所著；第九章智能时代中小学心理教师的发展由重庆师范大学教育科学学院发展与教育心理学在读硕士谢远梦所著；第十章省培计划（2021）"五育并举·融合育人"中学骨干教师培训项目由贵州师范学院应用心理学系教师倪磊所著；第十一章中小学"六心一体"心理健康教育模式探究——以贵州省A区为例由贵州师范学院应用心理学系教师倪磊所著。

目录

第一章　贵州省中小学心理健康教育概述　1
　　第一节　中小学心理健康教育的内涵　2
　　第二节　中小学心理健康教育现状　3
　　第三节　中小学心理教师工作现状及原因分析　6
　　第四节　中小学心理健康教育管理策略　9

第二章　贵州省中小学心理健康教育体系的建构　16
　　第一节　中小学心理健康教育体系概述　16
　　第二节　中小学心理健康教育体系建设进展与存在的问题　22
　　第三节　"非常时期"中小学家校协同进行心理健康教育体系的建构　26

第三章　贵州省中小学心理健康教育课堂　33
　　第一节　中小学心理教师授课模式　33
　　第二节　中小学心理健康教育常规课堂案例集　36
　　第三节　中小学团体心理健康教育活动课案例集　46

第四章　贵州省中小学心理辅导工作模式　55
　　第一节　中小学心理教师队伍及心理咨询室的建立　55
　　第二节　中小学心理健康教育的主要任务　61
　　第三节　中小学心理健康教育的工作评估　68

第五章　贵州省中小学心理危机干预　71
　　第一节　中小学心理危机的干预方法　71
　　第二节　中小学心理危机干预体系建设　75

第六章　贵州省中小学心理教师职业晋升状态　79
　　第一节　中小学心理教师职业发展的重要性　79
　　第二节　中小学心理教师职业晋升及培训　82

第七章　贵州省中小学心理教师的心理成长　94

　　第一节　中小学心理教师心理成长的内涵与意义　94
　　第二节　中小学心理教师工作困境及心理成长现状　100
　　第三节　中小学心理教师心理成长的影响因素　102
　　第四节　中小学心理教师心理成长的应对策略　103

第八章　贵州省中小学心理教师专业成长路径　109

　　第一节　中小学心理教师专业成长条件　109
　　第二节　中小学心理教师的专业培训　111
　　第三节　个体心理咨询案例交流　113

第九章　智能时代中小学心理教师的发展　116

　　第一节　智能时代背景下的现代教育课堂　116
　　第二节　智能时代中小学心理教师的应对策略　117
　　第三节　智能时代有利于中小学心理教师发展的因素　118
　　第四节　智能时代中小学心理教师应改善的方面　122

第十章　省培计划（2021）"五育并举·融合育人"中学骨干教师培训项目　126

　　第一节　申报准备　126
　　第二节　具体实施　136
　　第三节　学员反馈　148
　　第四节　总结反思　157

第十一章　中小学"六心一体"心理健康教育模式探究——以贵州省A区为例　166

　　第一节　成果报告　167
　　第二节　学生送课下校材料　177
　　第三节　A区未成年人心理健康日活动　205
　　第四节　团队对外开展关于中小学心理健康教育的部分讲座　211

附录　214

　　附录一　气质类型与职业选择情景剧剧本　214
　　附录二　A区教育局与贵州师范学院德育安全网格化心理服务项目合作合同书　215

第一章 贵州省中小学心理健康教育概述

随着我国经济和社会的迅速转型以及生活节奏的加快,各种社会竞争压力也接踵而至,由此引发的心理问题也愈加凸显。2012年修订的《中小学心理健康教育指导纲要》(以下简称《纲要》)建议各级教育行政机关、学校要充分运用地方或学校课程,对学生开展科学、系统的心理健康教育;同时要加强师资力量的培养,配备一支稳定且专业化、科学化的中小学心理教师队伍。但《关于加强心理健康服务的指导意见》(以下简称《意见》)(国卫疾控发〔2016〕77号)指出,我国心理健康服务远不能满足大众需求和社会发展的需要,加强心理健康服务和建立健全社会心理服务体系十分紧迫。《意见》还将"全面加强儿童青少年心理健康教育"作为心理健康服务内容之一。2018年发布的《中共中央 国务院关于全面深化新时代教师队伍建设改革的意见》明确提出了要从战略和全局的高度认识到教师队伍建设的重要性,把全面加强教师队伍建设作为一项重大政治任务和根本性民生工程切实抓紧、抓好,而中小学心理教师作为教师队伍的重要组成部分,各级党委和政府应引起高度重视。

中小学心理健康教育工作是提高中小学生心理素质、促进其身心健康及和谐发展的重要举措,对全面推进素质教育也至关重要。而心理教师作为心理健康教育教学的执行者,承担着提高心理健康教育质量的重任。

贵州省是一个具有地域特色的多民族大省,有其独特的区域文化。与其他地区相比,该地中小学心理教师面临的心理压力和心理健康教育问题既相似又不同。因此,明确贵州省中小学心理健康教育的发展和教师的现状,既能为贵州省有效发展心理健康教育奠定基础,又可以进一步科学指导和规范中小学心理健康教育。

第一节　中小学心理健康教育的内涵

一、中小学心理健康教育

自 20 世纪 80 年代以来，全国各大中小学校都在开展不同程度的心理健康教育活动，但针对此活动的表述却不尽相同。直到 20 世纪 90 年代教育部发布了多份文件，从政策层面上对"心理健康教育"进行了表述，才明确了学校心理健康教育的内涵。

部分研究者认为，中小学心理健康教育是针对中小学生生理和心理发展特点，采用相关的心理教育方法与手段，以培养学生心理素质、促进其身心协调发展、提高其综合素质的教育活动。不难看出，该定义将中小学生列为接受心理健康教育的主体，采用心理教育的有关方法与手段，目的是使其具有良好的心理品质。

在过去的十多年里，有研究者认为学校心理健康教育包含学生和教师两个部分，也有研究者把教师和家长的心理健康教育纳入中小学心理健康教育的系统中，这些研究对于进一步完善学校心理健康教育理论体系具有重要的参考价值。然而，不论中小学心理健康教育系统是否包含教师或家长，其职能始终是面向全体学生。而面向教师或家长开展的心理健康教育，最终还是为了形成家校联动，充分挖掘学生的心理潜力。

本书认为，目前我国中小学的心理健康教育仍以中小学生为主要对象，而心理教师除了担任学生心理健康教育的实施者，还承担着帮助教师和家长开展心理健康教育工作的职能。

二、中小学心理教师（以下简称"心理教师"）

作为心理健康教育的主要施行者，心理教师是随着我国中小学心理健康教育工作的开展而出现的一种新型的教师角色类型。心理教师不等同于德育专干、班主任，心理教师有其特有的职业属性、职责分工和学科地位。但由于我国心理健康教育工作起步较晚，教育界和学术界目前尚无权威的专门的定义。一般认为，心理教师是具备扎实的心理学、教育学理论基础，并接受了专业的知识学习和技能培训，能够充分地掌握和应用心理健康教育的教学方法与手段，以培养学生心理素质、促进其身心全面和谐发展为主要教育任务的教师。

第二节 中小学心理健康教育现状

一、中小学心理健康教育向好的方向发展

我国心理健康教育起步于 20 世纪 80 年代初期，在经历了四十多年的探索与实践后，仍处于发展阶段。就贵州省本土的心理健康教育发展来看，心理健康教育从 2014 年起才逐渐进入大众的视线，慢慢受到人们的重视。贵州省的心理健康教育从默默无闻到走进大众视野有以下几点原因：

（一）政策上开始重视中小学心理健康教育

随着国家的发展和中小学生日益凸显的心理问题，政府也开始重视起中小学生的心理健康问题，并逐步推出了许多政策来推进中小学心理健康教育事业的发展。1999 年发布的《中共中央 国务院关于深化教育改革全面推进素质教育的决定》明确指出："学校要加强学生的心理健康教育，培养其坚韧不拔的意志、艰苦奋斗的精神以及增强适应社会生活的能力。"同年，教育部还成立了"全国中小学心理健康教育咨询委员会"，并在部分省市开展与心理健康有关的研究与实验。2000年 12 月发布的《中共中央办公厅 国务院办公厅关于适应新形势进一步加强和改进中小学德育工作的意见》指出："中小学要注重学生的心理健康问题，培养学生良好的心理品质，增强其心理韧性。"随后，在 2001 年 5 月印发的《国务院关于基础教育改革与发展的决定》中更加明确地提出了"要将中小学心理健康教育放在学校工作的重要位置"。除此之外，2000 年在上海召开了全国中小学心理健康教育实验区课题研讨会，2001 年在贵阳召开了全国中小学心理健康教育实验区课题研讨会，说明大多数学者已经开始对中小学心理健康教育有了自己的见解，这推动了中小学心理健康教育的发展。2012 年，教育部在认真总结了近些年全国各地心理健康教育工作经验的基础上，印发了《纲要》，自此后，贵州省的中小学心理健康教育工作进一步得到了科学、规范的指导。

（二）地方教育行政部门加强了对中小学心理健康教育的领导

2014 年 5 月，贵州省教育厅决定创建中小学心理健康教育特色工作，启动并实施特色学校争创计划，旨在提高中小学生心理素质，不断创新和推进中小学德育工作。贵州省教育厅要求，各中小学至少要配备 1 名专职心理教师，且学校师资培训内容中要包含心理健康教育。在硬件设施方面，为满足学生心理辅导的需

求，学校要配备个体咨询室、团体辅导室、心理拓展训练室等心理辅导场所，并定期对学生开放，且提供给学生使用的时间每周不少于10小时。在教育教学方面，学校要专门开设心理健康课程，每班每周或是每两周开设1次心理健康课，除此之外，心理教师还要在学校开展各种形式的心理健康教育活动。专职心理教师除了做好学生心理辅导和上好心理健康课，还要每学年为家长举办一次或两次心理健康教育讲座或宣传活动，形成家校联动，协助家长共同解决学生在成长过程中出现的心理问题。

随着中小学心理健康教育工作的推进，贵州省教育行政领导组织成立了中小学心理健康教育领导小组。为进一步统筹好心理健康教育的规划、指导、协调、检查及培训工作，还成立了专家指导小组。

（三）学校教师开始意识到中小学心理健康教育的重要性

随着中小学生心理问题频发以及贵州省心理健康教育工作的开展，越来越多的学校意识到在中小学开展心理健康教育的必要性。有的学校通过建立5个"1"工程（1份小报、1个信箱、1个环境、1个电话和1个咨询室）来打造学校心理健康特色工作。更多的学校则是配备一名专职心理教师或几名兼职心理教师来负责创建和管理心理健康教育指导中心，并通过开设心理健康课程、举办心理健康教育讲座或宣传活动、建立心理信箱、开通心理热线等方式来推动学校心理健康教育工作开展。此外，学校还鼓励心理教师接受培训，积极掌握各种理论知识，以此来更好地推进学校的心理健康教育工作。如贵阳市师范学校附属实验小学自心理指导中心成立以来，就因有效地开展学校心理健康教育指导工作，获得了学校和社会的认可，并收到了许多的赞誉。

（四）贵州省开始重视心理教师培训

中小学心理健康教育的有序推进离不开一支高素质的专业教师队伍。就贵州省目前的中小学心理教师组建状况来看，专职心理教师多是应用心理学、基础心理学和教育心理学等专业毕业的学生，且多为本科生，而研究生学历的专职心理教师多分布在贵阳市或其他地级市。除了专职心理教师外，有的学校还配备了兼职心理教师，此部分教师多由道德与法治教师或其他副科教师担任，这也是导致学校心理教师专业能力不一的一大原因，且由于发展进程不一，贵州省心理健康教育较北京、上海、广东和深圳等一线城市有着较大的差距。因此，贵州省近几年在心理教师培训方面投入了大量的精力，如通过组织专家编撰师资培训用书、举办专题研修班、开展教学技能比赛、成立各种专题小组等方式来提升心理教师的专业能力。

二、中小学心理健康教育存在的误区

中小学生还属于成长和学习阶段的青少年，其身心发展还不成熟。处于发展阶段的他们在学习、生活、人际交往和升学等方面容易遇到各种心理困扰和难题，这些困扰有的可以通过他们自我调适而解决，有的因未能解决而形成心理障碍，严重的则发展成心理疾病。教育部下发的《纲要》也对中小学心理健康教育工作提出了要求，总结起来有以下两点：一是心理健康教育要面向全体学生开展，旨在增强学生抗挫折、适应环境的能力，培养其健全人格和良好的个性心理品质。二是对个别有心理困扰的学生开展心理咨询和辅导，对有心理障碍的学生进行报备并做好转介工作。总的来说，心理健康教育就是通过普遍开展多种形式的教育活动，以学生为主体，面向全体学生，充分启发和调动他们的积极性，使他们对心理健康教育有积极的认知，逐步提高他们的心理素质。不难看出，在中小学开展心理健康教育，不仅是时代发展的需求，还是对传统学校教育的补充，更是学生全面发展、实施素质教育的需求。

就目前来看，学校心理健康教育从师资到硬件的投入，都呈现出向好的方向发展的发展态势。然而，纵使所有人都意识到心理健康教育的重要性，但部分学校仍没有真正发挥学校心理健康教育的真正作用。总结下来，中小学心理健康教育存在以下两个误区：

（一）重诊断轻预防，重个体轻全体

部分学校对心理健康教育的内涵缺乏理解，导致学校对心理健康教育的认识多停留在心理疾病的治疗上。因此，部分学校认为心理健康教育就是开设心理咨询室，将工作重点放在个别学生的心理困扰的咨询、辅导以及诊治上，忽视了心理健康教育要面向全体学生的原则，忽视了大多数学生应接受心理健康教育指导的需求。这也就导致学校肩负了心理异常学生的评估以及进行心理辅导的艰巨任务，从而忽视了对更多的学生进行心理健康教育的可能，学生也减少了学会自我调节、调整认知和防患于未然的机会。

（二）家长关注少，缺乏社会合力

部分家长很关注孩子的身体健康，却容易忽略他们的心理健康。家长对孩子

的关爱，降低了孩子对心理疾病的"免疫力"和"抵抗力"。有的家长由于缺乏心理健康教育常识，以至于孩子出现不良心理现象和行为时无法及时发现，这样容易错过疏导的最佳时机。纵使部分家长能及时发现孩子的心理异常，但是缺乏解决问题的方式与途径，处理不当时也会适得其反。如2018年年底湖南省一小学六年级的小学生因母亲过度管教而弑母一案，就是家庭教养出现问题而引起。因此，心理健康教育仅有学校和教师贡献力量远远不够，还需要家长的配合与支持。家长要主动学习一些心理学的知识，重视对孩子的心理疏导，形成社会、学校、家长三方联动，这样才能真正有利于青少年身心健康和谐发展。

第三节 中小学心理教师工作现状及原因分析

一、中小学心理教师工作现状

目前，贵州省正在逐步建立社会心理服务体系，中小学心理健康教育作为其重要组成部分也受到了各部门的重视。然而，笔者在采访了多数学校的一线心理教师后，发现多数教师都觉得自己的处境很尴尬，在发展上困难重重。从以下几个方面可以看出大众对心理教师工作的认知偏差。

（一）心理教师总被视为最清闲的教师

由于"育心"是一项长期而系统性的工作，短时间内难以见效，而且由于人们对心理健康教育工作的认识还不够透彻，误把它看成与学生交谈，以至于人们认为心理教师做着最悠闲的工作。大部分人都认为心理健康教育工作是"无须测验、无须评分、讲授轻松"的工作，所以在评优、评先等方面都落后于其他教师。心理健康课是否固定，课时多少，往往取决于校级领导对它的重视，而大部分的心理教师都很难在学校全职做心理教师，往往要兼职别的科目或兼职行政工作。

（二）心理教师多是势单力薄，孤军奋战

在学校，领导和教师多认为心理教师的本职工作就是做好学校心理健康教育。所以，他们希望心理教师可以独自承担起学校心理健康教育的重任，组织和推动全校的"心育"工作，但并未赋予其相应的"位置"与职权。在中小学，班主任是推动心理健康教育工作的重要队伍，但班主任往往会把"心育"当成一种额外的负担。加上父母最在意的是孩子的成绩，更多是希望心理教师能让自己的孩子

"变"得更加热爱学习,而他们自己又很难主动地与心理教师合作来帮助孩子做出改变。所以,心理教师在学校总有一种在孤军奋战的无力感。

(三)心理教师职业发展困难

有的学校仅有一名心理教师,无法像其他学科一样定期开展教学研究,也不能在学校中找到经常性学习的专业对象,只能依靠自己去摸索和探究。在校外活动和同行交流中,心理教师的参训机会也比其他专业的教师要少。此外,与其他学科相比,心理学培训课程的费用较高,因此,学校很少为心理教师提供定期的学习机会。这些问题已成为制约心理教师个人成长与职业发展的影响因素。

(四)心理教师很难获得职业价值感

很多学生都喜欢上心理课,主要是因为他们觉得心理课能让他们暂时摆脱沉重的学习压力,是他们的"放风"时间。在课堂上,他们很难遵守课堂秩序,导致心理教师往往要花大量的精力去维护课堂秩序,也让心理课难以达到理想的教学效果。同事、家长、学生的误解与不合作,以及心理教师在工作中产生的孤独感、边缘感、不被认同感、低价值感等消极情感,使心理健康教育工作很难在学校推进,也影响了心理教师的工作积极性和工作效能。

二、原因分析

由于心理健康教育工作具有长期性、隐秘性和成效滞后性的工作特性,导致心理教师的处境困难、身份尴尬。同时,心理健康教育工作还存在多层次、多方面的复杂因素,需从多个方面进行深入的剖析。

(一)学校对心理健康教育工作存在认识误区

心理健康教育是中小学素质教育的重要内容。由于心理健康教育兴起较晚,属于新生事物,加上心理教师的工作内容相对独立,且受保密原则的限制,了解具体工作内情的人较少,导致很多人误解和误评。学校领导对心理健康教育工作的内容和所要发挥的作用也有一定的认识误区。

1.心理健康教育只是心理教师的事

学校的心理健康教育往往被视为心理教师的专职工作,一切与心理健康相关的问题都是由他们来负责,而学校对其工作的支持和指导较少。

2.心理健康教育就是上课加咨询

当谈到学校心理健康教育时，大部分人最先想到的是安排一个教师来上心理课、做心理咨询。不置可否，心理教师进行心理健康教育的主阵地是心理课堂，而心理辅导能体现一名心理教师的专业水平。但是，学校的心理健康教育绝非单纯的上课和咨询，其工作要求也不能与心理教师的要求相提并论。学校心理健康教育应该采取多种方式和途径面向全体师生和家长。

（二）心理教师的角色定位不准确

学校心理健康教育不仅体现在课堂上向学生普及心理健康知识，增强学生的心理素质和开发他们的心理潜能，还体现在师生的日常互动与交流中。心理教师在与学生的日常相处中，可以潜移默化地向他们传授"心育"理念和知识，增强学生的心理韧性。

因学校之间的发展和需求不同，心理教师在学校的定位也不同。有些学校把心理教师看作边缘的、可有可无的教师，且把心理课看作简单地讲授心理学知识，走课程化模式；有些学校把心理教师与心理医生相提并论，把心理健康教育看成对心理异常的学生进行心理辅导，走医学化模式；有些学校把心理健康教育融入德育体系中，将心理健康教育看作德育的另一种方式，让心理教师在德育处兼职工作，走德育化模式。

上述对心理教师角色的理解与定位，不能充分发挥其在学校心理健康教育中的专业优势，不能体现他们在学校心理健康教育中的中流砥柱作用，也无法实现心理健康教育在各类教育教学活动中的渗透作用。在这种情况下，即便是心理教师尽心尽责、竭尽全力，也很难达到心理健康教育真正的效果。

（三）部分心理教师的实际工作与其工作需要脱节

大部分心理教师承担着讲授心理健康课程、进行心理辅导以及开展兼职工作的重任。心理健康教育工作往往被定义为心理教师的专职工作。心理教师除了要认真设计心理健康课程，采取行之有效的方法增强学生的心理素质，还需要在课后对出现心理困扰的学生进行专业辅导。除了上述工作，心理教师还会兼职学校行政工作，可谓任务繁重。

除此之外，与其他课程相比，心理健康课的管理难度更大。要想在心理健康课上有"心理味"，教师除了要有深厚的专业基础，还要具备高超的课堂管理水平，而个案辅导能力更是体现了一名心理教师的专业技能。开展各类心理健康教育活动，对组织和管理人员的素质要求极高，这些能力是在长期工作中不断积累和提升的，不可能一蹴而就。由于缺乏专业知识和能力，一些心理教师很难胜任自己的工作。在力不从心的情况下，明知不可为而为之，其工作效果也是差强人意。以上因素在一定程度上影响了心理教师在学校中的"位置"。

（四）时代发展对心理健康教育提出了更高要求

当下，对学校心理健康教育的评价指标从"有或无"向"好和优"转变。这一评价不仅仅是看学校是否建立了心理健康教育体系，还要看其是否能在众多学校中开展属于自己学校的特色心育工作。如果学校还停留在"心理健康课＋心理辅导"的模式下，则很难在众多学校中脱颖而出，心理教师也很难获得更多的肯定和支持。随着国家和地方陆续出台有关心理健康教育的多项政策，心理健康教育正成为学校开展日常工作的一部分。基于这一社会背景，如何进一步深入和突破常规心理健康教育工作，是一项更为艰巨的任务，也是对心理教师职业素质和工作能力提出的考验。

第四节　中小学心理健康教育管理策略

一、树立大众心理健康教育观

从诸多对心理健康教育的内涵分析可知，当前较为普遍的是以师生为中心的心理健康教育。但是，随着家庭教育逐渐进入大众视野，心理学的研究内容和方法也为家庭教育提供了新的思考。因此，教师在树立大众心理健康教育观念的时候，要大力宣传心理学及其相应学科的理论与方法，使学生逐渐认识到自己身心发展的规律和特征，并能利用一定的心理矫治技术来帮助自己调节和提高自身的心理素质，进而培养良好的心理品质，促进身心健康全面和谐发展。从对象上看，心理健康教育的主体主要是学生、教师和家长等人；从工作的出发点来看，归根结底还是为了学生的健康成长。

（一）确立发展性、平衡性、生态性的理念

贵州省中小学心理健康教育工作存在着城乡分化现象，部分学校对其关注度不高，一些学校存在着片面和孤立化现象。因此，推进心理健康教育工作的全面普及，树立正确的心理健康教育观念尤为重要。值得庆幸的是，在贵州省已经出

现了推进心理健康教育工作的先行学校,如贵阳市师范学校附属实验小学已全面开展了小学心理健康教育工作。但是,要想心理健康教育取得良好的效果,教师应重视心理健康教育的全员发展性、平衡性以及生态性发展,为学生的身心发展创造良好的心理环境,促进其心理素质的提高。

"发展性"是指在充分发掘个人潜力的前提下,通过对学生的心理素质的培养,使其获得全面、协调、可持续的发展。发展性的内涵可分为三个层次:一是对象的全体性。心理健康教育是针对所有人进行的,应该以解决人们共性的成长问题为出发点。二是目标的超前性。心理健康教育以"最近发展区域"为基础,培养学生超前于当前心理发展水平,充分发挥其心理潜力。三是过程的连续性。教师要以发展的角度来思考学生的问题,善于结合学生的过去和当下现状,分析问题走向,防止轻视问题、思想僵化。

"平衡性"是指个体在生理、心理和社会发展等方面的相对平衡,以及个体心理内部要素之间的基本均衡。学生心理健康发展包括心理层面的发展,以及生理、心理和社会功能的相对健全和不断成熟。所以,人们不应过分地夸大心理健康教育的作用,也不能低估其对学生人生发展的影响,更不能忽略其对个体各方面的均衡发展。

"生态性"是指通过营造良好的心育环境,使学校、家庭、社会三者形成良性的互动关系,以此调动和发挥学生周围的各种要素,促进其心理健康发展。"生态"既是学科术语,又是一种理念、思维方式和研究方法。生态学已成为一种流行的世界观和方法论体系。生态世界观强调的是整体、动态的均衡,正好符合心理健康教育所强调的心育环境的整体与均衡。心理健康教育要依靠教师或学校的心理健康教育工作者来促进全员心理健康发展。

(二)营造生态型心理健康教育环境

随着心理学的普及,人们对心理健康教育的重视程度也日益提高。但如何利用心理学来解决日常学习、生活、工作中的问题,寻找更有效的方法来助人和自助,还需要进一步探索。就目前来看,可以采用以下方法:①运用特定的节日来宣传心理学知识。我国将每年五月的最后一周定为"心理健康周",贵州省的一些中小学会在"心理健康周"通过发放宣传资料,举办讲座、沙龙、论坛等各种大家喜闻乐见的形式,对学生和家庭心理健康教育、社会心理关爱等热门话题进行普及;②政府、学校、社会机构形成联动,构建浓厚的心理健康教育氛围。政府相关部门还可以牵头,依托科研机构进行调查,找出目前贵州省心理健康教育存在的主要问题，联合多部门参与到提升心理健康意识、提高心理素质、挖掘潜能的行动中去。

（三）社会、家庭、学校合力构成"三全育人"

新闻媒介应广泛宣传和普及心理健康知识，同时，要积极树立"教育孩子是最伟大的事业"的思想。学校在开展心理健康教育时，应与父母达成共识，通过"家长学校""家长座谈会""家委会"等多种形式开展"教子经验"交流，以打破"只要学习好，一切都好"的陈旧思想，引导父母树立科学的人才观，规范父母的教子行为，营造良好的家庭环境，培养孩子良好的心理品质。除此之外，学校还要积极寻求社会各界的大力支持，充分利用医疗机构、青少年活动中心等开展多形式、多渠道的心理健康教育活动，使学生在和谐的氛围中得到发展。只有学校、家庭、社会三者共同形成教育合力，才能达到最佳的教育效果。

二、建立网络化、互助式的心理健康教育系统

尽管近几年城镇化进程有所加快，但贵州省大部分地区还存在着城乡二元结构，所以，开展具有本区域特色的心理健康教育工作具有较大的现实意义。

（一）构建网络化的心理健康教育体系

建立以政府为主导、社会支持的教育网络平台。在政府相关部门的支持下，从人员、经费、方向、跨部门合作、教育科研、督导评估等多个层面上，把学校的心理健康教育工作打造得更加系统化、全面化。随着社会培训机构、公益组织、热心人士等社会力量的出现，一大批热心人士积极投身到心理健康教育的知识普及和宣传工作中来。

贵州省的心理健康教育工作可以借此机会在相关部门的领导下，通过多方面的努力，为青少年的健康成长创造良好的政治、物质、精神环境。同时，鼓励有资质的社会机构走进学校，深入社区和企业，开展公益性的心理健康教育知识普及活动，加强心理健康教育，提高全民的心理素质。

（二）构建城乡结对的互助式体系

城乡结对互助体系是以贵州省城乡的特点为依托，在城市的心理健康教育发展到一定程度后，建立城乡结对的精准帮扶体系。通过定期开展宣传和教研交流活动，既可以挖掘城区的心理健康教育潜在力量，提供成长平台，又能促进农村

偏远地区心理健康教育工作的开展。希望贵州省这一城乡结对的管理模式可以让更多的教育工作者积极参与到其中，并不断探索符合贵州省心理健康教育发展的管理模式。各中小学也可以通过深度探索和实践，推动贵州省中小学心理健康教育工作开展。

三、健全以激励为导向的工作管理制度

管理制度是否健全与合理，直接关系到区域性心理健康教育工作能否有效开展。而在一些发展较快且心理健康工作发展较成熟的地区，其心理健康教育管理网络也相对成熟和完善。贵州省在现有的发展基础上，可以借鉴其他地区先进的做法，这一举措可以更加科学且快速地发展好贵州省心理健康教育工作。

（一）健全矩阵式的组织管理模式

健全的心理健康教育管理体系，可以联合各职能部门对学生开展心理健康教育工作。当前，常见的心理健康教育的组织管理模式有垂直式、扁平式和矩阵式。垂直式组织管理模式是开展心理健康教育较为常用的管理形式。垂直式组织管理模式是指单独开设心理健康教育指导中心来开展相应的工作，但该模式存在着"孤军奋战"，缺少其他资源支持的弊端。扁平式组织管理模式是指将心理健康教育机构下移，变为多个平行机构，如在学校的心理辅导中心下设置年级心理辅导小组，与学校心理辅导中心共同开展心理健康教育工作。其弊端是耗费大量的人力和物力，而且不利于统一管理和横向交流。矩阵式组织管理模式是指在心理健康教育机构之外，由不同部门的人员组建一个心理健康教育项目组，以解决临时、特殊和具有危机性的问题，问题解决后，该项目即完成。这种组织形式相较于前两种更加地灵活和便捷，但缺乏权威领导的统筹协调。

目前，贵州省的心理健康教育管理模式正逐步向矩阵式发展。市级中小学心理健康教育领导小组和业务指导小组负责对全市中小学心理健康教育工作进行统筹安排，在各级各类中小学设立心理健康教育指导中心，负责开展学校心理健康教育工作。此外，教育局还设立了多个专项小组，旨在推动心理健康教育工作开展。其主要内容如下：一是设立中小学心理危机干预工作领导小组，对重大危机事件进行处理；二是设立心理健康案例督导小组，负责指导中小学开展心理辅导工作；三是设立心理健康教育工作督察小组，检查和督导各学校心理健康教育工作的开展与落实情况；四是设立心理监测小组，及时观测各学校学生的心理健康状况，做到上通下达、及时反馈，从而推动学校的教育改革。

（二）强化人本化的管理机制

贵州省中小学心理教师队伍不稳定的原因有两方面：一方面是由于师资力量的缺乏；另一方面与学校的心理教师职责不明确、缺乏激励导向的考评机制以及教师互助体系有关。实行人本化管理，既可以缓解心理教师的短缺，稳定和加强教师队伍的建设，又能吸引更多的有志于从事心理健康教育的人才，开展心理健康的宣传和教育工作。

1.明确职责

目前，贵州省中小学心理教师大多是兼职心理教师，兼职教师队伍的不稳定影响着贵州省中小学的心理健康教育发展。在兼职心理教师中，有的是班主任，有的是学校中层及以上的干部，而且兼职心理教师日常工作量较大，没有太多精力去研究和建设学校心理健康教育工作。所以，相关部门有必要明确兼职心理教师的工作职责，让那些真正热爱和愿意从事心理健康教育的教师加入该队伍中来，从而推动学校心理健康教育工作的开展。

2.具有激励导向的考核机制

兼职心理教师的不稳定制约着心理健康教育的发展。政府和各级各类部门可以采取相应的激励制度对心理教师进行激励。首先，相关部门可以通过开展评选优秀心理教师、心理教师风采展示等活动，为优秀的心理教师提供一个展示和成长的平台，鼓励优秀的心理教师在这个领域中继续成长。其次，让心理教师有更多的外出学习机会，促进区域内外的信息交流，开阔教师的专业视野，激发他们的工作积极性。最后，在心理教师的工作量方面，心理教师完成学校的心理健康教育工作后，学校可以在年度考核、评优、工作待遇等方面给予适当的倾斜，以支持和激励其工作。

3.建立教师支持体系

教师的心理健康除了自己进行调节外，学校和社会也能为他们营造良好的氛围。相关部门可以建立市与校两级的教师心理健康维护小组，拓展教师的社会支持体系。该小组可以组织开展心理健康知识讲座、教师减压心理辅导、素质拓展、兴趣小组和读书会等活动来提高教师的心理水平，丰富教师的业余活动，增强教师的心理素质。此外，学校还可以设立一个与应试课程类似的激励制度。比如，要求心理教师进行专业考核，对考核结果进行物质或是精神上的奖励，从而激发其工作与学习的热情。

4.政府要加大对心理健康教育的投入

心理教师是心理健康教育工作的推行者，相关部门可以进一步完善顶层设计和配套措施，以保障心理教师的福利。首先，相关部门可以在中小学增加心理教师编制。根据教育部相关规定，政府要为中小学配齐心理教师（尤其是教学实力较弱的学校、农村学校和边远地区的小规模学校），持续引进大量有经验、有资质的师资队伍。其次，心理健康教育是一项持续发展的工作，需要不断地投入经费来对心理教师进行专业培训和提升。再次，部分边远地区的学校硬件条件差，连基本的心理咨询室都没有，政府应该给予一定的资金投入。最后，在建立健全社会心理健康服务体系的基础上，建设好中小学校园心理健康教育指导中心（站），将多元主体的参与和社会管理相融合，为打造和谐校园、社会发挥积极作用。从制度上为加强中小学心理教师队伍建设提供依据，拓宽其职业发展空间，增强其职业认同感与满意度。

四、加强对心理健康教育工作者的研训工作

目前，在全民参与心理健康教育工作的指导思想下，上级部门已号召开展全员心理教师培训。在中小学，专兼职心理教师和班主任是心理健康教育工作的直接推行者，他们对学生的心理活动比较清楚。因此，加强对心理健康教育工作者的培训，可以直接推动学校心理健康教育工作开展。

（一）加强班主任心理健康教育能力的提升

除专兼职心理教师外，班主任是学校心理健康教育工作的中坚力量，对学生的心理健康起着不可或缺的作用。

首先，提升班主任的心理素质。有的班主任幸福感较低，有的学校和教师自身对提高自己的幸福感也不够重视。为此，可以通过开展户外素质拓展活动、趣味运动会等方式来缓解班主任的压力，重建良好的同事支持体系，帮助班主任学会自我调节。

其次，培养班主任的心理健康教育专业能力。作为与学生接触较多的个体，班主任应初步掌握心理健康教育的基本理论和技能。为此，可以开展体验活动，让班主任结合学生的日常心理辅导工作，开展案例研讨、心理辅导技巧训练、心育班会研讨，以提升其心理健康教育专业能力。

（二）强化专兼职心理教师的专业能力

目前，中小学心理教师队伍不稳定，相关部门应采取一系列措施提升现有心理教师的专业技能，以此来保障学校心理健康教育工作的有效开展。首先，强化

心理教师队伍建设。通过鼓励在职心理教师继续进修本专业课程、参加国家心理咨询师职业资格考试等方式，加强专兼职心理教师的专业知识提升，优化专业背景。其次，注重对心理教师的分层分类培训。通过专业、能力、对象分层，对专兼职心理教师进行不同层级的培训，使专业培训更具针对性。最后，强化区域内专职教师的定期性督导。建立案例督导小组、区域研修小组，既可以增强心理教师之间的交流，又可以确保其专业知识得到更新，提高他们的专业能力。

习近平同志在 2016 年 8 月 19 日至 20 日的全国卫生与健康大会中指出，要加强对心理健康的基础性研究，做好心理健康知识、心理疾病的科普宣传，规范心理治疗、心理咨询等方面的工作。近几年，我国越来越注重国民的心理健康。《关于印发全国社会心理服务体系建设试点工作方案的通知》中也体现了我国对心理健康的重视，这对心理健康教育工作者来说，是高层次的思想指导。同时，也表明了对中小学生开展心理健康教育工作的必要性和紧迫性。

目前，随着贵州省政府和社会各界的高度重视，中小学心理健康教育工作在经费支持、硬件设施、师资力量等方面逐渐取得了长足的发展，希望这些举措有助于推动贵州省中小学心理健康教育教科研工作向前迈进一步，期盼贵州省的心理健康教育事业能有更深入的探索和研究，助力中小学心理健康教育工作向更深层次发展。

第二章 贵州省中小学心理健康教育体系的建构

近年来，部分中小学在心理健康教育方面取得了很多成果，也体现出一些不足：

其一，部分学校比较重视 525 心理活动节等心理活动，但缺乏整体心理健康教育体系的构建。随着 525 心理活动节的普及，越来越多的中小学都会在每年的 5 月 25 日举办大型的心理活动，但是在节日之外的心理活动较少，让学校心理资源在时间和空间上分配不平衡。

其二，部分学校的心理健康课或者心理活动课设置不合理；部分学校的心理健康课经常有被其他文化课程占用的现象，或者在临近考试时，经常有被取消的情况发生，导致学校的心理健康教育处于一种不稳定的状态中。

其三，部分学校心理健康专兼职师资不稳定。笔者发现，在一些学校中，很多心理教师因为评职称或者待遇原因转岗；同时，有些学校心理教师是班主任兼职，有时甚至处于空缺状态。

在此背景之下，人们有必要从宏观层面去思考怎么构建中小学心理健康教育体系。

第一节 中小学心理健康教育体系概述

新的时代赋予学校心理健康教育新的内涵和意义。要想推进和深化学校心理健康教育，就应建立具有中国特色的心理健康教育体系观。在此基础上，积极开展有益于当下和未来的学校心理健康教育体系建设。积极开展学校心理健康教育，有利于优化学生的心理素质。为了保证学校心理健康教育的顺利开展，需要一个强有力的制度作为支撑和保障。该系统是基于对学校心理健康教育实际情况的分析。因此，要建立切实有效的学校心理健康教育体系，需要把握学校心理健康教育的内涵。

一、学校心理健康教育的概念

学校心理健康教育是指根据学生在生理和心理上的特征，借助于相关的心理教育技能和手段，培养学生良好的心理素质，促进学生身心和谐发展，提高学生素质的教育活动。学校心理健康教育强调面向全体学生，以学生为主体，以了解学生为基础。根据学生生理发展和心理活动的规律和特点，解决学生发展中存在的问题。因此，学校心理健康教育的根本目的是培养学生良好的心理素质，促进学生身心和谐发展，提高学生素质。

二、学校心理健康教育服务体系

学校心理健康教育服务体系是学校心理健康教育服务的载体。在学校心理健康教育服务体系中，以心理教师为核心的工作团队遵循心理健康教育的特点和规律，为师生提供不同层次的心理健康教育服务。由心理健康教育扩展到心理健康教育服务，这是学校心理健康教育的必然趋势，符合世界心理科学的发展。从国内外心理学研究服务于学校教育的历程中发现，学校心理健康教育包含三个阶段，即服务模式、医学模式与教育模式。当前，我国学校心理健康教育正处于从教育模式向服务模式逐步转变的过程中。

中小学生在成长过程中存在的很多问题是具有发展性特征的。学校构建心理健康教育体系是至关重要的，这将有利于发现学生的内在潜力。在校时期是学生发展的重要阶段，对于学生人格的形成中起着不可替代的作用。学校良好的氛围和身边优秀的人，都有助于学生的健康成长。学校应积极培养学生解决问题的能力，如调节班级人际矛盾，让他们积极参与到活动中来，并在课堂上给予鼓励和表扬，让学生觉得自己是被教师以及同学接受和认可的，从而激发他们的自我效能感和上进心。这有助于提高学生思考问题的能力、创造力和合作能力，增强他们对学校的喜爱程度。在学校的所有经历都可能是培养学生良好心理品质的重要因素。构建心理健康教育体系是学校的重要任务之一，以此发展学生智力，培养学生的创造能力，形成良好的人格，提高学生的健康水平。学校的一切工作和心理健康息息相关，两者密不可分。

学校组织文化的构建是学校心理健康教育体系得以发展的基础。每一位学生的心理健康发展都有可能受学校环境的影响。学校组织文化分为三个层次：首先是表层的物质文化，其次是中层的行为与制度文化，最后是深层的精神文化。第一层意味着学校的组织文化，例如，良好的学习氛围、齐全的学习设备等方面。这是学校价值观的外在体现。第二层是指教职工将学校的规章制度内化于心、外化于行，并从他们的行为上体现出来。学校制度文化是指包含在学校规定和标准、教学原则和既定规范中的价值导向。行为文化即学风、班风、教风。第三层包含了一直以来形成的思维理念和心理习惯。精神文化指学校价值观、校风、道德观念等。

心理健康教育体系包括心理健康教育，其同样与学校组织文化密切相关。研究表明，学生的心理健康受学校组织文化的影响，特别是学校领导的关怀和指导。学校的所有教育环节都需要积极的学校文化，心理健康教育需注重发展的意义，首要任务应放在促进学生的发展上。这样，学校环境布置才会真正考虑和尊重学生的需求，吸引学生参与。只有学校采取民主健康的管理方式，教师才会有好的态度。教师会关注每个学生的发展状况，关注学生的心理健康，并为他们提供适当的教育。

三、中小学心理健康教育体系化建设的政策基础

国家和政府高度重视中小学生心理健康教育的建设。2016年10月，中共中央、国务院印发的《"健康中国2030"规划纲要》文件明确指出，要加强心理健康服务体系建设和规范化管理。2016年12月，国家卫生计生委等22个部门联合印发的《关于加强心理健康服务的指导意见》指出，社会心理服务体系健全是实现国家长治久安的一项源头性、基础性、系统性的工作。2019年年底，国家卫健委等12个部委联合发文《关于印发健康中国行动——儿童青少年心理健康行动方案（2019—2022年）的通知》，其明确指出，到2022年年底，实现《健康中国行动（2019—2030年）》提出的儿童青少年心理健康相关指标的阶段目标，基本建成有利于儿童青少年心理健康的社会环境，形成学校、社区、家庭、媒体、医疗卫生机构等联动的心理健康服务模式。

为实现上述要求，我国关于大、中、小学德育体系建设的设想，以及我国关于心理健康教育的相关文件，为人们指明了方向。2005年，教育部发布《关于整体规划大中小学德育体系的意见》，指出大、中、小学德育要纵向衔接、横向贯通和螺旋上升……从而使小学、中学、大学各教育阶段的德育课程形成由低到高、由浅入深、循环上升、有机统一的体系，为贵州省中小学心理健康教育体系的构建提供政策依据。

四、中小学心理健康教育体系建构前提

（一）明确中小学心理健康教育的任务

中小学心理健康教育可以帮助学生更快地学会生活和学习，了解自己，增强适应社会和独立自主的能力，提高心理素质。教师要根据中小学生心理健康教育

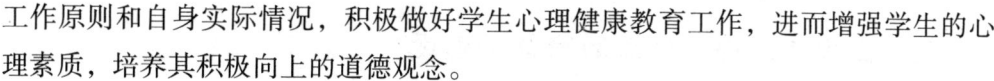

工作原则和自身实际情况，积极做好学生心理健康教育工作，进而增强学生的心理素质，培养其积极向上的道德观念。

（二）遵守中小学心理健康教育的工作原则

明确了心理健康教育的任务后，还要遵守"面向全体，关注个别"的工作原则。这个工作原则在很大程度上决定了中小学心理健康教育能否顺利进行。

（三）认清中小学心理健康教育的对象

中小学心理健康教育不仅要重视学生的心理健康，还要考虑到学生家庭这一因素。每个心理有障碍的学生，或多或少都是因为家庭不良氛围而产生心理疾病，甚至直接延续了家庭成员的不良习惯。如果孩子长期处于压抑、紧张的生活环境中，对孩子的成长是不利的。因此，孩子在成长过程中，不仅要保持身体健康，还要重视心理健康。当学生在生活中遇到不良事件时，教师要及时发现学生的情绪变化，及时疏导，以减轻不良事件对学生的影响。家长也要注意与孩子交流与沟通，及时关注孩子的身心变化，引导孩子健康成长。此外，家长要多与教师沟通孩子的教育问题，及时反馈和了解孩子在家庭和学校的第一手资料，只有家校合作，才能更好地解决孩子的心理问题。家长除了要陪伴孩子成长，为孩子提供良好的家庭环境，还需要配合教师，帮助孩子接受教育。作为家长，要经常向教师了解和反映孩子的情况，积极配合，及时掌握孩子的学习、生活动态，在学习上要多表扬孩子，让孩子时刻保持自信。为了了解学生产生心理障碍的原因，并且方便后续的辅导、矫治工作，教师应了解学生家庭的生活环境。因此，教师在进行中小学心理健康教育时也不能忽视对学生家长进行宣传教育。

（四）开展中小学心理健康教育的内容

心理健康教育应充分发挥预防和促进功能，提高学生的适应能力，激发学生自主发展的潜能。其既要促进学生的身体健康发展，又要使学生的心理健康得到最大程度的优化。中小学心理健康教育的重点是正确解决学生的心理问题。在教育过程中，学校应开设各种形式的心理健康课程，对学生进行注意、思维、想象、记忆等能力训练。此外，学校还应提高学生的辨别是非、应对挫折、社交等能力，并通过有效的辅导、咨询，帮助学生解决面临的困境，促进学生健康、协调发展。学校心理健康教育既要看到学生的心理问题，又要解决学生的心理问题，更要防止学生产生心理问题。

五、青少年的心理健康教育体系建设

近几年,校园欺凌、校园暴力类事件在贵州省中小学校园中层出不穷,引起了学校以及社会各界人士对学生心理健康教育的高度重视。学校心理健康教育是素质教育中不可或缺的一部分,能够决定高素质人才的发展是否全面,因此不能忽视中小学的心理健康教育。青少年心理健康问题频发,个人心理行为问题及其引发的社会问题日益突出,引起了社会各界的广泛关注。而如何提高中学生的心理健康水平,成了学校应该解决的首要问题。20世纪末,《中共中央 国务院关于深化教育改革全面推进素质教育的决定》明确提出,要加强建设学校心理健康教育体系,全面提升学生心理健康水平,培养能够全面发展的现代化高素质人才。2021年3月,第十三届全国人民代表大会第四次会议通过的《中华人民共和国国民经济和社会发展第十四个五年规划和2035年远景目标纲要》中明确提出,加强儿童心理健康教育与服务是新时期我国学校心理健康教育发展的理论和政策依据。新时期赋予学校心理健康教育新的内涵和意义,学校要推进和深化心理健康教育工作,扎实开展理想信念教育、社会主义核心价值观教育、中华优秀传统文化教育、生态文明教育和心理健康教育,促进学生身心健康发展。如今国家想要提升自身的实力,就应培养高素质人才,而人才的心理素质高低直接决定了其能否全面发展,所以我国还需修改和健全部分纲要文件,需要更加重视中小学校的德育工作,注重青少年的心理健康教育体系建设。

(一)制度建设

我国心理健康教育制度包含三个层面:一是根本制度;二是基本制度;三是重要制度。根本制度是党和国家的教育方针,是中国特色社会主义教育制度的重要内容。它的基本特点是以任务为核心、以教师为主导、以学生为主体的教学过程,是一种以学生为中心的终身教育。基本制度是指国家和政府颁布的相关心理健康教育政策和条例,又称为法规性制度。具体制度包括心理危机干预及预防制度、心理辅导制度、心理咨询队伍的培养及督导制度等。

(二)机构建设

学校应在主管校长领导下,组建以心理教师为主体,班主任、专业教师为骨干的辅导教师队伍。各班班主任为学生心理健康教育的中坚力量,每位任课教师结合心理健康教育进行教学。学校应构建以心理健康教育专兼职教师为重点,班主任和德育教师为主体,逐步推进教师之间分层负责又协调配合的全员培训和教育实践机制。其中，要特别重视心理健康教育或心理咨询中心建设。

（三）师资队伍建设

学校应当根据一定的师生比例组建心理健康教育专职教师队伍，变兼职教师为专职教师，定期举办咨询技能培训，开展个案研究，逐步形成持证上岗制度。同时，学校要明确专职教师的工作范围，规范其工作流程，实现教师配置与发展的一体化，岗前、上岗和岗后培训一体化。

（四）课程体系建设

课程体系建设的宗旨是落实立德树人根本任务和全过程育人的基本要求，其任务是实现课程内容的标准化。特别是要将心理健康课程与其他相关学科有机整合，创造性地开设综合性课程。教师应根据课堂教学与课外活动相结合、心理健康教育与活动设计相结合、实践活动设计与实施相结合的原则，对学生进行心理健康教育，在此基础上，学生能够积极发挥相应的作用，进一步提高新时期心理健康教育的质量。

（五）现代化建设

近年来，随着网络信息技术的飞速发展，"互联网+教育"已成为教育信息化发展的必然趋势。新媒体平台和新技术的出现，为课堂教学提供了新的途径和手段。教师在积极探索线上教学的过程中，通过网络获取了一些优质的教学资源，促使教师"再学习"，对提高教学质量起到了很好的推动作用。

健康是人类永恒的话题。随着经济的发展，人们的健康观念由"吃饱"转变为追求健康的生活方式。世界卫生组织（WHO）的报告指出：人类的健康和寿命取决于四个因素，即遗传因素、医疗条件、环境因素、生活因素。世界卫生组织的专家一致认为，健康生活方式在决定人体健康的诸多因素中居于首位。同时，"健康是个人幸福的直接构成要素"，对人类的经济、社会发展乃至人类的整体发展有着深刻的影响。确实，良好的健康状态可以提高生活质量，开发心理潜能，增强学习与发展动力，适应家庭和社会生活。为此，国家有关部门将心理健康教育纳入学校教育，要求全国中小学、高等院校都要设立心理健康教育中心，为学生提供相应的心理健康教育服务。

目前，青少年对心理健康教育的需求越来越大，其幸福感得到了越来越多人的关注。父母对孩子的教育也越来越重视，合理的教育方式能够促进孩子的心理健康发展。心理健康教育与受教育者的人格发展密切相关，并直接影响个体人格的发展水平。心理健康是人的整体健康状态的重要组成部分，只有在心理健康状态下，人的身心潜能和社会功能才能得到有效的发挥。心理健康与机体健康有着同等重要的地位。因此，学校心理健康教育应以学生为主体，充分发挥其预防和促进功能，提高学生的适应能力，激发学生自主发展的潜能。只有真正从学生实际出发，才能照顾到学生多方面的发展需求，才能使学生在完整的教育下成长为一个全面发展的人。

加强学校心理健康教育，关键在于与学生的各种联系，不仅要培养学生的核心素养，还要加强教师的专业素养，加强德育的渗透，加强学生终身体育意识的形成，同时提高学生的心理健康水平和社会适应能力。中小学校应重视学生的心理健康教育，培养学生积极乐观、健康向上的心理品质，促进学生身心的可持续发展。目前，我国部分学校心理健康教育体系初具雏形，但存在着教学目标不明确、结构上由松散变为紧密、教材选用不当等问题。因此，在理念上，要从单一教育到多种服务；在实践中，要从各个部门独立进行到多部门联动。这是一个系统的、渐进的、兼顾纵向和横向发展的过程。

第二节 中小学心理健康教育体系建设进展与存在的问题

我国经过近三十年的努力，在中小学心理健康教育方面取得了很大的进展。我国绝大多数中小学都开展了心理健康教育工作，开展了各种形式的心理健康教育活动，专兼职教师数量均有所增长。目前，心理健康教育体系主要包括危机干预、个体心理咨询、团体心理辅导、心理健康测试和心理健康活动课。从学生的反馈和产生的效果来看，几乎一半的学生能够认识到自己普遍存在的心理冲突，学生的心理健康意识明显增强，心理健康素质普遍提高。但由于各地区学校办学层次和学生实际需求的差异，中小学心理健康教育工作的软硬件条件存在较大差异，工作开展实效性也存在较大问题。此外，由于心理健康的发展在人的整个生命周期中是一个持续发展的过程，现阶段学生的心理素质还达不到成熟的程度，所以会出现情绪不稳定的情况，甚至出现偏激倾向。如果不能对这些心理问题有足够的认知和有效的疏导，就会导致心理问题进一步恶化，甚至成为心理疾病。因此，学校在开设心理咨询中心和开设心理健康教育课程时，要强调学生的积极参与和内在体验，以及寻找有效的学生心理干预方法。

除了通过进一步细化心理活动课的内容选择以及寻找有效干预手段之外，学校还可以拓展心理健康教育的途径。例如，学校可建立心理咨询网络平台，在学生求助时对其进行远程心理辅导，及时有效地解决学生的心理问题，促进其身心健康发展。另外，教育部门还应与卫生部门合作，针对学生严重的心理问题，制订心理健康工作计划，及早识别，使有心理问题的学生尽早到学校心理咨询中心或精神卫生机构就诊，得到有效的治疗和干预，促进心理疾病的预防。从这个意义上说，学生在学校发生的一切都可以当作心理健康教育的构成要素。学生充分参与学校组织的活动，学校利用一切可能的条件为学生创造体验的渠道，设计多样化的活动，以满足不同学生的需求。基于这一视角，所有与学生相关的教师和管理者都是心理健康教育者，承担着为学生创造更具吸引力的学习环境的任务。

在新的历史时期，如何对学校心理健康教育进行定位，如何开展有效的心理健康教育，如何帮助学生提高应对不良环境因素的能力，如何化危机为机遇，如何充分挖掘和开发学生的心理潜能，是中小学心理健康教育者需要探讨的问题。

一、中小学心理健康教育体系建设进展

近年来，贵州省许多城市对中小学心理健康教育体系进行了积极的探索。从现状来看，贵州省的心理健康教育体系总体水平仍有很大的提升空间，各市级区之间的发展相对来说是有差异的。从教育层面来说，虽然这几年取得了一系列成就，但教育整体发展水平还有待提高，和其他教育发达地区相比，总体上还有差距。

中央早在之前就颁布了有关教育工作的指示，强调要加强对中小学生的心理健康教育，使其形成正确的人生观和价值观，并形成良好的心理素质。为促进学生的发展，使其成为社会中传递正能量的人，就需要对中小学生进行心理健康教育。针对这一问题，我国的中小学掀起了一场精神卫生的革命。比如"5个1"，就是为学生提供1本小报，为学生开通1个信箱，为学生提供1个轻松愉快的学习氛围，在公共场所安装1部电话，在学校开设1间心理健康咨询室。有些学校甚至聘请了心理专家，对学生进行了培训。贵州省中小学也把提高学生心理素质的方法扩展到了教师的培养上。例如，贵州省贵阳市就有一个专门针对全市教师骨干开展的心理健康教育培训班；在此基础上，编制了中小学心理健康教育教材；另外，还设立了一个评估制度，用于心理健康教育工作者，要求从事心理健康辅导时，必须有相关的职业证件。目前，贵州省贵阳市通过聘请专职教师作为心理健康教育骨干教师，以提升学校师生的心理素质。

二、中小学心理健康教育体系存在的问题

虽然贵州省中小学心理健康教育体系有所完善,但还是有不尽如人意的地方,如在课程体系,心理辅导室建设,教材的开发与撰写,引进专业教师,心理健康教育体系的学科化倾向、孤立化倾向,心理测评,心理危机干预机制等层面还存在一些问题。

(一)心理健康教育课程体系层面

学校开设心理健康教育课程,旨在维护中小学生的身心健康,从而促进其人格的和谐、健康发展。中小学心理健康教育是以学生为中心,在课程中充分发挥学生的主体性,加强学生的心理健康的教育。但是,目前我国中小学在开展心理健康教育方面仍有不少问题。例如,现在很多学校把心理健康课当成了一门常规的课程,仅仅把它看成让中小学生去学心理学,这种错误的理解会阻碍心理健康教育的发展步伐。

为了顺应我国的心理健康教育体系,学校要按照本校学生的心理健康素质情况进行统计,要针对统计的数据规划和调整心理健康教育的课程,并且规划创立详细的课程评价体系,根据实际情况调整心理健康教育课程体系。

(二)心理辅导室建设、教材的开发与撰写层面

心理咨询室建设不完善且未尽其用。在心理咨询室的面积和基本设施方面,约有一半学校的个体咨询室和办公接待区符合教育部《中小学心理辅导室建设指南》的要求,约有五分之二学校的团体活动室符合要求。在管理规范方面,将近三分之一的学校有专职的心理教师,三分之一的学校基本能做到心理咨询室定期开放,三分之一的学校设有心理健康教育专项经费。

如今许多教材中的相关数据都是通过中小学校举办的相关心理健康教育活动获得,然后编撰成书,但是此类书籍缺乏科学性和可靠性,还需要对其进行完善。在编撰此类教材时,既要掌握好心理学知识与训练间的关系,也要注重将教材与中小学生发展相结合。除此之外,在编写教材时,要重视对中小学生心理素质的优化提升,进而促进其健康成长。

(三)引进专业人才层面

教师队伍是影响学校心理健康教育的一个主要因素。贵州省中小学心理健康

教育工作之所以会出现问题，是因为辅导员工作繁杂、心理健康教育服务系统不健全、专业人员短缺等。人才的培养离不开教师的指导和栽培。现在越来越多的中小学校开始重视开发和建设教师队伍，尤其肯定了心理健康教育专业的教师地位，并且给众多教师定期开展心理健康教育培训，经常组织创办心理健康教育交流会等活动。教师应持证上岗，使教师队伍具备专业性和可靠性。在当代心理健康教育中，教师要提高教学质量、培养学生个性、开阔视野、关注学生的情感，培养学生良好的心理素质。我国目前正在逐步加大对学生进行心理健康教育的力度，但许多学校的教育教学质量还不稳定，师资力量不足，需要加强师资队伍的建设，推进师资队伍的专业化改革。

（四）心理健康教育体系的学科化倾向、孤立化倾向层面

在我国，由于人们越来越关注中小学生的心理健康问题，许多学校都将其作为一门必修课。如何加强学生心理素质的培养，是当前心理健康教育工作中的一个重要问题。目前，我国中小学的心理健康教育多以学生为主，而忽略了教师的心理健康问题。在这个过程中，教师的精神资源将会有一定的损耗，导致许多教师在课堂上、课后都会产生厌倦、无力的感觉。教师作为学生的楷模，应尽量满足学生、家长、学校的需求，不能出现烦躁、沮丧等情绪，不能让学生的角色负担过重，而且教师的角色多元化，也使得教师很少有时间、精力去调整自己的心态。因此，忽略了教师的心理健康状况，会对学生的心理健康造成不利的影响。

（五）心理测评、心理危机干预机制层面

通过对中小学生的心理健康档案的分析，可以帮助学校的管理者和心理健康教育工作者掌握学生的心理健康状况，从而制定出有针对性的心理素质培训，从而使学生的心理健康状况得到有效的改善。这样才能有效地防止重大的校园事故，保证学校的安全。笔者调查发现，只有少数几所学校有专用的心理测试软件，定期进行心理测试，并建立心理健康档案。另外，80%的中小学没有建立学生的心理健康档案，没有对他们的心理健康状况进行跟踪和调查，这不仅会对学校的治安造成很大的危害，还会对他们的身心发展造成不利影响。此外，目前大部分学校缺乏对心理危机的有效干预，未解决在危机中应该与哪个部门合作、应该求助于哪个部门等问题，这表明了心理危机的干预机制尚不完善。

心理健康教育与思想政治教育有很大区别，主要表现在以下两方面：一是思想政治教育以党的路线、方针为指导，而心理健康教育是以心理学的基础理论为指导，其在教学内容的处理、教学方法的选择上具有鲜明特征，往往能让人眼前一亮；二是思想政治教育以理论教育为主，实践教育为辅；而心理健康教育强调以倾听为主。

第三节 "非常时期"中小学家校协同进行心理健康教育体系的建构

在人类的历史发展中，曾有无数次"非常时期"出现，如洪水、干旱、战争等。此外，还有恐怖主义、粮食短缺、生态危机、能源危机等诸多危机。在社会面临巨大危机的时候，人民的生命安全会受到突然的威胁。"非常时期"扰乱了人们正常的生活，不仅影响个人的成功与幸福，还关系到整个社会的发展。在"非常时期"，心理健康咨询、团体辅导、心理健康活动课等传统的心理健康教育无法实现，这不利于学生健康成长。而在中小学开展心理健康教育，则成为摆在人们面前的头等大事。学校要建立一种适应"非常时期"的心理健康教育体系，并在此基础上继续发挥其领导作用。在"非常时期"，家庭是学生心理健康教育的重要组成部分，它对学生产生复杂而持久的影响。教育是一种双向的交流，学校要与家长进行及时的交流。学校的心理健康教育体系不是一个封闭的体系，要与家庭和社会建立广泛的关系，要构建"家校协同"的心理健康教育体系，并在实践中不断探索和创新，从而推动学生心理健康成长。

一、中小学家校协同建构心理健康教育体系的理论依据

布朗·布伦纳在20世纪90年代末所写的专著中提出了影响更为广泛的社会生态系统理论，这一理论也被称为背景发展理论。这一理论不仅对世界心理学的发展产生了深远的影响，还成为许多国家教育改革的重要理论依据。该理论认为每个人的生存环境中都存在四个系统。这些系统之间相互影响，存在着交互作用，为中小学家校合作开展心理健康教育活动提供了理论依据。这四个系统是微系统（microsystem）、中系统（mesosystem）、外系统（exosystem）和宏系统（macrosystem）。微系统是一个人生活中的直接环境，如学校、家庭以及同龄群体等；中系统由直接环境之间的联系构成，如学生家庭和学校；外系统是指间接产生影响的外部环境条件，如父母的工作场所；宏系统关系到一个人较大的文化背景，如东方文化对比西方文化，家庭经济，政治文化等。这四大系统几乎包含个体的所有方面，以不同的途径对个人的发展产生直接或间接的影响。个人与环境的交互作用，取决于其与个人的生存距离，而与其自身的发展密切相关的环境，对

其发展的影响最为显著。从时间维度来看，随着个人年龄的增长，其所处的四大系统也会随之发生改变。因此，生态化的关键是要充分考虑到个人的生存环境和自身的变化，同时要充分考虑到所有可能对个人发展产生影响的因素。生态系统理论的代表人物霍布斯在对青年家庭与学校的关系进行分析时指出，家庭是个人生存的微观环境，它与个人的心理健康、个性特点息息相关。家庭环境对未成年人的生存与学习有很大的影响，而且家庭环境是个人成长与发展的首要环境，是个人成长的基石。生态系统理论扩展了心理研究中的"环境"概念，家庭、学校和社会环境是影响青少年身心发展的重要因素，学校和社会需要为家庭提供服务。青少年在成长过程中产生的心理健康问题，可以通过家庭、学校等对其进行干预。

二、"非常时期"中小学家校协同进行心理健康教育体系的内容建构

"非常时期"是学校和家长共同交流、共同探讨心理健康教育，促进学生心理健康发展的重要时期。

（一）把握契机，提升中小学生心理健康水平

1.养成良好的生活习惯

拥有良好的习惯是健康人格的重要组成部分。另外，养成良好的习惯，对预防疾病和促进学生的身心正常发育有重要意义。学校、家庭应结合疫情防控需要，进一步强化对学生的管理，使其养成良好的生活习惯。通过提高学生自身的认知水平，让其了解到新型冠状病毒及其防治知识。比如说，教师和家长可以从细微的洗手、戴口罩、消毒、不随便丢弃垃圾的训练入手，培养学生养成良好的生活习惯。

2.提高自我控制与自我管理能力

"非常时期"的延长，打破了原来的生活秩序，让学生在家中待得太久，不仅给他们的家庭带来了经济上的压力，还占用了他们的休息时间，加重了他们的学习负担，对他们的身心健康发展造成了不利的影响。比如，饮食等方面不规律，经常刷手机、看电视等。这些改变都会加剧学生对家庭的依恋，从而引发学生的心理问题，进而引发学生的心理危机。针对以上问题，校方与家长应共同做好心理疏导工作，共同制定新的学习目标与规划，并督促其严格执行。这样可以使学生对自己的学习有一个清晰的认识，并能更好地进入新的学习状态。同时，根据教育部"停课不停学"和"线上学习"的要求，学校要引导家长为学生提供良好的学习环境，并积极配合学校按照教学要求和作息时间安排好每天的学习、运动、

娱乐、休息的时间，督促学生按时参加空中课堂或网上授课。学生在做好教师安排的家庭作业的同时，也要多读些书，多读些报纸，多参加一些有益的、文明的、健康的活动，进一步培养自身的自主学习能力，提高学习的效果。

3. 培养健康的情绪和高尚的情感

在"非常时期"，长时间封闭在家，外出等受到限制，娱乐活动减少，一些学生会感到不适，容易出现一些不良情绪，如烦闷、焦躁、压抑，还会伴有一些退化性行为，如哭泣、过度依赖父母、乱摔东西等。关于这一问题，教师和家长应用正确的方式帮助孩子排解情绪，让他们形成情绪管理能力以及掌握合理宣泄情绪的方法。在发生负面事件后，教师和家长要注意观察儿童的情绪变化，并进行心理疏导，减少负面事件对儿童的影响。同时，教师和家长在关注儿童的学业和身体的同时，也要引导他们学会感恩，感受人间的大爱，让他们明白感恩和生命的意义。例如，教师和家长应引导学生对在新冠肺炎疫情中保护大家安全的各行各业的劳动者学习，并鼓励学生参加各种志愿活动、募捐活动，这样有助于培养学生对社会的责任感、爱国心和感恩之心。通过这种方式，学生会变得更加富有同情心，也会变得乐于帮助别人，这种行为会对学生产生长期的影响。

4. 加强人际沟通与交往能力

教师和家长应该引导学生不断进行自我完善，充实自己，并加强与别人的交流。在家里，家长要放低姿态，以朋友的姿态与子女交流，与子女建立起平等、信任的关系，并缩短与子女的距离，减少亲子间的矛盾与冲突。另外，家长要与子女进行有效的交流，给予他们情感支持，充分信任他们，以平静的态度看待他们的过失，建立起一种和谐的亲子关系。在交流过程中，家长和教师要掌握基本原则，包括避免不必要的干扰，使用文明的语言。

5. 提升自我意识水平

自我意识反映了个体与外部环境之间的关系，是人格结构的核心成分和对自我认识的一种表现。自我意识的增强，有助于人们在抗击新冠肺炎疫情中主动承担起自己的社会责任，合理地看待疫情，并指导和帮助身边的人进行正确、科学的防控，并能有效地调整自己和他人的情绪。只有正确地理解自己，处理好与他人、社会、自然三者之间的关系，以及在日常生活中正确认识自我的存在和力量，与他人建立良好的人际关系，提高合作能力，才能使身心协调发展。教师和家长应该通过这一"抗疫"过程与学生共同探讨人与他人、社会与自然的关系，鼓励学生与教师、同学进行互动，降低与他人的隔阂，让更多的人认识、认同、接受自己，并在沟通中找到自己。通过这种方法，学生对自身与他人、社会、自然之间的关系有了更深层次的了解和体会，这有利于学生主体的发展，塑造健全的人格。

（二）关注中小学生的心理应激问题，做好干预工作

心理应激是有机体在某种环境刺激作用下由于客观要求和应对能力不平衡所产生的一种适应环境的紧张反应状态。人在面临突发性危机时，总会不同程度地产生某种焦虑情绪和恐慌心理，而且不同群体会产生不同的心理应激反应。而采用不同的应对方式会对个体情绪状态产生不同的影响。应对的主要功能是调节人对应激事件的反应，可分为两类应对方式：一是积极应对方式，其一般指建设性、开放性、鼓励性行为。例如，面对困难、情绪调节、解决问题等。二是消极应对方式，其一般指否定、指责性、攻击性行为。例如，否定、幻想、逃避等。积极的应对策略可以促进个人的精神健康，消极的应对策略则会给个人的心理健康带来负面的影响。中小学生的身体和心理都在迅速发展，学习压力、生活压力、社交压力易使他们产生焦虑、抑郁、恐惧等情绪困扰，以及各种应激性心理问题，甚至出现精神症状等。正确的应对策略对缓解心理压力、保持心理健康有重要作用。因此，学校和家长应重视对学生积极应对技能的培养，以及对应激性心理问题进行有效的预防和干预。

1.做好科学诊断

学校与家长应密切合作，通过标准化的心理诊断手段，对学生的心理问题做出正确的判断。如果学生出现心理问题，教师和家长不能随意地给他们贴上标签，以免加深他们的消极情感。另外，教师和家长要针对学生对事件的反应，采取不同的心理干预措施。

2.提高学生认知水平

在教学中，教师和家长要引导学生科学地了解灾难及其成因，使他们学会正确地面对各种灾难，科学地应对各种灾难，坚信科学防控的价值和作用，提高防灾减灾的意识，以及面对突发事件的应变能力、自我保护能力。

3.帮助学生建立社会支持系统

教师要鼓励学生与教师、同伴、亲友经常保持联系，相互鼓励。教师与家长对学生的倾诉要有耐心，帮助他们排解忧虑，减少孤独感。同时，教师和家长要鼓励学生自我调整，以平和的心态安排好每天的学习和生活。

（三）做好"非常时期"的心理辅导预案

"非常时期"发生的事件、经历及形成的观念、生活态度、行为习惯都会对中小学生的心理带来一定的影响。因此，学校和家长要做好"非常时期"结束之后的心理辅导预案。

1.巩固已建立起来的良好行为习惯

良好的行为习惯的养成需要21天,可以将这21天分为三个阶段:第一个阶段是"刻意、不自然",时间段是7天,需要个体时时提醒自己注意;第二个阶段是"刻意、自然",时间段也是7天,学生感到习惯,但还需要巩固;第三个阶段是"不刻意、自然",良好的习惯已经形成。"非常时期"形成的良好的生活习惯有利于促进中小学生的心理健康。所以,教师和家长应该在生活、学习中不断地加强学生的良好行为,形成稳定的个性。

2.提前做好开学前的心理调整工作

每年寒暑假结束后,部分中小学生会出现一种明显的不适应新学期学习生活的非器质性病态表现,心理学家称之为"开学综合征"。其有多种表现形式,生理上多表现为失眠、嗜睡以及一些查无原因的疑难杂症;心理上则表现为记忆力降低、情绪不稳定、上课走神等。在"非常时期",有些家长对孩子的要求比较宽松,忽视了孩子的生活和学习习惯,所以在开学的时候也会有这样的情况。对此,教师可从以下几点入手:首先,让学生意识到有某种"开学综合征"是很正常的事情,让学生学会发现自己的种种情感,如果只是一味地躲避,很可能会被自己的情感所左右。在正常情况下,学生在正式学习后3～5天就会恢复正常。其次,要把学生的假期安排得比较紧,不能完全违背学校的作息时间。人的自我控制可以分成两个层次:自我约束和他律。当人缺乏自我约束的时候,可以请求别人监督,或者在休假前主动制订计划,这样可以约束自己,提高对自己的要求。

3.做好"非常时期"心理应激性障碍的矫正

人们由于生理和心理因素的差异,出现问题的成因也不相同,每个人都需要花更长的时间来纠正。因此,教师和家长应该根据不同的情况,采取相应的措施。心理教师要对这类学生进行跟踪调查,并对其进行定期的心理咨询,使其逐渐恢复正常的心理功能。

4.关注特殊群体

教师可利用学校的心理测评系统对学生进行心理健康测试,以便对被筛选出的特殊群体进行干预,从而提高他们的心理健康水平。

三、"非常时期"中小学家校协同进行心理健康教育体系的方法建构

"非常时期"家校协同建构的心理健康教育方法要适应这一时期的特殊情况。

（一）多种方法并举

学校可以在 QQ、微信、微博、抖音等各种平台上开展心理教育知识的宣传和展示心理健康教育活动成果。学校可在网上开展一系列心理健康教育讲座，让学生掌握心理健康的相关知识，并能有效地减轻学生的焦虑、抑郁情绪。班主任应与家长保持紧密的联系，及时掌握学生的心理状态，关注他们在学习和生活中出现的各种问题，并能迅速、高效地解决问题。心理教师可以利用活动反馈了解学生的心理状况，并引导家长学会并掌握一定的心理调控手段，对学生进行调整。

（二）充分发挥家长委员会的作用

《国家中长期教育改革和发展规划纲要（2010—2020 年）》提出，要在全国范围内设立"家长委员会"。家长委员会是学校与学生、家长之间的沟通桥梁。"非常时期"家长委员会的建立，将提高学校的教学质量，促进学校健康、快速发展。通过家长委员会，增进家长与学校的联系，增进师生间的联系，有利于学校工作顺利开展，有利于学生的成长。目前，一些中小学已经设立了家长委员会，让一些家长参与学校的管理，形成了学校、家庭、社会三者合一的"共育网络"，并充分利用社会资源来弥补学校的不足。

（三）发挥家庭教育作用

在假日期间，家长应充分利用亲子时间，加强与孩子的沟通和交流。家长要将孩子的学习、娱乐、体育锻炼、家务劳动穿插起来，使孩子劳逸结合。家长也可以让孩子通过收听新闻，了解"抗疫"的相关知识，了解各类预防措施，以写作、绘画、表演等形式表达对奋战在"抗疫"一线、不怕牺牲、不辞辛苦的医护人员的敬意，抒发情感，提升自己的人格品质。

（四）整合多方资源

在新冠肺炎疫情防控期间，教育部和卫健委立即启动了危机介入机制，并在全国范围内开通了心理咨询服务。心理工作者积极开展各类心理健康知识讲座、开通 24 小时免费咨询服务。目前，全国部分中小学在为学生提供心理咨询服务，各地区的心理咨询师也在积极开展网上咨询服务，形成了一套强有力的心理咨询服务体系。在充分利用"家校合作"的教育优势的同时，也要对家校的外部资源进行整合，以提高家校合作的能力。同一地区的中小学之间也可以形成联盟，相互学习，取长补短，共享资源。

四、"非常时期"中小学家校协同进行心理健康教育体系的组织建构

"非常时期"中小学家校协作建构的心理健康教育体系要有一个组织运行机制,学校与家长要明确自己的职责,学校要以学生为中心,实行科学管理。"非常时期"学生的心理健康教育工作要纳入学校制定的心理疾病预防方案中。

(一)建立组织机构

"非常时期"心理健康教育机构可以在学校中发挥更大的作用。对此,学校可建立心理健康教育小组,小组组长是在学校进行思想政治工作的领导,成员有学校心理教师、班主任、学科教师、家长委员会成员、高年级学生心理委员。

(二)明确工作要求

"非常时期"家校协作的心理健康教育工作的总体任务就是利用一切资源开展心理健康教育工作,提高学生应对风险、抗击压力的心理素质,使其养成良好的生活习惯,保持积极、健康的生活和学习态度。同时,要密切关注学生的应激性心理危机,及时发现,及早干预,做好预防和治疗工作。

(三)分工明确合理

小组成员的分工要明确,做到各司其职,提高工作效率。小组组长的工作主要是协调各方等。心理教师是学校的中坚力量,他们的职责是分析和诊断学生的心理问题;开展面对学校教师、行政管理人员和家长的心理健康知识、方法、技能的培训。班主任要在"非常时期"和学生及其家长建立紧密的关系,及时了解他们的心理状况,并与他们进行交流,对他们的心理状况进行分析。各学科教师要充分发挥自己的优势,积极进行心理健康教育工作。

(四)制订工作计划

学校在防疫期间要制订一个科学的工作计划,以确保各项工作的顺利进行。其主要内容如下:一是建立值班制度,公布24小时值班电话;二是制定应急预案,如果学生出现心理问题,学校要提供心理评估和心理咨询服务。"非常时期"家校协作的心理健康教育体系是在特定的环境中形成的,而不是一种"缓兵之计"。通过不断的改进,可以形成一种长效的、联动的机制,可以在"非常时期"应对学生的突发情况。

第三章 贵州省中小学心理健康教育课堂

学校是学生学习、掌握科学文化知识的地方，也是塑造学生人格、实现学生梦想的地方。随着社会的发展与进步，中小学生的心理健康问题日趋增多，学校应引起高度重视。各级各类学校应努力推动心理健康教育课程改革，构建形式多样的课堂教学模式，注重以学生为主、教师为辅的教学理念，加强与学生互动的频率，关注学生的细微变化，帮助学生掌握自我调节的方法，让学生树立阳光乐观的人生态度，让学生敢于面对学习和生活所带来的困难和挑战，从而提高教学质量，促进学生身心的健康成长。笔者作为高中心理教师，对于心理健康课教学模式有一些新的思考，本章将结合自身及其他心理教师授课模式、心理健康常规课堂和团体活动课部分案例集展开介绍，希望对广大一线教师有一定参考价值。

第一节 中小学心理教师授课模式

一、中小学心理健康教育课程模式分析

中小学生的思想较为单纯，容易因学校、社会和家庭而产生各种或大或小的心理问题，这影响了学生的身心健康发展，因此，关注中小学生的心理健康问题已然刻不容缓。心理健康教育课程就是专门解决学生心理问题的学科，然而如今中小学开设的心理健康教育课程正朝着学科化、德育化的方向发展，很多教师只是将其当作一门普通的学科来上课，没有主动关心学生的真实想法，学生显得较为被动，不能积极主动地参与到课堂活动中，这使得心理健康教育课程形同虚设，学生的心理健康问题不能得到有效的疏导。

近年来，随着科技的发展和生活水平的提高，学生获取信息的渠道越来越宽广，不再是仅仅依靠传统媒体来获取信息。这些虽然为学生的自主学习提供了更多便利，但是由于网络上的信息驳杂，存在着大量的负面信息，中小学生缺乏辨

别是非的能力，容易被负面信息所误导，进而出现一系列的心理健康问题，这对学生的健康成长是不利的。所以，中小学校应高度重视心理健康教育课程的改革，打造高效课堂，将学生吸引到课堂活动中来，引导学生树立健康向上的人生观、价值观，不畏挫折和挑战，努力成为国家和社会需要的高素质人才。

二、中小学心理健康教育课程模式建立的依据

心理健康教育课程不同于其他学科，是在情感碰撞的过程中达到教育目标的，该课程充分体现出对学生的人文关怀。在心理健康教育课程中，教师和学生处于平等地位，师生之间互相信任，学生可以表达内心真实的想法，倾诉心中的烦恼，教师也会竭尽所能地帮助学生摆脱烦恼，消除学生的不良情绪，使学生养成独立自主的优良品质，能够以饱满的热情、积极的态度去面对学习和生活。为了达到这个目标，教师要用相对温和的态度来对待每一个学生，为他们提供展示自我的平台，同时要构建多种课堂教学模式，设计出更多生动有趣的课堂活动，鼓励学生积极参与体验，从学生的言谈举止中发现学生潜藏的心理问题，制定出有针对性的解决策略，使学生能够发自内心地接受教师的教导和帮助，并主动配合相关工作，能够有效地控制个人情绪，拥有良好的人际关系，树立正确的价值观念，只有这样，心理健康教育课程才会真正发挥实效。

三、中小学心理健康教育课程模式构建

（一）讲授式教学模式

在教学中，不论哪个学科都需要理论知识作为基础，而讲解理论知识较为常用的教学模式就是讲授式教学模式，心理健康教育课程也不例外。教师要把心理学知识、心理健康常识用多媒体展示出来，便于学生更好地掌握，帮助学生明确心理健康教育的内涵和作用，让学生学会用所学知识来解决自身遇到的各种心理问题。同时，讲授式教学模式也不只是由教师讲、学生听，而是要采取一定的策略与方法，让学生能够参与课堂活动，以便教师了解学生的内心想法，随时把握课堂节奏，从而促进教学效果整体提升。教师可在正式开始时以提问的方式导入，通过巧妙地导入引起学生的思考，学生带着问题去听课会在无形中提高课堂专注力，也会更为透彻地理解理论知识。教师在讲完课程内容后，可让学生用所学知识来回答自己设置的问题，以检验学生的课堂学习成果。值得注意的是，讲授式教学模式应与其他教学模式结合起来，教师在课堂花较少的时间来讲解知

识，更多的是要注重与学生互动，只有这样才能避免心理健康教育课程走上学科化之路。

（二）活动式教学模式

活动式教学模式是以主体参与为内容，以主体互动为过程，以主体构建为结果，通过主体参与来完成教学，实现发展的教学方法。活动式教学模式是教师常用的一种教学模式，既能够活跃课堂氛围，又能够调动学生的积极性。心理健康教育课程主要以该模式为主，这是较为适合该课程特点的一种模式。教师通过设计丰富多样的活动，让学生在活动体验中表达情感、释放情绪，教师适时地进行引导，让学生理解活动背后的意义，这比说教更容易让人接受。然而，这种教学模式也有一定的局限，其对学生的认知水平有着较高要求，年龄太小、领悟力不够的学生只会沉浸在活动表面，对活动的目的往往无法产生深刻的理解，这使得活动价值无法完全体现出来。所以教师在设计活动时要紧密结合学生的年龄和心理特点，加强活动后的分享与总结，防止课堂活动流于形式。

（三）对话式教学模式

对话式教学模式是运用师生对话、生生对话的理念设计出的一种新型教学模式。教师可以将本班学生分成几个学习小组，让学生针对问题主动表达自己的想法。比如说，心里感到难过、需要大家帮助解决的问题，沮丧时调节情绪的方法，让自己重新振奋起来的办法。各小组之间可以互相分享他们的讨论成果，教师在这个过程中也要参与到每个组的讨论中，朋友式地与学生进行"对话"，教师对学生提出的任何观点与想法，无论正确与否，都不能对其进行批评，而是要通过小组的讨论，让学生思考自己的想法是否合理。但课堂毕竟是课堂，单纯的讨论避免不了形式过于单一的缺点，不宜过多采取这种模式。同时，对话式教学模式受学生年龄和生活经验等因素的影响，对年龄较小的学生来说不一定合适，教师在选用时应多考虑。

（四）诱导式教学模式

在学生积极参与教学活动的过程中，教师根据心理学原理有目的地进行引导，学生主动进行自我教育，提升心理品质，开发心理潜能，这就是诱导式教学模式的内涵。其具体教学方法有情景剧扮演、参观访问。教师在具体实施的过程中要特别注意以下几点：第一，情境的设置应符合学生的认知特征，尽量选择身边熟悉的事例，这样学生才会产生共鸣，激发表达的欲望。第二，在教学中，教师要以尊重、平等、理解和接纳的态度对待每一个学生，用幽默风趣的语言吸引学生参与和投入课堂活动。第三，在问题感知阶段，教师要用问题来引导学生，完成价值观念的思考和价值冲突的揭示，使学生形成合理的观念和行为模式。

第二节 中小学心理健康教育常规课堂案例集

案例一：

高中生生涯规划辅导之气质类型与职业选择

一、设计理念

根据教育部印发的关于《中小学心理健康教育指导纲要（2012年修订）》的通知，高中生需要在充分了解自己和社会需要的基础上，确立职业志向，为升学和就业做好准备。本着以学生为主体、重在学生体验分享的原则，本节主要从气质类型着手引领学生认识自己，以《西游记》中唐僧师徒四人为主线去探索气质与职业之间的关系，进而让学生结合自身的气质特点去完善生涯规划。学生只有充分认识自我，了解自己与生俱来的优缺点，才能对症下药、扬长避短，制定适合自身发展的学习目标，清晰把握未来。

二、学情分析

高中时期是个人发展的十字路口。心理学家埃里克森提出，12～18岁的青少年面临自我角色混乱的危机，心理上容易形成"理想中的我"和"现实中的我"之间的心理冲突，这一冲突往往会导致学生盲目选择。有研究者对6所学校的高中生进行调查，结果显示，约40%的学生表示不了解或不完全了解自己的个性、兴趣与能力。因此，高中学生的生涯引导显得尤为重要，关键在于认识自己，知道自己能做什么；认识社会，知道自己可以做什么。学生通过了解自身的气质特征，加强对职业的认识，在综合考量内外部因素的前提下设计出合理且可行的生涯发展路径，实现人生价值。

三、教材分析

"气质类型与职业选择"的课程参考了山东教育出版社出版的《高中学生发展指导生涯规划》第一册中主题二的相关内容，该课题为生涯规划中必不可少的内容，生涯规划是基于自身及社会的需求进行充分了解后所做出的规划与抉择。因此，认识自我有利于学生对自身进行定位，能够帮助学生了解自己身上存在的优缺点，进而在日常生活和学习中注意扬长避短，为未来进入职场打下基础。

四、活动目标

（一）知识与技能目标

了解气质的内涵、特征及不同气质类型适合的职业。

（二）过程与方法目标

通过气质类型的情景演绎，增强学生学习兴趣，使其对气质产生初步的认识；以《西游记》中四个典型人物适合何种职业展开讨论，引发学生思考自己未来的职业规划。

（三）情感态度与价值观目标

学生通过认识自己的气质特征初步规划人生发展方向，然后为理想职业付诸努力；学会客观分析自身气质存在的优缺点，在日常生活中注意扬长避短，为未来的职业发展做好准备；引导学生进行全面的自我认识，积极探索将来的人生发展与目标。

五、活动重点

第一，了解不同气质类型的特点。

第二，教师以人才博览会为主线，引导学生思考自身气质类型及适合的职业，找到自己的职业目标。

六、活动难点

第一，正确认识自我，接纳自身的长处与短处，学会扬长避短。

第二，充分利用自身优势，将其与未来职业发展结合起来，学会初步规划人生方向。

七、活动方法、活动用具及活动时间

活动方法：情景演绎法、讲授法、小组讨论法、活动法。

活动用具：轻音乐、情景剧剧本、磁扣、活动任务单。

活动时间：1个课时（40分钟）。

八、活动过程

（一）导入活动（4分钟）

教师：进入主题活动前邀请学生观赏一段视频，在观看的同时与视频中出现的内容互动。

学生：学生认真观看视频并与视频中出现的内容互动。

教师：视频播放结束，大家刚才看见了哪些内容？请举手回答。

学生：学生自由举手回答。

教师：有的同学积极与视频中的内容互动，有的同学不管对错果断举手回答，有的同学认真思考后回答，有的同学与身边伙伴讨论后回答，有的同学看着别人回答。为什么大家在同一件事情面前会表现得千差万别呢？

教师要根据学生的回答引入主题，如有学生提到"性格"，则给学生介绍气质与性格的区别。

设计意图：①播放视频，吸引学生注意力，以轻松的方式将学生带入本堂课中。②通过学生回答问题时的不同表现，以及与视频内容互动的情况引入本次授课的主题——"气质类型与职业选择"。

（二）主题活动（12分钟）

1. 走进气质，领略风采

气质是指表现在人们心理活动和行为方面的典型的、稳定的动力特征。气质类型主要有胆汁质、多血质、黏液质、抑郁质。

2. 创设情境，演绎气质

创设情境：四个人来电影院看电影，而电影已开映15分钟。按照规定，检票员不允许他们进入，他们分别会有怎样的表现呢？

教师：选择5名学生，让他们根据所给剧本进行演绎，1名学生扮演检票员，4名学生分别扮演观影者A、观影者B、观影者C和观影者D。其余学生进行观看并记录下4名观影者的不同反应。（剧本见附录一）

学生：5名学生演绎情景，其余学生认真观看并记录。

设计意图：通过情景演绎的直观呈现，既让学生积极参与其中，也为接下来介绍气质类型的特征打下基础。

3. 依据情景，了解气质

教师：根据学生的情景演绎，引导学生认识不同气质类型的特征，如表3-1所示。教师可以一边介绍特征一边匹配情景，引导学生讨论西游记中四个人物分别是哪种气质类型的代表，在日常生活和学习中应注重培养哪方面的能力，并依次在表格中呈现。

学生：学生认真思考并主动与教师互动，共同完成气质类型的探索。

表3-1 不同气质类型的特征

气质类型	特征	代表人物	能力培养
胆汁质	情绪发生快而强，热情、直率、胆大，但急躁、易怒	孙悟空	自制力
多血质	情绪发生快而多变，灵活、机敏、善于交际，但专注力不足、兴趣易转移	猪八戒	意志力
黏液质	情绪发生慢而弱，理智、平和、踏实稳重，但较为呆板和固执	沙僧	应变力
抑郁质	情绪发生慢而强，敏感、细致、富于想象，但孤僻、怯懦	唐僧	自信力

（三）活动过程（12分钟）

1. 人才博览会活动

教师：如果唐僧、沙僧、孙悟空和猪八戒穿越到2020年，请你根据各自的气质类型帮助他们找到适合自己的工作。

教师将班级学生分成若干小组，并让他们进行讨论。

学生：各小组组长组织成员展开讨论，分工合作，完成活动任务单，结束后张贴任务单并分享。

教师：鼓励各小组积极分享讨论成果，一边板书记录，一边给予反馈，在各小组结束分享后将各气质类型适合的职业展示给大家，增强学生对这部分内容的了解。

设计意图：①让学生通过活动体验去思考气质类型与职业之间的关系；②学生自主探索出的结果会加深自己的记忆，为接下来的生涯规划打下基础。

2. 气质类型与适合职业

教师：通过多媒体呈现各气质类型适合的职业，并做简单的介绍和总结。

（1）多血质。适合做与外界打交道的工作，如主持人、导游、促销员等。

（2）胆汁质。适合做开拓性的工作，如记者、谈判官等。

（3）黏液质。适宜做持久、耐心、细致的工作，如作家、医生、会计等。

（4）抑郁质。适合做与研究等相关的工作，如化验员。

（四）活动总结（10分钟）

教师：思考自己属于哪种气质类型、适合哪些职业，并根据自身的气质特点初步设计出一份生涯规划表。

学生：学生安静思考，根据自身气质类型的特征完成生涯规划表，结束后踊跃上台分享。

教师：根据分享的内容及时反馈。

设计意图：①引导学生思考自身气质、适合自己的职业及优劣势，学会在日常生活中扬长避短；②当学生静下心来反思自我时，正是推动其生涯发展的时机。

（五）课堂小结（2分钟）

通过直观的情景演绎和人才博览会活动，学生不仅了解了气质分类及特征，还清楚了气质与职业之间的联系。学生在了解自身的气质特征后，要注意在日常生活和学习中有意识地扬长避短，培养自身缺乏的弱势特征，如此才能走好人生的每一步路，遇见更好的自己。

设计意图：通过课堂总结，回顾活动内容的同时，再次强化主题；通过教师寄语，实现学生情感的升华。

（六）课后作业

让学生根据自身气质类型设计一份性格养成计划书。

九、板书

气质类型与职业选择的板书如表3-2所示。

表3-2 气质类型与职业选择

气质类型	代表人物	适合职业
多血质	猪八戒	导游、推销员
胆汁质	孙悟空	记者、警察、商人
黏液质	沙僧	医生、银行家
抑郁质	唐僧	艺术家、检验员

案例二：
高中生生涯规划辅导之优势能力探索

一、设计理念

根据教育部印发的关于《中小学心理健康教育指导纲要（2012年修订）》的通知，高中心理健康教育内容主要包括帮助学生确立正确的自我意识，在充分了解自己的兴趣、能力、性格、特长和社会需要的基础上，确立职业志向，为升学和就业做好准备。本课以加德纳的多元智能理论为理论基础，本着以学生为主体、教师为主导的原则设计活动，引导学生在活动探索中充分了解和挖掘自身的优势，更加结构化地认识自我，增强生涯规划自信。

二、学情分析

本课程的教学对象是高一学生，高中阶段的青少年正处在职业生涯发展阶段的探索期，他们应该通过生活经验的积累，逐渐检视自我，评估自我各方面的表现，包括兴趣、能力、价值观等，思考未来的生涯角色定位，探索未来的出路。但是，绝大多数高一学生对自己的能力评估不到位，在生涯规划上是比较迷茫的、不自信的，一方面他们不相信自己有能力做好生涯规划，另一方面不知道自己到底能干什么。所以，在能力探索模块，教师注重引导学生发现自身能力的优劣势，借此让他们更加客观地认识自己，增强信心，发挥潜能。

三、教材分析

本次课程选取了山东教育出版社出版的《高中学生发展指导生涯规划》第一册中主题三第二节"多元智能——展现多彩人生"，本节主要内容包括"认识多元智能""多元智能与生涯发展"。

四、活动目标

（一）知识与技能目标

第一，了解加德纳的多元智能理论。

第二，学生初步探索并认识自身能力的优劣势。

（二）过程与方法目标

第一，通过能力探索、小组讨论等形式让学生发现自身的优劣势。

第二，通过成就故事的书写，增强学生的自我效能感和自信心。

第三，通过课后作业，引导学生思考自身能力与职业的关系，唤醒学生的职业生涯意识。

（三）情感态度与价值观目标

使学生在能力探索的活动中，发现自身的能力优势，增强自我效能感，树立生涯规划自信心。

五、活动重点

以加德纳的多元智能理论为理论基础，让学生通过"迎新会"和"成就故事"，探索自身能力优势，认识自身能力弱势。

六、活动难点

引导学生发掘自身能力优势，客观分析并在今后的学习、生活中有意识地培养自己的能力长板，克服能力短板，树立生涯规划自信心。

七、活动方法

活动体验、自主探究、小组讨论。

八、活动准备及时间

活动准备：彩色卡纸、磁扣、能力海报、角色卡、多元智能图、成就故事单、背景音乐、课件。

活动时间：40分钟。

九、活动过程

（一）导入活动（4分钟）

教师（提前把彩色卡纸放在每一位学生的桌上，并在多媒体课件上展示活动要求）：拿到桌上的彩色卡纸后，大家思考可以用它来做什么，并用自己最擅长的方式表达。

在此过程中，教师把全班学生分成若干小组，并指定组长和记录员，即拿到红色卡纸的学生为本组组长，座位上放了海报的学生为本组记录员。

学生：学生思考彩色卡纸的用途，并动手操作；根据教师提示，确定本组组长和记录员。

设计意图：通过学生选择的方式和做出的作品不同，引入主题；提高学生课堂参与度，活跃课堂氛围。

（二）主题活动一：迎新晚会（18分钟）

介绍规则和角色任务2分钟，学生讨论和设计海报5分钟，学生展示成果7分钟，教师介绍加德纳的多元智能理论4分钟。

教师：展示迎新晚会竞选角色。

第一个角色：主持使者，负责迎新晚会的主持工作。

第二个角色：外交使者，负责请校领导和任课教师出席本次迎新晚会。

第三个角色：策划使者，负责本次活动的策划，包括活动流程，节目出场的顺序，每个部门工作人员数量的安排，活动时间预设，确保本次活动达到最好的效果，最终取得圆满成功。

第四个角色：舞蹈使者，负责迎新晚会的舞蹈表演。

第五个角色：设计使者，负责活动宣传、海报设计、班级徽标的设计以及整个晚会现场的布置等。

第六个角色：暮省使者，负责撰写本次活动总结与反思。

第七个角色：音乐使者，根据节目特点选取适合的音乐，负责迎新晚会所有音乐的播放与调适。

第八个角色：文创使者，负责在校园内寻找适合做会场装饰的自然植物，并根据寻找到的植物特点布置嘉宾席。

教师：请大家根据自身能力选一个适合自己的角色，并填写在能力海报上；组内分享自己选这个角色的理由，其他组员补充觉得他（她）适合该角色的理由，记录员在能力海报上做好记录。

教师组织学生分享小组讨论成果，分享内容为学生选择这个角色的理由。

教师介绍加德纳的多元智能理论，包括语言智能、数理逻辑智能、空间智能、身体—运动智能、音乐智能、人际智能、内省智能和自然探索智能。其实每个人身上都有这八种智能，完成很多活动都需要这些智能，大部分人会在1~2种智能上表现出卓越的能力，如果人们能清晰地认识到自己的能力优势，并开发它、利用它，不仅能增加未来职业生涯成功的可能性，还能让其生活更加绚丽多彩。

学生：听教师解说每个角色的任务。清楚每个角色的任务后，结合自身能力情况选择一个角色并填写在能力海报上。

组长组织组员讨论。讨论结束后，组长选派一名组员把本组能力海报张贴在黑板指定位置。组员思考每个角色需要的突出能力是什么，把角色卡贴在多元智能图相应的位置。

设计意图：以加德纳的多元智能理论为理论基础，设计迎新晚会活动所需角色；通过对加德纳的多元智能理论的介绍，帮助学生结构化地认识自身；通过角色选择，引导学生发现自己的能力优势；通过小组讨论分享，一方面培养学生小组合作精神，另一方面通过自我探索和他人眼中的自己，发现自身拥有的能力，并全面客观地认识自身能力。

（三）主题活动二：成就故事（14分钟）

教师讲解规则2分钟，学生写故事和分析故事中的能力5分钟，学生分享5分钟（1~3人），教师总结2分钟。

教师：多媒体展示成就故事单；讲述自己的成就故事；引导学生书写自己的成就故事，分析故事中自己具备的能力和欠缺的能力；组织学生分享成就故事，并做活动小结。

教师：在同学们的成就故事中，我发现了大家已具备的能力优势。其实不管曾经的经历是成功还是失败，每一次的经历都是一种成长。如果是成功的经历，会让我们更自信;如果是失败的过往,我们仍会发现自己在这个事件中还是有可圈可点之处的。生命本就是一个自我完善的过程,每一次的经历都能造就更好的自己。

学生:学生根据任务单提示,完成成就故事书写;尝试分析故事中自己具备的能力和欠缺的能力。

设计意图:通过成就故事书写,感受成功体验,增强学生的自我效能感和自信心;通过分析故事中的优点与不足,培养学生反思和客观认识自我的能力。

(四)课后作业(2分钟)

教师:用多媒体展示梦想卡。

学生:学生思考自身优势能力与职业的关系,课后完成梦想卡的书写。

设计意图:通过课后作业,引导学生在认识自己能力优劣势的基础上,初步探索自身能力与职业的关系。

(五)课堂总结(2分钟)

学生通过选择迎新晚会所需角色,发现自己的能力倾向,还在成就故事中分析了自己具备的优势能力与存在的不足。教师通过介绍加德纳的多元智能理论,使学生对自身能力有了更清晰的认识,在今后的学习、生活中不断发展能力长板,补齐短板,找准努力的方向,以梦为马,不负韶华,期待遇见更好的自己。

案例三:

高中生生涯规划辅导之遇见未知的自己

一、设计构思

每个人的心中都有敬仰、崇拜的人,青少年更是如此。榜样对他们的发展和成长具有激励作用,而具有类似特点的榜样在学生的成长中会带来更深远的影响。如何引领学生从自己身边寻找榜样,并努力让他们从中受到鼓舞和激励,是生涯教育课程需要思考的问题之一。

在本节课中,教师陪伴学生寻找他们敬仰、崇拜的达人,并让学生思考他们成为自己心目中的达人的原因,引导学生思考自己的职业价值观以及未来的人生,遇见未知的自己,成为自己心中的达人。

二、教学目标

(一)知识与技能目标

第一,了解不同领域的达人,以及他们取得的成就。

第二,让学生思考自己心目中的达人。

第三,让学生思考他们成为自己心目中达人的原因。

第四,在探索中规划、感知未来的自己,遇见未知的自己。

(二)过程与方法目标

采用游戏导入、小组分享、角色体验、冥想以及教师讲解等方式进行授课。整个过程充分体现以学生为主、教师为辅的原则。

（三）情感态度与价值观目标

陪伴学生寻找他们敬仰、崇拜的人，让学生思考他们成为自己心目中的达人的原因，引导学生思考自己的职业价值观，引导学生思考自己未来的人生，遇见未知的自己，成为自己心中的达人。

三、教学重难点

（一）教学重点

让学生找寻自己心目中的达人以及其成为自己心目中达人的原因。

在探索中规划、感知未来的自己，从遇见未知的自己到遇见梦想中的自己。

（二）教学难点

感知遇见未知的自己，最终遇见梦想成真的自己。

四、教学方法

小组分享、角色体验、冥想。

五、教学准备

纸片、教学课件、多媒体。

六、教学过程

（一）导入课程

看成语猜职业。教师有成语若干，每次提供三个成语，均是用来形容某个职业的，让学生通过对这三个成语的理解，猜出这三个成语形容的是什么职业。在此活动中，教师先将全班学生分成若干小组，最先举手的学生将代表本小组争取小红旗，每猜对一个奖励一面小红旗。

（二）轻叩心扉

"达人"指某一领域非常专业、出类拔萃的人物。通常指在某领域很精通的领军人物。教师借助几张图片（钟南山、钱钟书、马云、袁隆平）介绍来自不同领域的达人。

（三）我的达人

教师：刚才一起了解了来自不同领域的达人，现在我想问大家一个问题：你心中的达人是谁？为什么他（她）是你心中的达人？请大家思考后写在纸片上（表3-3）。

表3-3 遇见未知的自己

我心中的达人	为什么他/她是我心中的达人

学生写完后和组内的其他成员分享，之后在班级内分享。

（四）遇见未知的自己

1. 看未来

指导语：随着音乐的引导，尽可能地放松，以自己最舒服的姿势坐好，轻轻闭上眼睛，并且完全地放松自己，舒缓呼吸，接下来，一起坐上时间的车轮，跨越时空。

时间一直在流动，慢慢地流到了2043年，你长大了。这时的你会是怎样的一个人呢？请尽量想象，想得越仔细越好……

2. 遇见未知的自己

教师：相信大家应该看到了未来的自己，现在请在卡片上写下20年之后的那个自己，描述时可以从以下几个方面入手：时间、场所、衣着、在做什么、有什么成就。

3. 分享未来的自己

找几个学生把20年之后的自己展示一下，时间为1分钟。

（五）课外拓展

根据在职业探索课程中的收获，寻找相关资料，为我们想要成为的那个自己设计现阶段的小目标。

（六）教师寄语

达人的过去也曾经和我们相似，达人成长的过程就是他们怀揣梦想、坚持不懈地努力、一步一步地积累的过程，只要付诸行动，相信你也可以成为自己心中的达人，遇见梦想成真的自己。

案例四：

高中生生涯规划辅导之我的"焦虑君"

一、活动对象

高三年级学生。

二、活动目标

第一，认识焦虑情绪的概念和内涵。明晰焦虑与焦虑症的区别，了解监控焦虑情绪的三要素。

第二，探索焦虑情绪出现的情境和表现。寻找与体验应对焦虑的方法，提高应对焦虑的能力。

第三，感悟生活、学习中的焦虑情绪给自己的成长带来的意义。

三、活动过程

（一）击鼓传递

教师依次播放几段击鼓音乐（分别是7秒、10秒、15秒、20秒），学生传递教师提前准备好的纸条，鼓停时，纸条落在哪位学生手里，便打开纸条完成纸条上的任务。

任务1：请用一个成语形容自己。
任务2：用身体扭出数字8。
任务3：模仿三种动物的声音。
任务4：请分享一件最近令自己期待的事情。

教师采访学生：在游戏过程中你有什么感受？心情是怎样变化的？

小结：在游戏过程中，学生产生开心、紧张、期待等情绪，心情由开心到紧张，到放松，再到开心。其很像人们平时在面临重大事件时会出现的一种情绪——焦虑。

（二）认识焦虑

1. 焦虑的定义

焦虑是人类的一种基本情绪，由于对某些事情过度担心而产生，紧张、不安是其表现之一，会跟随事件的过去而解除。

2. 焦虑情绪与焦虑症的区别

焦虑情绪与焦虑症的区别如表3-4所示。

表3-4　焦虑情绪与焦虑症的区别

项目	产生的原因	持续时间	影响生活的程度
焦虑情绪	如考试、面试、进入新环境等可能产生真的危险或带有挑战性的事件	问题或事件出现时才会产生，导因消失，情绪也就慢慢消失了	会影响生活，但多数情况下有益
焦虑症	很小的日常事情都会焦虑	焦虑情绪会持续存在，可以持续数周或者数月	严重影响正常生活

第三节　中小学团体心理健康教育活动课案例集

案例一：

贵州省六盘水市第二中学2021届高三（5）班团体心理辅导活动方案

一、活动主题

鼓动人心。

二、活动目标

事态的发展就像落下的球，球总会偏离原来的轨迹，发生新的变化，而人们要做出适当的调整，解决新的难题。

高三学生面对繁重的学业任务，心理压力增大，开展该活动可以使学生放松身心，以更加饱满的姿态去迎接高考。

领悟态度决定一切，所以不管发生什么事，都要以积极向上的态度去面对，相信做好每一步就能让事情发生转机。

领导者在团队情绪发生变化时要起领头羊的作用，引导众人的情绪走向正轨，并且激励团队。

建立起团队的信任，并且学会互相配合，增加团队的和谐程度和凝聚力，这样做事的效率自然就会提高。

一分耕耘，一分收获，在这个项目中还要学会全身心地去投入一件事，并且认真完成任务。

三、活动时间

2021年5月10日15：05—15：45。

四、活动地点

贵州省六盘水市第二中学田径场。

五、活动主持人

张璐璐（贵州省六盘水市第二中学高三心理教师）。

六、参赛人数

8至16人（一只鼓有多少条绳，那一组就有多少个人，其中要有一个人是放球的）。

七、活动道具

（1）每组提供一只有12至16条绳的鼓，接好绳子，每根绳子长度至少要1.5米，做成12至16个拉手（或用有机玻璃板替代，四周要均匀钻孔，孔直径10毫米，距离板边2厘米，板厚5毫米，直径45厘米），还要准备一个排球或其他有弹性的球。

（2）主持人要准备秒表和活动记录表。

（3）足够大的物品存放箱一个（存放参赛人员身上的硬物：打火机、手表、手机等）。

八、活动规则

（1）一人拉一根绳子，人数少就一人拉两根绳，然后一齐把鼓支撑起来。

（2）抓住绳子的长度不能超过30厘米，绳头有把手的话抓住把手就可以了。

（3）排球被颠起的高度不能够低于20厘米。

（4）连续颠起排球才能计分，若是排球落地，则颠球数量要重新开始计算。

（5）教师可以根据情况给予每组10～15分钟的时间来练习，练习结束后才正式比赛。比赛共分为两轮，两轮颠球次数之和为最终成绩，颠球次数最少的小组将接受惩罚，惩罚内容由获胜小组学生来决定。

九、技巧要领

（1）颠球不能太用力，平稳最佳，且全部人要跟着球落下的方向而移动。

（2）放球的人不能用力过猛，需轻轻放球，且放球的角度要与鼓面垂直，这样球落下的轨迹才不会偏离鼓面。

（3）每个人的心态都要平稳，切勿激动，也不要消极，一定要齐心协力，如此才能赢得佳绩。

（4）每两个拉绳的人要有一定的间隔，这样才好控制鼓面的起起落落。

十、安全注意事项

（1）颠球过程中在移动时要注意安全，如果遇到障碍就停下来重新开始。

（2）随身携带的硬物和易掉物品要统一放在收纳箱中。

（3）鼓要轻拿轻放，以免损坏。

（4）绳子要拉在手中，避免垂向地面，以免绊倒。

十一、教师提问

教师：要想让颠球次数达到最多，最重要的因素是什么？回顾一下整个活动中的心理感受，你从活动中悟到了什么？

十二、活动分享

说出感悟，和大家一起分享。

十三、活动总结

教师根据学生现场表现来进行总结。

（1）放球。放球人员需要轻轻把球放在鼓面上，不能用力，同时，球落在鼓面的方向需要与鼓面垂直，以免球失控；要点是放球手一定要保证在鼓面上升时让球坠落在鼓面中心点。

（2）拉绳。每名组员拉两根拉绳，绳子要分开，这样才能尽可能保证对鼓面的控制；要点是不能用力晃动鼓面，要让球在水平的鼓面借助鼓面的弹性和球的弹性自然弹起，这是保证球平稳弹起的关键。

（3）弹起高度。球的弹起高度要控制在50厘米以内，弹起过高时，角度稍有偏差，球就很容易弹出鼓面；要点是球的下落与垂线的角度不能过大，否则球再次弹起时会偏离中线，较难控制。

（4）站姿。两脚间距一肩宽，前后差半步，用腰腹和臂力控制鼓绳；要点是无论如何也不能弓腰撅臂，那样会让动作变形，用力失衡。

（5）移动。颠球人员随球移动鼓面时，整个小组都要用力拉绳；要点是不能让队友松开拉绳，否则鼓面会倾斜。

案例二：

人际信任团体辅导活动方案

一、活动主题

人际信任。

二、活动目的

第一，引导学生形成正确的人际交往观念。

第二，鼓励学生积极参与活动，借助信任之旅活动帮助学生感受信任在人际关系中的重要作用。

三、活动时间

2021年5月20日下午第三节课（15：55—16：40）。

四、活动地点

贵州省六盘水市六枝特区新窑镇中学操场。

五、组织人员

敖春雪、张璐璐、王川。

六、活动对象

贵州省六盘水市六枝特区新窑镇中学八年级（2）班、八年级（3）班的学生。

七、活动准备

一次性眼罩120个，信任之旅路线图一份。

八、活动内容

（一）热身活动

目的：课前热身，缓解学生的紧张情绪，以便于后续活动的开展。

规则：将两个班的学生分为四个纵队，男生两队，女生两队。所有学生将双手搭在左右两边同学的肩上，紧密连成一条线。学生听从教师的要求大声喊出指令并根据指令做出相应的动作，第一个指令为说相同做相同。例如，教师喊向右，所有学生喊向右并且站在原地身体向右倾斜，喊向左时身体向左倾斜。第二个指令为说相同做相反。例如，教师喊的指令是向前，学生喊的指令也是向前，但是动作是向后倾倒。第三个指令为说相反做相反，即学生所喊的指令和教师喊的指令相反，动作也相反。例如，教师喊的是向前走三步，学生喊的指令为向后退三步，动作是向后退三步。第四个指令为说相反做相同。例如，教师喊的是向前倾倒，学生喊的指令为向后倾倒，动作是向前倾倒。

（二）主题活动

目的：通过助人与受助的体验，增强学生的人际信任与沟通能力，提高沟通技巧，引导学生养成良好的人际品质。

规则：

（1）每个班的班长和体育委员辅助教师做引导员，分别跟在两个队伍的中部和尾部。对于中部的学生，班长要提醒大家跟着教师走指定路线；对于尾部的学生，体育委员要确保所有人都安全到达指定区域。

（2）两两一组，其中一位学生戴上眼罩，另外一位学生不带眼罩，未戴眼罩的学生引导戴眼罩的学生按照教师指定的路线到达第一个终点，到达第一个终点后，两人角色互换，同样是未带眼罩的人按照教师指定的路线将戴眼罩的学生引回到起点处。

活动中注意安全，严格按照规则进行挑战，不得摘下眼罩，不得在禁声期讲话，否则将受处罚。

讨论问题：信任是如何产生的？为什么我们愿意或不愿意相信我们的伙伴？

（三）总结活动

活动结束后，全体学生手拉手围成一个大圈，所有人闭上眼睛，调节呼吸，恢复平静，然后在教师的引导下大声喊出做完本次活动后自己的感受，每人5秒钟，可以是一句话，也可以是一个词语或成语。在此活动中，教师会指定第一个发言的人，第一个学生分享完后捏捏右手边的同学，示意该他发言，以此类推，直到最后一位学生分享完毕，所有人全程需要闭上眼睛。

教师根据学生分享的内容做小结，并引导学生学会信任。当人们的眼睛被蒙上，很多人都会产生一点恐惧。在活动过程中，当某位学生被别的同学引向终点时，会发现原来这条路并没有那么险恶，走着走着心中的恐惧就会消除，并安全地到达了指定的区域，所以在日常生活中要尝试着去相信身边的人，同时要主动向身边的人伸出援助之手。

案例三：

"无敌风火轮"团体辅导活动方案

一、活动背景

班级是学生开展活动的基本组织形式，是学生进行"自我教育、自我服务、自我管理"的主要载体。学生成长在很大程度上取决于良好的班集体环境和班集体成员的团结和互助。尤其是初中学生正处于青春期，生理发展与心理发展之间的不平衡导致该阶段的学生容易与他人产生一些不愉快，如班级小团体突出、部分学生被他人孤立、身体发育明显而被嘲笑等。因此，如何能形成融洽的班级气氛是教师应该思考的问题。

二、活动目标

帮助学生进一步沟通交流，加深了解，提高班级凝聚力，建立良好的班级气氛；通过活动使学生感受团队合作的重要性。

三、活动主题

无敌风火轮。

四、活动时间

2021年5月21日下午第二节课（15∶30—16∶15）。

五、活动地点

贵州省六盘水市六枝特区新窑镇中学操场。

六、参加人员

活动对象：贵州省六盘水市六枝特区新窑镇中学七年级（3）班、七年级（5）班学生。

主持人：张璐璐、敖春雪。

七、活动准备

无敌风火轮活动履带2个，口哨4个。

八、活动内容

（一）热身活动："萝卜蹲"

（1）本次活动是两个班级一起参加，热身活动可以调动现场气氛，拉近两个班学生的距离，以便进行接下来的环节。

（2）完成改良版"萝卜蹲"活动，需要学生有较强的凝聚力，为本次活动做了很好的铺垫。

（二）主题活动："无敌风火轮"

目的：培养学生的团队协作能力、团队意识、团队荣誉感。

规则：

（1）将学生分为4个组，每组15～20人，每个组选出一名组长、两名监督员。

（2）本次活动以组内协作、组间竞争的形式开展，每次上场两个小组，出错次数最少、用时最短的小组获胜。

（3）要求本组所有组员全部参与活动，活动过程中组员的脚不能踩到地面，如果有组员的脚踩到地面，监督员有权叫本组成员原地停留10秒钟，如果不听指令继续向前，则该组成员需要回到起点重新开始。

（4）如果本组有学生不按照规则完成任务，则少一个成员在总成绩上加10秒钟。

（三）总结活动

活动结束后，全体成员手拉手围成一个大圈，所有人闭上眼睛，调节呼吸，恢复平静，然后在教师的引导下大声说出做完本次活动后的感受，每人的时间为5秒钟，可以是一句话，也可以是一个词语或成语。教师会指定第一个发言的人，第一个学生分享完后捏捏右手边的同学，示意该他发言，以此类推，直到最后一位学生分享完毕，所有人全程需要闭上眼睛。

（四）活动小结与反思

本次活动以"萝卜蹲"为热身活动，以"无敌风火轮"为主题活动。本次活动设计环环相扣，突出主题，并且活动结束后有总结，主题得到了升华。

本次活动虽然取得了较好的效果，但也存在不足之处，即活动直接选用了成品的活动器材，减少了学生动手制作的环节，部分学生的智慧难以得到展示。如果本次活动换成让学生亲手制作风火轮，那么，学生其他方面的能力，如领导能力、组织能力、协调能力、人际沟通的能力等都能得以展示，本次活动就会更有意义。

案例四：

"盲人摸象"团体辅导活动方案

一、活动主题

盲人摸象。

二、活动目的

学生在活动体验中学会设身处地地为他人着想；懂得人际沟通中必不可少的因素。

三、活动时间

2021年5月27日下午第三节课（15∶55—16∶40）。

四、活动地点

贵州省六盘水市六枝特区新窑镇中学操场。

五、参加人员

敖春雪、张璐璐、王川。

六、活动对象

贵州省六盘水市六枝特区新窑镇中学七年级（5）班、八年级（1）班的学生。

七、活动准备

扑克牌两副、眼罩120个。

八、活动内容

（一）热身活动

目的：课前热身，缓解学生的紧张情绪，以便于后续活动的开展。

规则：

（1）让两个班围成两个圆圈，七年级（5）班为内圈，八年级（1）班为外圈。所有学生左转身，将双手搭在前面同学的肩膀上，紧密连成一个不会断裂开的整体。

（2）教师会喊出两句话，学生根据此话做出不同的动作。第一句是"走起来呀走起来"，学生边走边齐声跟着教师喊"走起来呀走起来"；第二句是"桃花朵朵开呀"，学生问"开几朵呀"，教师随机喊出任意数量，相应数量的学生抱在一起。比如3朵，3个学生就迅速抱在一起，落单两次及以上的学生将会接受小惩罚，惩罚内容依据现场情况而定。游戏进行到第三轮时，教师喊出的数量是13，学生抱团在一起即可开始接下来的主题活动，多出来的学生当活动监督员。

（二）主题活动

活动目的：培养团队成员主动沟通的意识，体验有效沟通的渠道和沟通方法；体会团队之间加强合作的重要性，提升主动沟通与合作的意识；懂得人际沟通中非言语沟通亦是必不可少的因素。

活动规则：①在活动进行时，所有人不得摘下眼罩；②活动进行时间内，不得说话，不得发出声音。

操作流程：①各小组13人，每位学生手上有一张扑克牌，牌的点数只能自己看，不能告知组内的其他同学；②所有学生听从指令将眼罩戴上，戴上后不能取下来；③教师发出指令："所有学生向前走3步，向右走2步，再向左走1步"，各组监督员随机率走两位同学，尽可能离开本组区域；④各小组在不能摘下眼罩、不能说话的情况下让组员按照手持的扑克牌大小依次站成一列纵队或横排；⑤确定完成的小组，全组成员统一举手，各监督员检查，挑战成功的即可摘下眼罩；⑥有误的小组继续调整，直至正确为止。

讨论问题：被牵走的学生是怎样回到小组的？各小组使用了什么样的策略完成排序？要想在该活动中又快又准地完成挑战，最重要的因素是什么？

（三）活动总结与分享

活动结束后，教师对各小组的完成情况进行总结，然后引导学生分享活动中自己使用的策略，学生积极分享了自己使用的策略，如通过摸耳朵、手心划动来确认纸牌的数字。学生解决问题和沟通的能力在这个活动中得到极大的锻炼，得出另一种重要的沟通方式：非言语沟通。最后，教师对学生在本次活动中的表现给予肯定，圆满结束了本次团体心理辅导活动课。

案例五：

"决策有方"团体辅导活动方案

一、活动主题

决策有方。

二、活动目的

学生在活动中体验有效决策的重要性、影响决策的因素以及如何才能做出有效的决策；懂得如何在今后的学习和生活中有效做出决策。

三、活动时间

2021年6月3日下午第三节课（15：55—16：40）。

四、活动地点

贵州省六盘水市六枝特区新窑镇中学操场。

五、参加人员

敖春雪、张璐璐。

六、活动对象

贵州省六盘水市六枝特区新窑镇中学八年级（4）班、八年级（6）班的学生。

七、活动准备

两副扑克牌、眼罩120个、音乐。

八、活动内容

（一）热身活动

目的：课前热身首先可以缓解学生的紧张情绪，其次是为了完成分组以便于后续活动的开展。

规则：让两个班围成一个大圆圈，所有学生向左转身，将双手搭在前面同学的肩膀上，紧密连成一个不会断裂开的整体。

在此次活动中，男生代表五角钱，女生代表一元钱，教师会播放一段音乐，学生听着音乐在圈内小碎步走起来，音乐停止播放后，教师随机喊出一个价格，学生按照教师给出的价格迅速组合。比如，3.5元由三位女学生和一位男学生组成或者由七位男学生组成，落单两次及以上的学生将会接受惩罚，惩罚内容可以是表演一段才艺，如唱歌、跳舞等。游戏进行到最后一轮时，教师需根据总人数及小组数喊出价格，使学生组队完成后即可开始接下来的主题活动，多出来的学生当活动监督员。

（二）主题活动

在本次活动中，先挑出大小王，然后将所有学生按扑克牌花色分为四组，对应一个花色的站成一队，同一个花色的牌的顺序全部打乱，正面朝下，摆成一个小圆。每个组对应翻一个花色的牌，要求翻开的顺序是从A到K，每个人一次只能翻动一张牌，每组的第一目标牌都是A，如果翻到目标牌，就把它翻开，正面朝上，如果不是目标牌A，就将牌放回原位。

每次上场一名组员，该组员翻完后返回队伍与下一位组员击掌后回到队伍的最后方。活动开始前每个组都有3分钟的讨论时间。当活动开始后，整个过程中不能发出任何声音，如果出现队伍当中有人说话的情况，则该组成员暂停10秒后才能继续挑战，或者没有把非目标牌放回原来位置，同样暂停10秒钟。最先将扑克牌全部翻开并且出错率最低的小组获胜。

（三）总结活动

（1）教师让最先完成挑战的小组选派组员分享本组所用的策略与方法。

（2）教师请最后完成的小组分享自己的策略与方法，并说说在这个过程中出现的问题。

（3）教师请监督员分享他们视角看到的问题和现象。

（4）教师对以上学生的发言进行总结，并指出活动过程中学生出现的具体问题，引导学生思考在今后的学习、生活中如何才能做出有效决策，在作决策时应考虑哪些因素？

上述心理健康教育课堂模式及课堂案例集都来源于笔者的教学实际，是笔者经过多次实践并修改完善后敲定出的内容。各位教学工作者可结合所教学段、人数、场地等因素进行修改，将其内化成适合自己教学风格的教案。

第四章 贵州省中小学心理辅导工作模式

随着社会的发展，当代教育有了新的内涵，学校教育不仅应该培养学生的德、智、体、美、劳，还要培养学生健康的人格及对各种环境的适应能力，学校心理教师由此产生，并成为现代教育改革与学校管理的重要参与者之一。

第一节 中小学心理教师队伍及心理咨询室的建立

一、中小学心理教师队伍的建立

学校心理健康教育工作是否能取得成功，教师在其中发挥着重要的作用，不仅包括专职心理教师，还包括学校全体工作人员。因为教师是人类灵魂的工程师，是学生成长的引路人。心理健康教育工作与学生管理工作不同，它具有自己的特殊性，需要专业的工作人员来做。很多调查研究表明，如果由兼职教师进行心理健康教育工作，会带来辅导与训导的角色冲突，导致心理健康教育的作用大大降低。

很多职业都有其特殊性，从事本专业的工作都有固定的职业资格要求，要想获得职业资格，就应接受专业的教育和培训。心理健康教育工作不但能帮助别人，而且能帮助自己，它很有意义，也具有挑战性。它的特殊性决定了从事此项工作的人应具备较高的职业素质和专业能力。只有具有相应的专业教育背景，进行严格的培训，取得相应的职业资格，专业能力过硬，拥有心理健康教育从业者应具有的性格、品质，才能成为一名合格的心理健康教育工作者。

（一）学校应设立心理教师岗位，配备专兼职教师

要进一步推动素质教育，加快贵州省中小学心理健康教育的步伐，应在各中小学校设立心理教师岗位，让每一个学校都能有一个专业的心理教师。例如，学生人数是1 000人以上的中小学校至少应该设立一个心理教师岗位。学生全部住校的学校最少有一个及以上的专职心理教师。有不同校区的学校，在不同的校区都应该有一个专业从事心理健康教育工作的教师。一些学校学生人数不多，则可以按实际情况配备专职心理教师。一些条件允许的地区，每所学校最少配备1名及以上的专职心理教师。每个学校从总编制中至少申请一个专职心理教师名额，学校要确保专职心理教师的待遇不低于学校其他教师，心理健康课和心理咨询次数计入正常工作量。因条件限制，暂时没有专职心理教师的学校可以从原有教师队伍中指定专人兼职心理健康教育工作。

（二）心理教师要经过专业培训

中小学心理健康教育工作具有较强的专业性，应由专业能力过硬的心理教师来开展。首先，心理教师需要具备扎实的专业知识，主要包含心理学专业基础性知识（普通心理学、咨询心理学、教育心理学、心理测量学等）以及相关的生理学、医学、社会学、教育知识等。其次，心理教师还要掌握相关的咨询技能，具有从事心理咨询的职业资格。除此之外，心理教师要具有较高的素质与修养。心理教师应该具有的心理品质包括成熟、敏锐、内省、包容、内在协调等。心理教师还应该具有良好的职业道德，包括对心理健康教育事业抱有较大的热情，喜欢帮助别人，对待学生有责任感和使命感。教师在进行心理咨询时，要尊重和理解学生，以平等的态度对待他们，认真遵守保密原则，尊重学生的隐私，既帮助学生解决心理困惑，又教授学生自我调节的方法，让学生以积极的态度面对人生，促进学生品德和人格的健康发展。最后，心理教师要熟练地掌握心理健康教育的方法和技巧。例如，放松训练可对焦虑症起到缓解作用，合理情绪疗法可以适度改变错误认知，冲击疗法可以达到消除恐惧的目的。心理教师应通过培训掌握各种心理健康教育的具体方法，对有不同需要的学生给予相应指导。

（三）学校要组织心理教师开展科研活动

第一，在中小学教师职称评定中，设立心理学科评审组，明确中小学心理学科教师职称申报资格条件，引导心理教师向专业化发展。第二，教育部相关部门应提供有关课题，并出台相关的措施，将心理教师的资格考核、职称晋升和心理健康教育研究工作相联系。第三，心理教师应具有主动研究问题的意识，在心理健康教育中及时发现问题、主动研究问题、巧妙化解问题。

二、学校心理咨询室的建立

学校心理健康教育工作主要包括心理健康教学、心理辅导、心理健康知识的普及等。其中，心理辅导是比较重要的一环，它包括团体心理辅导和个别心理辅导，这两种类型的辅导都需要心理教师在相对合适的环境下进行，以帮助学生解决自身存在的一些心理和行为问题。因此，想要看到心理健康教育的成效，建立心理咨询室是有必要的。学校心理咨询室是学生进行心理咨询的专用场所，是开展心理健康教育的重要基地，判断一所学校是否符合办学条件，学校是否建立心理咨询室是衡量的重要指标。不管是团体心理活动还是个体心理咨询，都可以在心理咨询室进行。通过这些活动，不但可以解决学生的心理问题，而且可以促进学生的身心健康发展。

心理咨询室是个体进行心理辅导的重要场所，来访的学生可以在这里接受心理指导、进行行为训练，各种心理健康教育活动的记录和学生的心理个案可以存放在这里。同时，为了得到家长的配合，使学生心理咨询效果更好，心理咨询室还可以给学生家长提供适当的家庭教育指导。

（一）名称的确定

学校心理咨询室面向的群体是中小学生，应该区别于医院的心理咨询室，因此要选取亲切、自然、温馨、和学生心理相符的名称，如阳光小屋、解忧花园、快乐加油站、舒心屋、心语天地等。

（二）心理咨询室的布局

1.选址

心理咨询对环境的要求比较高，需要自然、安静且舒适的环境，方便学生来访，但又不引人注意。选址要求如下：第一，为了避免心理咨询时受到干扰，心理咨询室的地址最好在远离操场、食堂、学生超市、学校大门、教室、宿舍等相对安静的地方。第二，温暖的阳光、舒适的温度和绿色的植物等都能潜在地调动来访者内心积极阳光的情绪，因此心理咨询室最好选在明亮舒适的地方，尽量避开那些黑暗、压抑的角落。第三，心理咨询室应该选在方便学生来访、容易到达且不引人注意的地方。因为现在大多数学生对于心理咨询的认识还比较少，认为去做心理咨询的人就是心理有病的人，害怕别人知道并且在背后议论自己，不想让同学和教师知道自己去做心理咨询。所以，心理咨询室最好选在离教师办公室、校长室、教室稍微远一点的地方。如果心理咨询室设在校长室旁边，虽然可以方便校长监管，但学生可能不敢去了。心理咨询室的位置又不能离教室和宿舍太远，要让学生想来咨询的时候方便来到。如果心理咨询室选址太过于僻静，且路程过远，会造成心理和空间的双重阻碍，增加来访学生的压力，不利于心理辅导工作的开展。总的来说，学校的心理咨询室应该兼顾便利和安静两个原则，最好选在图书馆、阅览室附近，这样既可以保证安静，也可以有一种比较好的氛围，能更好地帮助学生调整心态。

心理咨询室的功能较多，学校在进行场地布局时需要满足这一点，尤其是基本功能，学校要最大限度地合理安排空间布局。心理咨询室的面积不可过大，也不可过小，面积过大不利于建立咨询关系，面积小会让来访者有压迫的感觉，不利于心理咨询工作的开展。如果心理咨询室是多房间布局，教师在做心理咨询时最好选择在安静、靠里的那一间，且来访者的位置应尽量避开门窗，这样可以让来访者更有安全感。

2. 心理咨询室的布置

心理咨询室的室内环境整体上应该给人一种温馨、舒适、安静的感觉，房间物体的摆放可以根据每个房间的功能来调整。墙体的颜色可以暖色调为主，如浅黄色、浅绿色、浅蓝色，普通的白色也可以，若使用白色墙体，可辅之以暖色系窗帘，尽量避免室内颜色太过鲜艳，如大红色、亮黄色，也要尽量避免室内颜色太过暗沉，如灰色、黑色等，因为这会给来访者带来压迫的感觉。屋内灯光应尽量柔和，避免太刺眼或者太昏暗，屋内其他物品，如窗帘、桌椅、沙发、装饰要和墙体、地板颜色相协调，让人有心情放松、开朗的感觉。如果是浅蓝色的墙体，沙发的颜色可以选草绿色，再挂一个浅黄色的挂钟，这样会让人感觉身处于大自然中，不自觉就会感到放松。学校可以把一进门的房间设为办公区，这里可以接待来访者，这个房间的墙上可以挂上"心理咨询的步骤""心理咨询室职责""心理教师守则"等内容的挂画，这样可以让来访者对心理咨询有一个初步的了解，也可以增强来访者的信任感。放松室可以放一些不倒翁、放松椅、沙袋等玩具，可以让学生发泄不良情绪，调整状态。在选择团体辅导室时可选择面积大一点的房间，因为学生要在里面开展不同类型的团体活动，需要足够的活动空间。为了让学生坐在地板上开展一些活动，地上可以铺上泡沫垫或地毯。团体辅导室是用来做活动的，因此，墙体颜色可以稍微活泼、明亮一些，特别是小学阶段的团体辅导室，可以用小孩子喜欢的鲜艳颜色来布置。在咨询过程中，咨询师与来访者可以坐在沙发上，也可以坐在椅子上。两张沙发或椅子的位置必须摆好，呈90度角，两个座位间隔不要太近或太远，以1米为宜。这样既可以正视对方，和来访者有目光的交流，又不会给来访者带来很大的压迫感。在摆放沙发或椅子时切不可正面对正面，形成相互对峙的局面。两个人之间可以放一张茶几，这样可以使来访者有安全的人际空间，也可以充当来访者脆弱无力时的支柱。为了避免拉长与来访者的距离，阻碍与来访者的交流，茶几不能太大或者在茶几上放太多的东西。

在学校条件允许的情况下，学校心理咨询室至少有里外两间，里面的房间作为咨询室，外面的房间作为办公区和接待室。如果条件不允许，可以用屏风隔开。咨询室的布置需满足下面几点：

（1）温馨性。室内的布置要以浅色调为主，如浅粉色的墙体、浅黄色的窗帘等，也可以在明显的位置贴上"打开心窗，拥抱阳光"等温馨宣传语。

（2）宣传性。为了方便来访者迅速地了解心理咨询是什么，为开展心理咨询打下基础，学校可以在墙上挂"心理咨询人员工作守则""怎么保持心理健康""心理咨询的流程"等宣传材料。

（3）隐秘性。心理咨询的首要原则是保密性原则，心理问题属于个人隐私，因此，心理咨询的环境一定要让来访者感觉是安全的，这样才能保证来访者没有负担地倾吐自己的真实想法。

（4）安静性。咨询的环境对于咨询的效果有很大的影响，安静的环境会让来访者心情平和，有利于开展咨询；反之，环境太过吵闹会导致来访者和教师的暴躁情绪，使咨询效果不好甚至咨询失败。

3.心理咨询室的设备及准备资料

学校心理咨询室是开展心理咨询的重要场所，需要配备一些必要的设备和资料。

桌椅沙发：至少有两套，一套是心理教师自己的办公桌椅，一套是做心理咨询需要的茶几和沙发，最好是两个单人沙发，沙发要大小合适，保证舒适度。

资料柜：用来存放心理学相关书籍、学生心理档案和其他心理活动有关资料。学校要购买一定数量的心理学方面的书籍、测验量表、软件，并建立学生心理档案。学生心理档案主要包括学生背景资料、学生心理测评结果和与其学习活动有关的资料。学生的背景资料包括三个方面：第一，学生本人及生活状况，如本人的基本简历及其经济状况、生活态度等；第二，成长和健康资料，如学生个人的成长史和基本健康状况、行为习惯等；第三，家庭环境与社会环境方面的资料，包括家庭结构、家庭成员的文化程度、家庭关系、家庭气氛及社会环境情况等。心理测评量表是能力、性格、兴趣、心理健康水平、情绪状态等有关个体心理素质方面的测量资料，另外还需要一些个体社会化方面的资料，如关于个体对社会的看法、个体的人际情况的调查问卷。与其学习活动有关的资料主要有学习计划。通过这些资料，教师能及时调整教学方法。

心理测试工具：心理测试表、测试器材，如注意力稳定测量仪、心理治疗仪、感觉统合训练仪、手眼协调训练器等。

电脑：可以存放心理活动的资料，进行心理测评。

电话：在条件允许的情况下，可以使用电话进行咨询。

4.心理信箱的设立

为了帮助学生解决在学校经常遇到的学习和生活中的困惑，心理信箱成为目前学校普遍使用的重要辅导设施，特别是害羞内向的学生，他们普遍不敢去心理咨询室，也很害怕和教师交流。面对这种情况，心理信箱的重要性就不言而喻，它可以让学生不用面对面交流也可以说出自己的困扰，得到心理上的支持。学校也可以用心理信箱对学生的情况有大致的了解。

心理信箱不仅不会泄露学生隐私，还对所有学生都适用，操作简单，是大部分学生都喜欢的一种方式，所以心理教师在心理咨询室门口放一个心理信箱，可以让更多的学生得到帮助。

充分利用心理信箱，可以更好地开展心理健康教育工作。在处理来访者的信件时，心理教师要注意深入了解来访者的困难，并帮助他解决问题。另外，为适应心理辅导的需要，心理教师还应对信函进行一定的记录，作为重要的辅导资料予以收集。

5.心理咨询室建立的注意事项

（1）心理咨询室开放时间。心理咨询室应在固定时间对学生开放，具体开放时间可以按照学生人数和学校的实际情况（如学校的师资等）来定。原则上，只要学生在学校，每天都应该开放，课后时间也应该有一定时间段向学生开放，课后时间可安排专人值班。

（2）人员配备。心理咨询室最少有一个心理学或相关专业本科毕业的专兼职心理教师，如果条件允许，尽量选取专业人员。专兼职心理教师上岗前需接受培训，取得教师资格证、心理咨询师证，学习过心理健康教育的基本理论、心理学专业知识并掌握相应的咨询技能。

（3）经费投入。为保证心理健康教育工作正常开展，学校应设立心理健康教育专项经费，纳入年度经费预算。

（4）建立心理档案。新生入学，学校应为学生建立心理档案，一般包括学生的基本情况，如成长经历、家庭关系、心理健康状况、心理咨询记录等。心理咨询记录主要有学生现在的心理状态评估、咨询的主要问题、心理测评结果、详细的咨询过程、咨询中使用的策略、咨询效果评价。学生的档案信息应用专门的柜子收纳，严格遵守保密原则，无关人员禁止翻看。做好心理档案的收集、更新，有助于心理教师针对性地开展团体心理辅导或个别心理辅导。

（5）保护隐私。在进行心理咨询时，心理教师应严格遵守保密原则，不谈论、不传播学生的隐私，除非在特殊情况下，如学生已经出现自伤、他伤等行为，心理教师应及时告知班主任和家长，并做好记录。心理教师应根据实际情况在学生自愿的情况下进行心理测评，不得逼迫学生进行心理测试，心理测评结果不可夸大解读，不能仅凭心理测评就给学生下定论。对于学生的问题，心理教师应坚持育人为本，做好学生成长路上的引导者，努力提高全体学生的心理素质。

（6）危机干预。心理咨询室应制定相应的心理危机预警及干预机制，成立危机干预领导小组，列出详细的心理危机预警、干预流程，并给教师和学生做好心理危机预警、干预的培训，预防因心理危机引发的自伤、他伤等极端事件的发生，当危机事件出现时能够用恰当的方法处理。

（7）及时转介。学校应为心理咨询室和相关的心理医院或咨询机构搭建转介的桥梁，及时发现一些有严重心理疾病或者因其他情况需要转介的个例，并转介到医院或其他心理咨询机构，对转介过程的后续追踪进行记录。

（8）加强研究。心理咨询室应定期组织研讨活动，对特殊的心理咨询案例进行讨论，请专家对咨询过程进行督导，每学期至少做一次心理健康筛查，让心理健康教育更科学、效果更明显。

总而言之，建立心理咨询室是为了提高学生的心理素质，方便开展心理健康教育工作。为了使心理咨询室发挥最大作用，学校应该充分考虑各种因素的影响。心理咨询室建成之后，相关工作应落到实处。咨询室应建立健全相关的管理制度，规定开放时间，在条件允许的情况下，心理咨询室应每天开放，若师资不足，则可以每周定期开放两到三天，开放时间最好定在课后时间，方便学生来咨询。每次咨询时间控制在 50 分钟左右。除了个体面谈，还可以通过团体辅导、电话咨询、心理信箱等多种方式，让心理咨询室真正成为帮助学生解决心理困惑、获得心理成长的重要场所。

第二节　中小学心理健康教育的主要任务

学校心理健康教育是指教育者运用心理学、教育学、社会学、行为科学乃至精神医学等多种学科的理论与技术，通过集体辅导、个别辅导、教育教学中的心理辅导以及家庭教育等多种形式，帮助学生进行自我认识、自我接纳、自我调节，从而充分开发自身潜能，促进其心理健康与人格和谐发展的一种教育活动。心理健康教育要对有心理障碍或者精神疾病的患者进行初步诊断，并及时地转介（即求助于专业的心理治疗、精神疾病治疗机构）。

一、学校心理健康教育的目标

《中小学心理健康教育指导纲要》提出，学校心理健康教育的总体目标是提高全体学生的心理素质，充分开发他们的潜能，培养学生乐观、向上的心理品质，促进学生人格的健全发展。学校心理健康教育的目标正是它的细化。其重点是引导学生正确认识自己、接纳自己，发掘自身潜在优势，普及心理健康知识，帮助学生解决面临的问题，增强学生的心理适应能力，提高学生的抗压、抗挫能力。心理健康教育可以帮助学生矫正不良行为习惯，解除心理困惑，指导学生作选择、作决策、制订行动计划，鼓励学生通过自我探索，寻求生活意义，促进学生健康快乐地成长。

二、学校心理健康教育的基本原则

（一）全员参与，全方位考虑，面向全体学生原则

教师通过对学生的引导和帮助来开展心理健康教育，其目的是使全体学生健康地成长。因此，教师要从适合全体学生的角度出发制订心理辅导计划，选取大部分学生共同存在的问题来设计心理健康教育活动内容，在开展团体辅导活动时，要充分调动学生的积极性，尤其是要为那些安静、内向、害羞、自卑、不善表达、偶尔会被忽略的学生创造表现的机会，最大限度地让更多的学生参与进来，让更多学生的心理困惑得到解决。

（二）矫治、预防与发展相结合的原则

矫治是当学生出现不好的行为习惯、长时间的心理紧张、焦虑或其他心理问题时，教育者运用专业的知识引导、帮助学生解决这些问题。预防则是在上述问题出现之前向学生传授应对各种心理困惑的知识和方法，当学生遭受挫折、压力、冲突产生心理困扰时，能够运用所学知识调适自己的心态，以保持正常的学习和生活状态。发展是着眼于学生的未来，帮助学生树立有价值的学习与生活目标，正确地认识自己，发掘自身潜在的优势，让自己的生活过得健康、充实、有意义。

(三) 尊重与理解学生原则

心理健康教育应该遵循尊重与理解学生的基本原则。尊重就是尊重学生的人格与尊严，尊重每个学生平等的权利。理解则需要教师站在学生的角度，了解学生的想法和行为。教师和学生之间要做到心与心的对话和交流，就必须做到尊重和理解。学生的很多行为都是从教师身上习得的，只有教师尊重学生，学生才会尊重别人、尊重自己。而健全人格的重要特征正是自尊、自重、自信，是心理健康教育追求的重要目标之一。另外，如果教师尊重和理解学生，学生就会相信教师能够帮助他解决问题，他才会和教师讲述内心深处的痛苦、困惑、焦虑。这种良好的师生关系是心理健康教育取得良好效果的基础。

心理健康教育要取得好的效果，需要有平等、尊重的咨询关系作为基础。不管学生的问题是什么，心理教师都要做到认真倾听，尊重来访学生的人格，这样学生才会相信教师，这有利于形成良好的咨询关系。教师在给学生做心理咨询时，要从对方的角度考虑问题，体现教师对学生的爱心和人文关怀，做到一视同仁、人格平等，以此作为心理健康教育取得积极效果的根本出发点。

(四) 学生主体性原则

在心理健康教育中要尊重学生的主体地位。心理健康教育的目的是促进学生健康地成长与发展，而从本质上说，成长与发展需要学生自觉、主动地参与。心理健康教育过程是一种助人自助的过程。"助人"只是手段，让学生"自助"才是目的，目的是提高学生自我认识和自我帮助的能力。初高中阶段学生的心理发展特点是独立性和依赖性并存，这个时期，学生的自我意识快速发展，学生遇到问题希望自己独立思考和解决，对于父母和教师的过度保护，他们很抵触。因此，教师在给学生辅导时可以引导学生独立思考，找寻方法，充分发挥他们的主体作用，满足他们独立个性的需要。

三、学校心理健康教育的内容

(一) 心理健康教育

心理健康教育是指教师采用心理学的规律和方法指导学生学会更好地学习和生活。智力因素和非智力因素是影响学生学习效果的两个心理因素。从智力因素方面来看，教师应传授给学生怎样观察事物的方法、加深记忆的方法，帮助学生克服思维定式，学会科学用脑，利用共同要素与知识概括性原理积极促成学习迁移,科学合理地组织练习,形成技能技巧和能力,等等。除此之外,很多的心理专家也认为,对学生学习影响很大的一个因素是非智力因素。湖南师范大学一项调查表明,超过一半的学习困难的学生是非智力因素造成的,学习心理障碍是一个重要来源。丧失自信心和习得性无助、人际关系矛盾(师生关系、生生关系)、教师期望过高、学业压力过大、考试过分焦虑和紧张、不正确使用学习策略和方法、厌学等是常见的学习心理障碍。降低或消除影响学生学习效果的智力和非智力因素,在学科教学中渗透心理健康教育,让学生用更合适自己的方法去学习,是心理健康教育的一项重要内容。

(二)青春期心理健康教育

中学生正处于青春期,青春期是学生生长发育的高峰期,也是心理发展的重大转折期。这个时期学生的身心处于不平衡状态,这种变化经常伴随复杂的矛盾冲突。如果家长和教师没有及时地引导,学生就会产生困惑和迷茫,随之而来的就是一些心理与行为问题。所以,根据中学生的身心发展特点和一些经常出现的问题,教授学生一些常见的心理健康常识和提供个体心理辅导成为青春期心理健康教育的一个重要内容。一般情况下,中学生常见的青春期课题有第二性征出现及其他生理变化导致的困惑、异性交往及早恋问题;获得自我同一感;情绪管理、心理的开放与闭锁之间的矛盾;心理的反抗性与依赖性之间的矛盾等。教师要充分关注因生理发展对学生生活和学习多方面造成的巨变和影响,不但传授一些心理调节的知识,而且教给学生一些必要的生理知识,矫正不正确的认知,让不必要的烦躁与紧张得到缓解。

(三)个性发展与性格塑造

俗语说得好:"个性即人生。"学生未来的人生道路会被他的性格品德所深深地影响。学校也把发展学生的个性作为学校教育的目标之一。教师应该多方面认识学生的个性特征,引导学生用客观的眼光去认识和挖掘自己的心理特点与先天的优点,树立积极的自我概念,然后以此为基础指导学生的个性发展,对于一些劣势特点适当地给出转劣为优的建议,并指导他们做出改变。想要了解学生的个性特征,可采用的方法有很多,常用的方法是测验法和观察法。生活中经常使用的个性测验有Y-G性格测验、卡特尔十六种人格因素测验、明尼苏达多项人格测验等。因为学生个性发展与人格塑造是一个潜移默化、日复一日的漫长过程,所以最好能让家长、任课教师、同学等多方面力量配合和监督。

（四）专业与职业定向指导

很多学生对自己的未来发展缺乏定向指导，导致升入大学后出现专业兴趣不浓、专业闹情绪、无心学习的现象。因此，教师在对学生进行专业与职业定向指导时，应该从多方面进行考虑。学生的爱好和能力是一个方面，除此之外，学生的气质类型、性格特点和社会需求也应该参考。笼统地说，多血质和胆汁质的人比较适合从事与别人打交道且反应速度要求较高的工作，黏液质和抑郁质的人比较适合常规、细致的工作。外倾型的人比较适合需要很强的人际交往能力的工作，而内倾型的人更适合比较细致的工作。

（五）考试、竞争压力和挫折的应对

在考试、比赛之前，学校进行心理辅导，大多会很有成效。其心理辅导的主要内容包含正确认识考试和比赛的性质、考试与赛前准备、考试和比赛的方法、考试与比赛中的情绪管理、正确对待成败和合理归因、遇到挫折如何调节情绪等。此外，学生未来步入社会仍然会面临很多的挑战和竞争，学会平衡合作与竞争的关系，积极地迎接挑战，正确地认识成功与失败，遇到压力和挫折时学会自我调节，不仅有利于学生现在的成长，还对他们将来更好地适应社会具有积极意义。

（六）人际关系的协调

教师在开展心理健康教育工作时应注重引导学生建立和谐的人际关系，传授学生常见的人际交往的方法，让他们学会如何正确地与人相处。良好的人际关系能减少烦恼，减少情绪困扰，形成良好的学习和生活氛围，也可以促进同学之间互相帮助、共同进步，有利于学生的健康成长。中学生的人际关系主要有家庭关系（与父母、兄弟姐妹及其他亲属的关系）、校园关系（同学之间、学生与教师之间的关系）、其他关系（与朋友、不熟悉的人之间的关系）等。和不同的人相处，需要运用不同的方法，所以学生在不同的情境下遇到的人际问题需要根据实际情况处理。同样，与人交往也可归纳出一些普遍适用的技巧，从个人出发，具备良好的行为品质（如对人真诚、善良大方、能站在他人的角度思考问题、心胸宽广、乐于助人、尊重他人、注重个人形象等）的人大多可以拥有良好的人际关系。

（七）心理障碍的矫治与心理卫生保健

中学生的心理障碍主要表现为焦虑、强迫、抑郁、敌对等情绪障碍，以及人际关系敏感、偏执、精神分裂等方面。如果学生已经出现心理障碍，心理教师无法处理，应及时转介到相关心理医院。需要强调的是，因为现在我国与中学生心理健康方面有关的测评量表还比较少，统一的诊断标准并不明确，所以对心理测评结果的解释必须慎重，不能给学生随意下定论，以免给学生造成不必要的精神负担，更不能对这些学生有歧视态度与言行。

四、学校心理健康教育工作的具体形式

心理健康教育有很多形式，可以分为两类：一种是团体心理健康教育；另一种是个别心理健康教育。这两种形式相辅相成，互为补充。

（一）团体心理健康教育

团体心理健康教育是在团体情境下进行的一种心理健康教育形式，它是以团体为对象，运用适当的辅导策略与方法，通过团体成员间的互动，促使个体在交往中通过观察、学习、体验，认识自我、探讨自我、接纳自我，通过调整和改善他人的关系，学习新的态度与行为方式，激发个体潜能，增强适应能力的助人过程。常见的团体心理健康教育形式有如下几种：

第一，心理健康讲座。心理健康讲座普及的群体很多，但其作用小于其他的心理健康教育形式，学校可以请专家就学生共同关心的问题进行讲座。例如，对新生进行的环境适应讲座，对毕业生进行的缓解考试焦虑、就业择业的讲座。同时，也可以班级为单位，由心理教师讲解心理学知识，如情绪管理的办法、怎样处理人际关系、学会正确的自我认识、生命教育等。

第二，心理健康课。在不同年级开设心理健康课是很重要的，学生的很多心理困扰都来源于学习的过程和人际交往中，心理教师可以根据不同年龄段学生的心理特点，传授不同的心理知识，指导学生学会学习和生活。

第三，心理社团。心理社团通过开展一系列的心理活动，如走出人际孤岛，相亲相爱一家人等，不但能帮助学生解决心理困惑，而且能让学生学到心理健康知识。

第四，主题班会。最了解学生的人是班主任，学生的心理需求和心理问题，班主任比其他人更了解，因此班主任可以利用班会时间，针对班级学生在学习和生活中出现的问题设计出一些对应且有特色的团体活动方案。

第五，专栏心理辅导。专栏心理辅导是利用校园广播、校园小报、班级黑板报、校园宣传栏等媒介向学生宣传心理健康知识，对个别的心理健康问题进行辅导的一种方式。

（二）个别心理健康教育

个别心理健康教育是心理教师在和学生建立起利于咨询的关系的基础上，和学生进行一对一的沟通，运用心理学的相关知识帮助学生正确认识自己、接纳自己，进而欣赏自己，解决学习和生活中的心理困惑，改正自己的不良意识和行为，充分发挥自身的潜能，迈向自我实现的过程。此项工作需在学校心理咨询室进行，常用的方式有个别辅导、电话辅导和心理信箱。其中，个别辅导的过程主要分为开始阶段、实施阶段、结束阶段。

1. 开始阶段

开始阶段包括辅导关系的确立、资料的收集整理、综合评估与诊断。在影响心理健康教育效果的因素中，心理教师和求助学生之间的相互关系是保证心理健康教育有效进行下去的重要因素。

影响辅导关系建立的主要因素包括以下几个方面：①场所的布置。在布置场所时力求干净、整洁、安静，不被别人打扰，如有条件，可配上室内装饰。②心理教师自身需要做好准备。在开始阶段，教师应集中精力，保持平和的心态，穿着简洁大方。③形成良好的第一印象。第一次见面时，心理教师要在来访学生面前表现出亲切、友好、真诚的一面，形成良好的第一印象。教师要做到注意倾听、目光专注、不做作、真诚平等地对待学生、说话语气亲切、语速适中。

初诊资料的收集与整理。教师要先使用摄入性会谈对学生的基本情况有一个大致的了解，然后进行资料收集与整理。初诊资料主要包括来访者的成长史（经受的挫折或不良行为等）、家庭情况、人际关系、身体方面的主观感受、情绪体验、生活态度等。

综合评估与诊断。此阶段分为三个步骤：①明确心理问题的类型及性质；②分析心理问题的严重程度，以区别对待；③探索心理问题出现的原因。

2. 实施阶段

实施阶段包括辅导目标的确立、心理健康教育方案的制定和实施。

确立辅导目标需要注意以下两个方面：①目标明确。学生都希望能够通过心理健康教育，使自己现在存在的问题有所改变，但是哪些方面需要改变，能变化到什么程度，他们往往是不清楚的。心理教师可以就这些问题与求助学生共同探讨，这样可使辅导的目标明确、具体。②目标切合实际，难易适度。制定目标，先要全面了解学生的情况，包括他所面临的问题、处境、个性特征等，在与求助学生充分协商的基础上设定具体的目标。如果经过一段时间的辅导，目标一直未达成，心理教师要与学生共同去分析原因，并且进行调整。

3. 结束阶段（辅导效果的评估）

结束阶段主要是辅导效果的评估。心理教师和求助学生通过相互协商确定目标是否基本达到，可以用来评估辅导效果，也是判断辅导是否可以终结的一个标准。同时，教师也可以让学生填写效果评价表或者进行心理测试，通过心理测试结果进行效果评价。

第三节 中小学心理健康教育的工作评估

学校心理健康教育的工作评估，是采用合理的方式收集学校进行心理健康教育工作的相关资料，了解教育目标是否达到，客观地评估其心理健康教育成效和出现问题的工作。开展评估工作有利于上级行政部门对所管辖的学校开展心理健康教育的效果有准确的了解，方便明确接下来的工作重心，有利于做出科学的决策，对于学校在心理健康教育方面所取得的成绩和存在的不足及时表明，起到示范和导向作用。

一、心理健康教育课的评估

心理健康教育课的课程设置情况、心理健康教育课的教学成效和心理教师的专业能力是评估心理健康教育课的主要方面。

（一）课程设置

评估内容主要包括课程开设的目的、具体内容、教材的选择、授课时间、开设课程的年级。

（二）心理教师

教师的专业能力评估：心理学专业基础性知识、心理健康教育必备的专业理论与技术、教师的任职资格。

教师的教学能力评估：对教学目标、教学方法、教学重难点以及课堂的掌控能力。

教师的个人能力评估：教师的交往能力、心理健康水平以及师德师风等。

（三）心理课程

课程目标评估：适应时代需要，符合各阶段学生心理发展规律，具有可操作性。

课程内容评估：什么因素对学生的心理发展是需要的，它就应当成为心理课的主要内容。

课程效果评估：课程是否能最大限度地激发学生积极参与和体验教学活动，课程结束后学生是否有自我体验、自我开放与自我探索的感觉，是否能将所学知识运用于自己的日常生活。

二、学校心理健康教育工作的评估

学校心理健康教育工作的评估包括以下几个方面：

（一）组织机构

校园心理组织管理（是否有领导小组、心理工作是否纳入工作量考核等）是否完善，乡镇教育管理中心是否有人员具体负责学生心理健康教育工作。

（二）工作机制

学校是否建立完善的心理健康教育网络，形成以班主任和班级心理委员为主体，专兼职心理教师为骨干，全部教师一起参与的心理健康教育工作机制。

（三）制度建设

学校是否建立了心理健康教育工作管理、实施、评价等规章制度。

（四）专业教师配备

每所学校是否至少配备了一名专门从事或兼职从事心理健康教育工作的教师。除特殊情况外，专职心理教师必须是心理学或相关专业的本科毕业生。

（五）心理健康教育活动的记录

心理健康教育活动的记录主要包括心理健康教育课和其他学科渗透心理健康教育的情况，学生心理健康筛查情况，团体心理辅导和个别心理辅导的情况，辅导的详细过程和辅导的效果，学生心理信箱的利用情况，家长心理健康辅导的反馈，对个别有心理疾病的学生是否提供了转介服务，是否有完善的转介资料，校园广播、班级黑板报、手抄报及在各种活动中开展心理健康教育的情况等。

（六）学生资料

学生资料主要包含以下方面：①学生的总体情况，如学生的成长史（过往经历、重大影响事件）、家庭情况、健康情况、学习情况、品行情况等；②学生心理档案，如心理咨询记录、对学生进行心理健康教育的前后效果等。

（七）心理咨询室

建立的心理咨询室要满足以下条件：配置电脑、桌椅、文件柜等基础设施，内部环境良好；心理咨询室要配备1名负责人；定期开放，有专人值班，一星期至少有5小时的开放时间；心理教师进行心理咨询时要提前确认学生是否自愿前来，咨询过程中严格遵循保密原则，学生不愿意进行心理测试不能强制进行；有完善的档案资料（个别心理辅导记录和团体心理辅导记录）；在墙上张贴心理咨询室管理细则；制定转介机制；能联系家长共同实施心理健康教育，能利用校外资源开展心理健康教育。

第五章 贵州省中小学心理危机干预

当下我国已逐渐处在经济社会迅速发展的重要转变发展阶段,中国社会主要矛盾已经转化为人民日益增长的美好生活需要和不平衡不充分的发展之间的矛盾。在这一历史背景下,《中共中央关于制定国民经济和社会发展第十四个五年规划和二〇三五年远景目标的建议》明确提出,要健全和发展社区心理健康支持与社会风险干预的制度。

中小学生年龄小,缺乏生活经验,在压力面前比较脆弱,当他们面对人际关系、学习压力、丧失亲友、家庭纠纷等问题时,往往会由于这些困境超出自身的应对能力而产生暂时性的心理失调,这就需要专业人员及时介入,进行危机干预。当前我国危机干预体系不够完善,贵州省的心理服务体系起步较晚,体系建设仍然处于探索阶段。

第一节 中小学心理危机的干预方法

学校危机事件主要有以下几类:

(1)学生意外事件,如车祸、疾病身亡、溺水、中毒等。

(2)校园安全维护事件,如地震、人为破坏、台风、水患、失窃等。

(3)管教冲突事件,如教师体罚学生、师生冲突、亲子冲突、学生抗争申诉等。

(4)学生暴力与偏差行为,如校园暴力、网络传播不当言论等。

(5)儿童少年保护事项,如离家出走、在外游荡等。

无论是哪种类型的危机事件,干预者都要关注危机的实质,并且能及时将当事人从危机当中拯救出来。同时,也要关注危机事件涉及的相关人员。从宏观角度来讲,校园里发生的每一个个体危机,都可以说是学校的危机,所以危机干预者必须有足够的经验和协调能力,能够敏锐地发现当事人及周围人员的问题并采取有效的干预措施,这样既照顾到个体成员,又关心了组织整体。

针对校园里常见的危机事件,怎么进行系统的干预呢?

一、创伤后应激障碍的心理干预措施

当今社会,生活节奏加快,自然灾害、人为事故、暴力冲突等事件充斥着社会。创伤后应激障碍又叫延迟性心因性反应,是指个体在遭受剧烈的或者毁灭性的重大事件后,延迟出现的具有长期持续特性的应激性的精神障碍,一般情况下可以通过积极治疗恢复,部分严重的可以缓解症状,病程根据经历的时间、严重程度以及个体的承受能力不同而不同,有些很严重的最后可能会转变为终身性人格障碍。这种严重威胁或损害个体生命、身体和精神世界完整性的事件称之为创伤性事件。针对创伤后应激障碍,相关人员可以采用以下方法治疗。

(一)认知行为治疗

认知行为治疗是根据认知过程影响情感和行为的理论假设,通过认知和行为技术改变患者的不良认知,从而使患者的情感和行为得到相应改变的一类心理治疗方法。这种治疗技术除了能够改变个体行为模式,还可以在自我认知和他人认知之间建立联系,并试图营造一种良性循环,即行为的改变促进认识的进步,认识的改变帮助建立新的行为模式。国内外专家学者共同认为,认知行为治疗对青少年创伤运动后心理应激性障碍等的辅助治疗效果比较显著,常用到的干预措施包括应激与免疫应答训练、暴露行为治疗、焦虑行为管理训练、系统脱敏、满灌疗法等。

(二)其他治疗技术

眼动脱敏和再加工治疗是一类新型治疗方法。该方法认为创伤事件破坏了大脑信息加工系统的生化平衡,干扰了信息加工系统原本具有的适应性处理功能。所以通过眼动训练和重新让大脑学会加工的方式方法,来帮助大脑恢复之前的功能,从而让个人达到治疗的效果。另外,还可以使用药物进行治疗。

二、校园欺凌行为的心理干预措施

(一)事前心理预防

培养青春期学生独立自主和开朗的性格,正确认识和处理学生的负面心理情绪是一种有效的心理干预方法。家长是孩子的第一任教师，具有一定的教育责任，要帮助孩子树立健康积极的生活心态。因此，在当前中小学生成长过程中，应充分明确家庭教育的重要性及家长的重要职责。

科学的家庭教育方式是促进孩子心理健康发展的前提。在日常生活中，家长首先要注意自我情绪的调节与控制，养成自律的性格，为孩子营造温馨和谐的家庭氛围。其次，家长在教育孩子时应有正确的态度，注重呵护孩子的身心健康，尤其现在还有小部分留守儿童，他们的父母有时只能帮忙解决衣食住行问题，而对学习问题和个人成长问题很少关注，如果条件允许，家长应该尽可能地陪在孩子身边，了解孩子在校学习状况以及孩子处理复杂问题时的真实想法等，时常与孩子谈话。不能只做孩子的父母，也要做孩子的朋友，给孩子提供平等对话的机会，而不是时刻都在压制孩子。最后，家长还应懂得运用各种有效的方式教育孩子，借助生活具体事件去培养孩子的性格。此外，学校教育对于学生来说也是很重要的。

1. 紧抓课堂教学主阵地

学校教育可提高学生的认知水平。学校可针对中小学生开展心理健康教育，在课堂教学过程中，应帮助学生充分认识校园欺凌以及校园欺凌带来的危害，这是防止中小学校园欺凌行为出现的一种方式。对此，中小学校应适当加大开展心理健康教育的力度，心理教师还应该结合实际情况精心准备教学内容，对学生多予以潜移默化、循序渐进的正向心理引导，并告知学生应对校园欺凌的措施。例如，在开展心理健康教育时，教师可以有意识地讲解一些应对校园欺凌的知识，归纳和总结当前中小学阶段较为常见的心理问题，结合校园欺凌真实案例，引导学生主动对欺凌行为及产生的负面影响进行深层的原因剖析，与学生共同探讨正确应对方式，这样既可以提高学生的认知能力，又可以对学生起到一定的警醒作用。

2. 开展多样化的课外活动

对中小学生校园欺凌行为而言，人际关系困扰是主要的原因之一。课堂教学对学生的干预深度和范围都是有限的，除了普及理论知识，教师还应该开展实践活动，让学生在实践过程中习得怎么解决人际冲突等问题。教师可以多开展具有趣味性的课外实践或者游戏活动，以合作、团结、归属感等为主题，帮助学生建立优质的人际关系，进一步巩固理论教育。例如，在确保学生安全的前提下开展各种友谊比赛，在他们单调的学习生活中增添乐趣，还可以培养和增强其人际交往能力、团队协作能力及应急事件处理能力等。学校可以开展心理辅导活动，引导学生把握人际交往的各种技巧，避免由于人际冲突而出现校园欺凌事件。

（二）事后心理干预

1. 引导受欺凌学生宣泄负面情绪

被欺凌者往往会自我怀疑，安全感较为缺乏，如果长时间存在不良情绪，就可能会导致更严重的心理问题，造成更加严重的后果。所以，学校要及时引导被欺凌的学生宣泄负面情绪。学校应该积极创造学生可以宣泄负面情绪的环境，例如，教师陪伴，耐心倾听，鼓励其表达自己的真实情感，还可以配齐如宣泄室、音乐治疗室等基础设施，通过畅谈、击打沙袋等手段及时宣泄负面情绪。

2. 重塑学生自信与尊严

调查显示，有部分单亲家庭、存在智力发育障碍或社交障碍、成绩较差的学生因为性格较内向，缺乏自信，今后更容易成为同学欺凌、嘲笑的对象。对于这类学生，学校需要积极关注。当学生被他人欺凌过后，会逐渐影响学生的自信心，严重时可能慢慢出现消极型人格。对那些受到欺凌的弱势学生，家长在做心理咨询时应注重如何培养其自信心，引导其发现自身的优点，提高自我评价度。同时，学校心理辅导中心主任应该积极跟班主任、家长和学科教师进行交流，积极跟踪身边有心理问题的学生，引导其积极参与心理活动中，及时总结这些学生取得的成绩和进步。在家庭教育中，家长应积极关注孩子的一系列心理变化，客观分析孩子现在取得的成绩和面对的压力，不得一味地溺爱孩子，或者习惯性地否定孩子，要充分理解信任孩子，多锻炼孩子正确决策的能力，使其切实感受到获得成功的喜悦感，渐渐恢复自信心。

3. 提高学生的人际交往能力

有研究指出，学生的朋友数量与他被欺凌的次数呈负相关，这说明朋友越少，被欺凌的概率可能越大。所以，教师在帮助那些经常被别人欺凌的学生时，除了帮助其建立交友自信心，还可以引导其尽早克服这种闭锁型交友心理，构建良好的人际关系。首先，教师可帮助学生建立人际信任感。在教学过程中，教师可教授一些与人际关系和交往技能有关的内容，让学生培养感情，因为一旦同学之间缺乏信任感，他们就会逐渐失去与人进行交际的想法，甚至不愿意打开自己的内心。其次，教师应在实践中努力引导并鼓励每位学生积极地表达真实的自我。最后，教师还可以在实践中鼓励引导学生去主动展示自我，积极主动组织学生参加校内外各种团体活动，以此途径强化他们的自我社交能力，创设积极健康、和谐友爱的同伴关系。

（三）针对欺凌者的心理干预

欺凌者可能是跟风，也有可能是心理上存在一些问题，缺乏同情心，所以会对他人有欺凌行为。对此，学校应加强同情心训练，提高其与他人共情的能力。同时，学校也可开展团体心理辅导，用角色扮演的方法，帮助学生学会换位思考，使其切身感受被欺凌者的痛苦，引导其悔改与反思。此外，学校还要配以法制教育，促使学生意识到欺凌行为所要承担的法律责任，对自身情绪进行有效控制，进而有效避免欺凌行为的出现。

（四）针对旁观者的心理干预

雪崩发生的时候，没有一片雪花是无辜的。欺凌发生时，旁观者虽然没有直接参与其中，但在一定程度上却助长了其他学生的欺凌行为，且会加重欺凌事件的影响。一项调查数据显示，只有五分之一的旁观者会及时出手制止这些欺凌行为，大多数人都会选择做一个旁观者，且旁观者的责任意识比其他人低。针对旁观者，教师首先应引导其树立正确的人生观、道德观、价值观，并且开展以积极心理学为主导的团体心理辅导活动。其次，教师应引导其拥有正义感，不做冷漠无情的旁观者，而是对那些做出校园欺凌行为的学生坚决说"不"，避免欺凌事件进一步恶化。

第二节 中小学心理危机干预体系建设

一、建构预防为主、防治结合的心理危机干预体系

（一）为学生建立心理档案

学生心理档案包括性格特点、生活历程、家庭教养方式、心理咨询实况等。教师在采集信息时要注重时效性和准确性，充分掌握学生的心理状况，及早发现问题，及时干预和化解心理危机。

（二）在全校范围内积极开展心理危机预防的宣传教育

在心理危机干预工作中，重在纠正错误的认知。教师要让学生了解心理危机的特点和危害，提高辨识能力；使中小学生明确正常人在外来强烈和持久的刺激下也会陷入心理危机，心理危机是可识别的，也是可预防和治疗的。

（三）建构网络心理危机应急体系，强化合理应对心理危机方式的指导，保障学生身心安全

为有效应对学生心理危机，广大中小学校应建构"宿舍—班级—年级—学校"四级危机防御体系。宿舍舍长或者班级心理委员发现同学出现异常情况，第一时间通过网络发出预警，班主任、任课教师、年级负责人及时关注。如果学生的心理问题较严重，可以同时报告学校心理咨询中心，由专职心理教师及时进行干预处理。这一方式能有效缩短危机上报的时间，实现有效干预。

（四）结合实际适时调整危机预警和干预流程

中小学生危机干预流程主要围绕着心理危机预警、应急处理等展开。首先，通过建立学生心理档案和心理危机预警库，对中小学生进行日常心理动态追踪，并将个别学生纳入预警范围。其次，判断预警对象心理危机严重程度、可能后果。若危险程度低且无生命安危，安抚患者情绪后依循个别咨询流程处理；若危险程度高，可能引发后续危险事件，则应启动危机干预。最后，在心理危机干预流程上，可依据实际工作采取"七步骤危机介入模式"，即包括评估心理状况与致死性、安抚并建立关系、确认主要事件、引导其宣泄情绪、评估此前的应对方式、讨论后续行动计划、建立追踪反馈七步骤。

（五）建立通畅的工作沟通机制

各级人员之间通过微信等新媒体平台加强合作，及时发布信息，掌握特殊学生的动态，提高工作效率。将开展心理健康教育工作的情况纳入年级、学校各项教育教学工作的考评内容中，促进学校心理健康教育工作良性循环，不断迈上新台阶。

此外，政府和教育行政部门应制定一些前瞻性的政策，建立家庭—学校—社会机构等多方联动的机制，加强对未成年人辅导站的投入，提供必要的心理专业技术支持。在学校主导下，形成班主任和心理教师配合、教师和家长配合、学校和社会配合，全员广泛参与的"三位一体"的心理危机预防、干预互通机制，有效帮助中小学生化危机为契机，健康成长。

二、心理危机干预人员专业化

心理危机干预对各个干预人员都有较高的要求，干预人员应具有专业知识且经过培训。

（一）人员配备

《贵州省教育厅办公室关于进一步加强学生心理健康教育及心理危机干预工作的通知》指出，心理危机干预领导小组中要有心理健康教育专家、有高级职称的心理教师、有高级职称的学校医务人员等。心理危机干预人员需具备专业知识，要熟悉危机预防和处理的策略及技巧，且持续地提升对危机辨识的敏感度。

（二）业务培训

心理危机干预人员不能满足于已有的知识体系，需要及时进行知识更新，加强业务培训。由此可见，心理危机干预人员要趋向专业化。

三、心理危机干预对象筛查网络化

互联网技术已经渗透到人们生活的方方面面，也将应用在心理危机对象的筛查中，呈现网络化趋势。国家卫健委等12个部委联合下发的《关于印发健康中国行动——儿童青少年心理健康行动方案（2019—2022年）的通知》规定，卫生健康等部门要依托现有资源建设儿童青少年心理健康状况数据采集平台，追踪心理健康状况变化趋势，为相关政策的制定与完善提供依据。可见人们将借助互联网优势，快速、准确筛查心理危机干预对象，及时上报数据信息，避免传统纸质筛查耗费大量人力、物力的缺点，未来心理干预对象的筛查将越来越趋向网络化。

四、心理危机干预方式本土化

在学校中，可设立心理委员一职。同学出现异常行为，心理委员应及时向班主任和心理教师汇报。设立心理委员时应充分考虑我国中小学以行政班为单位进行教学和管理的实际情况，使心理危机干预方式从西方化趋向本土化。

五、心理危机干预主体三方联动化

学校、家庭、社会都与心理危机干预有关联，都应纳入干预主体中。《贵州省教育厅办公厅关于进一步加强学生心理健康及心理危机干预工作的通知》对学校、家庭、社会的联动方式进行了说明，对有严重心理危机的学生，学校要及时通知其家长，一起做好教育、疏导、监控工作，并及时根据学生的情况进行下一步的处理或者针对的治疗。

此外，还需要校外专业团队的支持，校外专业团队包括公安人员、医疗救护人员、火警救急人员、校外心理危机支持团队。可见心理危机干预主体并不仅有学校，而是学校、家庭、社会三方联动，三方各司其职，呈现出以学校为主、家庭配合、社会支持的三方联动化干预趋势。

六、心理危机干预机制三级化

重大灾难事件和校园欺凌事件发生后，人们对心理危机干预有着更高的期待和要求，需要建立一个系统、有效的干预机制。

根据学生心理或事件的严重程度，将心理危机干预分为三个等级：三级心理危机干预的对象是可能处于心理危机状态的学生；二级心理危机干预的对象是可能出现严重心理问题、可能患有神经症或精神疾病的学生；一级心理危机干预的对象是可能处于自杀（伤害）或他杀恶性事件中的学生。"三预"缺一不可，共同构成了完整的心理危机干预体系。

第六章 贵州省中小学心理教师职业晋升状态

时代在发展,社会在进步。中小学心理教师在应对挑战的同时,也随之迎来了各种发展机遇。随着我国对心理健康教育越来越重视,专职心理教师的地位和待遇也得以提高,但随着这一机遇的来临,中小学心理教师也面临着一定的考验,因此,中小学心理教师要想在学校中脱颖而出,还要与时俱进,不断提升自己的专业水平,使自身职业得以发展。

第一节 中小学心理教师职业发展的重要性

众所周知,1980—1989年是中国学校心理健康教育的萌芽时期,并且其起步于20世纪90年代。历经30多年的探索与发展,当前全国各个地区学校心理健康教育的发展呈现出不平衡状态,其中,北京、上海、广东、浙江等大城市和沿海地区发展较好。各城市内部发展也不均衡,有的学校发展良好,有的学校则不容乐观。

一、加强中小学心理教师职业发展的重要性

(一)有利于促进中小学生身心健康成长

中小学阶段是人生成长的黄金时期,该阶段的发展状态良好与否,对学生未来发展的好坏起着重要的作用。因此,强化中小学心理教师的专业发展,既可以促进学生的身心健康发展,也可以促进其社会人格的健康发展,还可以让学生学习到一定的方法、策略和人际沟通的技巧,促进其全面发展。可见,中小学心理教师在促进中小学生身心发展方面具有不可替代的作用。

（二）有利于学校全面实施素质教育

素质教育是指在对学生进行教育的各个环节中，全面实施德育、智育、美育、体育，注重培养学生的实践能力和创新精神，从而全面提高受教育者的素质。由此可见，心理健康教育是素质教育的重要组成部分，中小学心理健康教育的开展需要心理教师发挥自身力量，在心理课堂中需要引进更多的优质资源来服务于课堂。所以，中小学心理教师专业发展对实现学校教育目标、创建良好的学校环境、营造良好的学习氛围，进而更加全面且有效地实施素质教育具有重要意义。

（三）有利于促进中华民族伟大复兴

实现中华民族伟大复兴，关系到每个中国人的前途。众所周知，中国梦要想得以实现，还有很漫长的路要走，还得依靠中国人民不屈不挠地拼搏与奋斗。而中小学心理教师身为中国人民的一分子，与学生的前途，与家庭、学校和国家的前途密切相关、密不可分，更应该认真地履行自己的责任。因此，加强中小学心理教师专业发展，既可以促进中小学心理教师自身专业能力的提升，也能够提高中小学生的心理素质，进而为实现中华民族伟大复兴打下良好且坚实的基础。

二、党和政府对心理健康教育工作的支持

近年来，在我国，党和政府都高度关注心理健康教育工作，并出台了一系列关于心理健康教育的方针政策（表6-1），其中包括心理学教师的专业发展，表明了国家对心理教师专业发展的高度重视。

表6-1 我国关于中小学心理健康教育的相关政策

年 份	文 件
1994	《中共中央关于进一步加强和改进学校德育工作的若干意见》明确指出，在科技飞速发展、社会主义市场经济体制逐步建立的情况下，怎样引导学生在思想、知识、能力、心理素质等方面尽快适应新的要求；要通过多种形式，加强对不同年龄阶段的学生进行心理健康教育和指导
1999	教育部颁布《关于加强中小学心理健康教育的若干意见》（以下简称《意见》），这是中华人民共和国成立后教育部首次颁布的首部关于学校心理健康教育的专门性的文件。《意见》阐述了开展心理健康教育的重要性和必要性，明确了开展心理健康教育的目标、任务、方法及基本原则，并就其组织领导、师资队伍建设、条件保障以及需要注意的事项等进行了阐述。1999年，《中共中央 国务院关于深化教育改革全面推进素质教育的决定》提出，根据新形势下青少年成长的特点，加强学生的心理健康教育，培养学生坚韧不拔的意志、艰苦奋斗的精神，使他们在新时代更加适应社会的需要

续表

年份	文件
2000	《中共中央办公厅 国务院办公厅关于适应新形势进一步加强和改进中小学德育工作的意见》提出，要从提高中小学生的思想素质入手，提高他们的心理品质
2001	《国务院关于基础教育改革与发展的决定》中非常清晰地提出，要实行素质教育，要培养学生的良好的心理素质，要加强中小学生的心理健康教育
2002	教育部发布《中小学心理健康教育指导纲要》（以下简称《纲要》），这是教育部颁布《意见》之后的又一个进一步指导、规划全国中小学心理健康教育工作的重要文件。《纲要》不仅明确了中小学心理健康教育的指导思想、基本原则、教育内容和教学方法，以及当前开展心理健康教育应注意的问题，还要求有关省、市和学校开展实验研究工作。《纲要》一方面具有较强的规范性，另一方面还具有可操作性，在中小学心理健康教育的指导思想、基本原则及组织实施等方面都做出了更为清晰的阐述与要求
2004	《中共中央 国务院关于进一步加强和改进未成年人思想道德建设的若干意见》指出："要加强青少年的心理素质，增强学生良好的心理品质。"国务院于2004年3月3日提出《2003—2007年教育振兴行动计划》
2007	《中共中央 国务院关于加强青少年体育增强青少年体质的意见》于2007年颁布，专门根据新时代青少年的身心特征，提出了有针对性的心理健康教育，并在此基础上逐步完善和健全了青少年心理健康教育、指导和服务体系。2007年12月27日，教育部在北京举行了"中小学心理健康教育专家指导委员会全体会议暨中小学心理健康教育工作经验交流会"。本次大会是在新时期下推进中小学心理健康教育工作的一次重要会议，对目前我国中小学开展心理健康教育工作进行了全面的分析，并总结了自《意见》颁布以来全国各地区中小学心理健康教育的经验。此外，该会议公布了教育部中小学心理健康教育专家指导委员会的名单，并且提出了新的心理健康教育工作体系
2008	卫生部、教育部等17个部门共同发布了《全国精神卫生工作体系发展指导纲要（2008—2015年）》，其中提出对中小学心理健康教育工作更为具体的中长期计划，如"到2010年中小学建立心理健康辅导室、设置专职教师并配备合格人员的学校比例，城市要达到40%、农村达到10%；2015年城市达到60%、农村达到30%"。2008年12月1日，教育部颁布了《中小学健康教育指导纲要》，在此基础上，提出了中小学心理健康教育的主要内容，其包括五个领域：健康行为与生活方式、疾病预防、心理健康、生长发育与青春期保健、安全应急与避险。针对不同年龄阶段的学生，将心理健康教育内容划分为五个层次，并分别制定了目标与内容
2010	中华人民共和国成立后，教育部办公厅委托华南师范大学开展了第一个"国培计划——中小学心理健康教育骨干教师培训项目"。该培训项目由教育部拨款，并从全国各地选拔出优秀的心理教师参与
2012	教育部颁布的《中小学心理健康教育指导纲要（2012年修订）》指出"促进学生身心和谐发展，为其健康成长与未来幸福生活打下坚实基础"。此外，教育目标由十年前的"培养有理想、有道德、有文化、有纪律的一代新人"，改为"培养身心健康、具有社会责任感、创新精神和实践能力的德智体美劳全面发展的社会主义建设者和接班人"。它还指出，心理健康教育是一项专业性很强的工作，需要不断加强对专业教师的培养。学生在学习该方面知识时应制订相应的计划，并且配备专职心理教师，原则上教师要具有心理学专业或相关专业本科以上学历
2014	教育部提出了打造特色心理健康教育学校这一倡议。同时，对心理教师的需求也在逐渐增加

续表

年 份	文 件
2015	教育部办公厅发布的《中小学心理辅导室建设指南》指出，中小学心理辅导室必须配备一名专职或兼职心理教师。其对中小学心理辅导室的建设目标、功能定位、基本设置和管理标准等进行了详细阐述，并就心理辅导室开放时间、人员配备、经费投入、成长记录、辅导伦理、危机干预、及时转介、加强研究等方面的管理措施提出了具体要求
2017	教育部对心理健康教育专家指导委员会委员进行了调整，并发布了教育部全国中小学心理健康教育专家指导委员会成员名单。心理健康教育专家指导委员会研究制定了《教育部中小学心理健康教育专家指导委员会章程》和《教育部中小学心理健康教育专家指导委员会责任区管理办法（试行）》
2018	教育部中小学心理健康教育专家指导委员会召开2018年第一次全体会议，会议通过了《教育部中小学心理健康教育专家指导委员会章程》和《教育部中小学心理健康教育专家指导委员会责任区管理办法（试行）》，并将其印发
2019	《健康中国行动——儿童青少年心理健康行动方案（2019—2022年）》由教育部、中宣部、国家卫生健康委等12个部委共同发布
2021	《教育部办公厅关于加强学生心理健康管理工作的通知》明确提出，各级各类学校必须有一名专职心理教师，县教育科研单位要有心理教研员
2022	教育部在其工作重点中提出，要加强和改进学生心理健康教育，开展学生心理健康促进项目，做到科学识别、及时预警、专业咨询和正确处理。此外，还提出要进一步加强学生心理健康教育管理工作的针对性和实效性，强化专业支持、科学管理，努力提高学生的心理素质

从以上所列的相关文件以及这些文件的内容中可以看出，我国政府及人民对于中小学生的心理素质水平的重视并非只是刚刚开始，而是早已引起了人们的关注。除了在相关文件中提到的进一步加强青少年心理健康教育工作的要求，还针对性地制定了相应的指导方针和目标规划。

第二节　中小学心理教师职业晋升及培训

教师专业发展指的是教师的专业知识与技能以及专业理念等各方面的发展与提高，也就是"新手教师"向"专家教师"的转变。教师职业发展的内涵主要体现在以下几个方面：第一，教师的职业发展需要将其当作一个具有无限潜能和可持续发展的人；第二，教师职业发展需要将其作为"专业人员"看待；第三，教师职业发展需要教师学会学习、研究并且与他人合作；第四，教师职业发展需要教师自主发展。教师的自我发展可以充分地激发个人潜能，并且注重培养其个性和专长。

一、中小学心理教师职业晋升渠道

（一）心理教师职业晋升流程

（1）教师自评。教师需要根据贵州省人社厅和教育厅发布的贵州省中小学职称评审文件认真对照自身所具备的条件，看自己是否已经具备资格。例如，班主任任职年限、职称考核成绩以及是否在薄弱学校或乡村学校任教等。

（2）学校考核。学校有关部门一般会根据教龄、任职年限以及业绩材料等对教师进行综合打分，进而根据指标数择优上报。因此，教师在申报、评选职称前，应当熟悉自己所在学校的职称量化分数细则。

（3）县区级初评。县区级相关部门会对个人教师资格、职称年限以及任教年限等材料进行初步审核，并初步了解材料的真实性。

（4）市级评审。市级评审主要包括材料量化打分以及面试（其中包括说课和答辩）。

（5）省级公示、批复。省人力资源和社会保障厅、省教育厅将按照上报的情况公示教师名单。

（二）国家、政府层面的保障，促进职业晋升

1. 政府高度重视，政策、经费予以保障

首先，政府应当在政策上予以保障，设置贵州省中小学专职心理教师的编制名额，从而使得心理学专业毕业的学生能够从事心理健康教育工作，而不是让其他科任教师取而代之。与此同时，政府也应针对专项经费使用情况列出详细的说明，确保做到专款专用，真正把经费花费到心理教师的专业成长上。

其次，相关政府部门应当按照中小学心理教师的考核标准对学校心理教师的日常教学工作进行一定的考核与评价。通过考核与评价，一方面能够对心理教师的工作进行规范性说明，并考核其工作绩效，进而对心理教师之后的工作开展提出建设性的建议，另一方面也能够达到激励心理教师不断完善自身专业素养和技能水平的目的。

教师进修学校应当组织来自各地的心理学专业人员开展心理教研活动，从而为心理健康教育工作者提供学习的平台。目前，因为每所学校的心理教师屈指可数，从而使得心理教师产生孤军奋战的感觉。因此，教师进修学校应该聘请资深的心理专家或学者对其进行专题讲座以及为其提供个案督导等，进而增加学校心

理教师对自身角色的认同感,激发其不断学习成长的动力,并与其他学校的心理教师进行充分的交流,从而形成资源共享、成果互惠的激励机制。

2.提高入职要求,加强在职培训

首先,学校应提高心理教师的入职门槛,心理教师必须是完成心理学且拥有学士学位或更高学历、拥有中学教师资格证书和心理咨询师资格证书的教师。另外,学校要对新教师进行一定的岗前培训,并鼓励教师在职期间外出进修培训。教育行政部门应保证足够的经费,从而能够系统地开展高质量、有计划性的在职培训。通过观摩、学习个案演练,结合培训专家的实践操作与讲解,且通过集体研习,各教师各抒己见、互帮互助。通过以上措施,增强心理教师自我认识与自我觉察,学习并掌握心理咨询技能,从而促进其专业成长。

其次,学校相关部门应当注重督导。众所周知,督导对于职前培训阶段和工作阶段的心理学专业人员来说是至关重要的。相信每一位心理教师都希望得到专业的指导和心理支持。学校在提供专业督导的同时,还应做好行政督导,确保督导工作顺利且有效开展。

最后,心理教师的专业化不仅要依靠外部规定的实施,还要让整个教师集体都拥有自觉学习成长的意识,只有内在的觉醒才能促使教师不断提升专业素养,从而真正实现心理教师队伍的专业化。

3.明确界定中小学心理教师的角色定位

当前,部分中小学的心理教师对自身的角色定位尚不清晰,因为其工作内容复杂多样且工作职责不清楚,所以其无法正常开展工作。因此,教育部门应当明确心理教师的专业角色。首先,心理教师应当自觉参与学校心理咨询活动内容体系的制定、补充和调整。其次,心理教师应担任心理健康课程的教学者。同时,心理教师要对学校教师和学生的心理状况进行调查与分析,以形成师生心理档案。此外,心理教师还要负责心理咨询室的建设与发展。再次,心理教师应对有心理咨询需求的师生进行心理咨询活动,还应当具备及时处理突发事件并能够进行危机干预的能力。心理教师在每一学期都应当组织师生和家长开展心理健康教育专题讲座。最后,心理教师作为学校心理健康教育网站的管理者,应当积极宣传学校的心理健康教育等相关事宜。

对心理教师角色的明确界定,可以为学校心理教师指明方向、画出重点,从而使得心理教师能够有针对性地规划和开展自己的工作。

（三）学校重视，促进职业晋升

1. 转变观念，重新定义心理健康教育

部分学校对心理健康教育的重视程度不够，其原因是学校相关部门还未意识到心理健康教育对学生身心健康和学业发展的重要性。因此，学校应该转变对心理健康教育的传统看法。心理健康教育是基于学生身心发展的规律，灵活运用心理学相关的方法和措施，促进学生身心全面良好发展所进行的教育教学活动。因此，心理健康教育更应当深入实际，从课程设置、教师引进等方面去完善，使教师在科学的理论指导下，有针对性地开展心理健康教育工作。此外，心理健康教育的主要目标是提高学生的心理素质。这使得学校的心理健康教育工作必须从日常生活中的点滴小事做起，让全体师生意识到心理健康教育是必不可少的。只有当学校转变传统看法，将心理健康教育工作放在首位，心理健康教育工作才能取得良好的成效。

2. 健全中小学心理教师认证和管理体系

中小学心理教师在入职时不仅要有相应的教育背景，还要有专业知识、技能和道德规范。同时，教育部门还应当建立中小学心理教师的专业化培训模式，并对其聘用、管理、岗位职责等进行评估。此外，心理教师还应该取得与心理教师岗位所匹配的一系列资格证书，这是基本条件之一；心理教师还应当定期自觉接受专业的培训，与时俱进，具有终身学习的意识，使心理教师职业更加专业化、严格化。

（四）教师自身的成长，促进职业晋升

1. 树立科学的心理健康教育理念，明确角色定位

只有对中小学心理健康教育的内容有清晰的了解与认识，才能更好地树立科学的心理健康教育理念。中小学心理健康教育的内容是向学生普及有关心理健康方面的科学知识，从而使学生拥有心理健康意识、学会辨别心理异常情况、掌握心理调适的方法与技能。其关键是让学生学会认识自我并正确学习人际交往、情绪调适、社会适应等方面的技能。此外，更加重要的一点是，心理健康教育应该因时因地制宜，应该基于不同区域学生的真实状况和不同年龄阶段学生的身心发展特点有针对性地开展。

在小学阶段，学校低年级心理健康教育内容主要是如何帮助低年级学生全面了解整个班级、校园、日常的学习和生活环境以及一些基本的规范；让学生初步可以体会到掌握一个知识点带来的学习乐趣，并且养成良好的学习习惯；培养学

生对他人讲礼貌和友善的品质；培养学生的学校归属感，使其逐渐形成自控能力；培养学生的适应能力，并培养其纪律、时间、规矩意识。

在小学阶段，学校中年级心理健康教育内容主要是通过教师的协助，使孩子认识自我；教师开始注重学生的学习能力，在此基础上，培养学生的学习兴趣和探索意识，使其建立自信心，并愿意参与学习；培养学生的集体意识，善于与同学、教师交往；培养学生的自主性；引导学生感受到成功解决学习、生活中的难题时所带来的喜悦感和成功感，并能够表达出自己的情感；培养学生的角色意识，使其更好地适应各种社会角色；培养学生的时间管理意识，使其能够很好地平衡学习与娱乐放松之间的关系。

在小学阶段，学校高年级心理健康教育内容主要是使学生能正确地了解到自身的长处和短处，并能在不同的活动中愉快地接纳自己和他人；善于发现学生的学习兴趣，培养其学习能力；引导学生端正学习动机，学会调节学习心理的方法，且学会正确看待自身成绩；对青少年进行早期的青春期教育，引导其形成正确的恋爱观，从而学会正确地与异性交往，并与异性保持良好的伙伴关系，拓展其交际领域；传授一定的方法和提供一定的支持，使学生在面对学习上的困难时能够勇敢地去克服；引导学生形成正确的世界观、价值观，使他们逐渐了解自己与社会、国家、世界的关系；培养学生对问题的分析与解决能力，为中学的学习生活做好充分的准备。

初中阶段的心理健康教育内容主要包含引导学生尽快适应初中阶段的学习模式，转变学习观念，提升学习能力，改善学习方法，从而能够提高学习效率；使学生了解其身心发展的特点，对自己进行客观地评估，这样不会对自身身心发展的变化感到焦虑；鼓励学生时常与教师和家长进行沟通、交流，合理处理与异性之间的相处；鼓励学生积极地体验和表达自己的情感，有效地控制自己的情绪，正确地对待学习和控制自己的冲动；引导学生发现自己的兴趣所在，从而更好地对自己未来的生涯进行一个初步的规划，确立自己的职业生涯发展目标；在不断地适应社会和生活的变化中，注重培养应对失败和挫折的能力。

高中阶段的心理健康教育内容包括使学生正确认识并且充分了解自己的兴趣、能力、性格和特长，从而初步确立自己未来的职业生涯方向，为升学或就业做好充分准备；培养学生的担当意识和社会责任感，树立个人理想与信仰，形成正确的三观，拥有良好的人际关系；使学生改变自己的学习策略，开发学习潜能，从而使自己的学习效率得以提高；让学生学会积极应对考试压力，并克服考试焦虑；使学生正确处理与异性之间的人际交往，了解友谊与爱情之间的区别；协助学生提升承受失败和应对挫折的能力，拥有良好的意志品质。

2. 强化专业思想，具备专业信念

众所周知，教育信念是指教师对教育事业、教育理论和基本教育主张、原则的确认与信奉。而教育信念又是教师的精神追求与奋斗目标，是教师提高自身素质的关键所在。教师的教学信念可表现出"专一性""稳定性""执着性"特点。一旦确立了，就很难改变，因而形成了具有独特个性的教师品格。教师只有具有这样的人格魅力，才能使教育成为一种有效的教育手段。心理健康教育的总体目的是提高全体学生的心理素质，培养学生积极乐观的心态，从而使学生的人格得到全面的发展。要对学生的思想进行有效引导，教师就应具备坚定的工作信念和丰富的精神世界。因此，提升对心理教师职业的认可度，增强对心理健康教育的热情，对开展好心理健康教育工作具有重要的意义。

3. 深入学习专业知识，提升专业能力，完善专业素养

作为心理健康教育的从业人员与实践者，理应具备与其专业相关的知识与技能。心理教师应系统掌握心理学的相关理论与知识，如普通心理学、发展心理学、社会心理学、咨询心理学以及心理统计与测量等。同时，心理教师应多接触文学、社会学、管理学等知识，为成为一名知识面宽广、专业化程度高的心理教师打下坚实的基础。此外，心理教师还应具备以下几种能力：

（1）建立和使用心理档案的能力，包括收集资料的能力，依据心理档案对学生形成初步印象的能力等。

（2）分析诊断能力，即能够对学生发展中出现的问题、问题形成的原因、问题的性质及严重程度有一个确切的判断。

（3）团体辅导和个体辅导的能力。团体辅导包括班级心理健康教育活动的设计和实施、同质小组活动的设计和实施等。个别辅导包括制定和实施心理辅导方案。

（4）沟通合作的能力。心理教师要有较强的团队协作精神、良好的沟通能力和协调学校、家庭、社会等各个方面教育资源的能力，为学生建立起良好的社会支持体系。

（5）研究能力。心理健康课程和其他学科相比较，是一门新兴学科，同时是科学性和专业性较强的学科，要求心理教师具备研究能力，要善于通过研究解决自己遇到的困难与问题，把握学校心理健康教育的特点及规律，促进该项工作的科学化和规范化。

过硬的专业素质与良好的素养对于心理教师来说具有重要意义。教师要从学生的实际需求出发，具有一定的亲和力，从而使学生敞开心扉，讲述自己的问题。

4.树立自主发展意识

教师的职业发展不能仅仅依靠学科知识的学习，而更多地依靠自主意识。教师的职业发展需要内部和外部共同推动。教师的自主性发展，源于教师对自己的职业远景的规划与期望，源于对自身发展的内在需求与追求。教师的自我发展对其职业发展至关重要。因此，教师的自我发展是激发教师生命活力、激发教师内在潜力的根本所在。教师的职业发展是以教师积极的主动性和自觉性为前提和动力的，它更能体现出教师积极的生活态度和人格魅力，从而对学生产生深远的影响。具有自我发展意识的教师可以积极地进行实践，并通过实际操作来反省自身的缺点，从而提高自身的能力；同时，以自己的职业发展历程为反省对象，不断地进行自我更新，构建和充实自己的内部品质。作为中小学心理教师，应该树立终身学习的观念，与时俱进，提高自身的自主发展意识，学会自主实践与反思。

5.注重科研，进行职业生涯规划

众所周知，心理学起源于西方，我国心理学起步较晚，因此许多关于心理学的理论和技术是从西方引进的，但由于中西文化、政治、经济等方面的差异，使得我国在中小学开展心理健康教育时，既不能完全吸收西方心理学的成果，也不能完全摒弃西方心理学的已有成就，应学会取其精华，去其糟粕，将西方已有的优秀成果引进并对其进行本土化。因此，我国的心理教师应立足于自己的工作岗位，通过对心理学相关理论和技术的深入研究，制定出符合我国国情的心理测评方法，并根据国人的身心特征，开发出符合我国国情的心理咨询技术。重视科学研究的心理教师有可能成为专家型的教师。

职业生涯规划是一种行之有效的方法，它能促进心理教师的专业发展，是学生发展、学校发展、教师专业发展的一项重要措施。职业生涯规划教育校本化是基于本校的实际情况，在深入研究本校职业生涯规划教育实践的基础上，充分考虑师生的个体差异，充分发挥学校和教师的积极性，开发出符合当地学生身心特点的心理测试体系。教师的职业生涯规划具有以下几点重要意义：

（1）职业生涯规划是建立一个人的人生发展目标，并制定一套能够激发自身潜力、达到目的的行动方案。其能够帮助个体确立发展目标，并制订行动计划，充分发挥个人潜能，从而使目标最终得以实现。

（2）职业发展规划能够激励心理教师努力工作。

（3）职业发展规划能帮助心理教师把握关键，提高成功的概率和工作激情。

（4）职业发展规划可以帮助心理教师集中注意力，这有助于其发挥更大的潜力，最终达成目标。

（5）职业发展规划能帮助心理教师了解当前的情况，使其根据规划进展情况评价当前取得的成果。

6.将心理健康教育渗透到其他学科，促进学科融合

开展心理健康教育工作，除了开设心理健康课程，还应该将其渗透到其他学科。从教学目标、教学内容、教学过程以及教学评估等方面开始渗透，实现各个学科之间的融合。

（五）科技进步，促进心理教师专业化发展

目前，一些学校关于心理健康教育的设施已经很完善，但其功能不能充分发挥，大多是被搁置在一旁。比如，一些学校已经在沙盘治疗室内安装了监控，还可以利用电脑软件对沙盘进行加工，但是这些设施都没有被充分利用。这不仅造成了资源的浪费，还对中小学心理健康教育工作的深入进行很不利。对此，教师要学会在心理健康教育中运用各种设备，以提高自身的教学质量。

（六）心理教师"同伴互助"系统，促进职业晋升

1."同伴互助"系统的特点

协作：利用每位心理教师在"同伴互助"系统中的作用，将各种资源、经验、信息整合起来，从而循序渐进地建立起动态、高效的心理教师职业发展支持体系。

沟通：利用网络技术，实现资源共享、经验共享、信息共享，开展问题的沟通与探讨，不断丰富其内容。

生态：注重营造与教师工作相适应的情境，以问题为核心，促进教师之间的互动，并界定、分析和解决有关问题。鼓励教师以开放的态度与同伴共享自己的经验与资源。

2."同伴互助"系统的运作需要满足的条件

（1）资源充足。建立"同行互助专业支援"体系，旨在对近几年来心理辅导工作人员所获得的经验与资源进行分享。

（2）便捷、多样性和双向共享的方式。

便捷：提出问题，便有可能得到及时的应答，从而得到问题的解决思路。

多样性：问题的解决方案往往不止一个，通过团体的集思广益，可以得到多种方案。

双向共享：教师不仅能为他人提供问题的解答思路，还能通过团队互助来寻求关于自身问题的新的解决方法。

（3）科学逻辑的资源呈现。对伙伴经常分享的资源进行收集和整理，使其具有逻辑性，易于今后反复使用。

3."同伴互助"系统的运行方式

"同伴互助"系统的运行方式为现场集中探讨与网络交流。

（1）现场集中探讨。在每个学期开始的时候都会有一个学习清单，教师应按照自己的实际情况，学习自己感兴趣的并适合自己的内容，并与同伴进行交流。

（2）网络交流。网络交流由网络公共邮箱和微信群两部分组成。由主持人在系统建立初期或研讨开始前将研训的主题发送到邮箱，由成员将个人见解反馈至邮箱，接着主持人进行整理，让交流更加有针对性。然后参与研讨的学员申请加入微信群，充分发挥微信群的多样性、互动性、便捷性等特性，使系统的合作性、交流性、情境性等特征得到较好的体现，同时能更好地符合该系统运行所需要的便捷、多样性、双向共享的要求。

二、中小学心理教师专业培训方法与模式

（一）国内中小学心理教师专业培训方法

1. 讲授式培训

讲授式培训即"教员讲，学员听"，培训内容主要是介绍心理学的基本理论知识，介绍心理学的前瞻信息，并进行中小学心理健康教育工作的经验分享。北京师范大学曾琦教授认为，这一培训方法最大的缺点就是理念和方法脱节，虽然其一贯提倡先进、科学的教育理念，但其训练方法却与之背道而驰。但不可否认的是，讲授式培训方式是目前较为高效的一种培训方式，它具有丰富的信息量和快速的特点，能够将海量的信息快速地传达给学员。这种单一的信息传播方式，对教师的教育观念、教学策略和教学技术的改变并不大。

2. 参与式培训

参与式培训也称体验式培训，即以学员为中心，培训者在课堂上使用灵活多样、直观、有趣的训练手段，培养学员的主动性，培养学员的灵活运用能力。相对于讲授式培训，参与式培训往往是通过小班授课，以活动教室作为学习场所，学习气氛相对轻松，培训者会带领学员自我觉察，启发他们积极思考，从而领悟心理咨询的基本思想和技能。参与式培训是一种很好的培训方法，受到广大学员的欢迎，它既能让学员学到先进的思想、技巧，又能让学员的心灵得到洗涤。但是，参与式培训对培训内容、人员的素质、培训费用等都有较高的要求。第一，

培训内容要与学员的基本要求和能力相适应，否则，学员参加培训的积极性会影响培训的成效，所以每次培训内容都要根据受训对象的不同而进行相应的调整。第二，学员不但要掌握先进的思想，而且要掌握先进的技术，要明白各种活动都是为了达到培训目的而进行的。第三，为确保学员不被打扰，通常需要比较安静的环境和集中的培训时间。同时，为了确保每个人都能进行充分的沟通，培训者应采用小组合作的方式，但这样一来就会增加培训的费用。

3. 案例培训

案例培训是一种培训方式，它是让培训者和学员直接互动，共同探讨教学个案或疑难问题。采用案例培训方法对学员进行培训，可以有效地激发培训者和学员的主动参与性。案例培训是以教师在工作中遇到的案例为材料进行教学与研讨，对于提升中小学心理教师的技能有很大的帮助。但是，过分强调案例培训也会使学校的心理健康教育工作走向以学生的心理问题为主的咨询和治疗模式，从而忽略了以全校师生积极心理发展为主要导向的学校心理健康教育工作模式。

4. 合作探究型培训

北京师范大学的曾琦教授曾在北京十余所小学开展过一次探索式的教学实践，即根据合作探究型培训方法对教师进行培训，而非直接传授理论与方法，通过合作学习的形式，让教师自己发现、体验并且总结出合作学习的方法和理论，同时强调与具体情况的联系，让教师能够从多个视角去了解所学的知识，从而获得与实际情况相结合的背景性经验。该培训方式既要依托特定资源，又要注重教师自身的实践，要把培训的形式和内容结合起来，在合作学习的基础上制定出合作学习的教学策略。然而，在心理教师的培训中，笔者并未发现该培训方式的具体培训内容。

5. "参与—体验式"培训

这种培训模式包含五个阶段：问题探究与澄清、情境设置与体验、经验交流与分享、尝试辅导和实践及辅导理念与辅导技能的个性化。在实际培训中，要确保"参与—体验式"培训能够得到有效推广，可以采取五个方面的培训策略：主动引导，积极参加；营造情境，体验并感受；交流与互动，分享心得与经验；实地演练，提高应用能力；进行反思，总结经验。该培训模式在实际操作中收获了明显的成效，具有一定的推广价值。

6. "兼容式"培训

对专业相关知识的良好把握和对咨询技能的灵活运用是心理教师的培训内容之一。首先，和其他任课教师一样，需要在课前进行课程的设置与规划以及在课堂上进行教学；其次，进行个人心理咨询或团体心理辅导。为了实现心理教师的规范化入职培训，培训者可以根据心理咨询师资格考试的流程，对其进行理论知识的培训，提供学校心理健康教育课程实习、专家督导、实习考核并最终颁发结业证书等。

7."混合式"培训

"混合式"培训包含以下方面：第一，通过网上教学与线下教学相结合的方式将课程内容进行整合；第二，在教学过程中，除了面对面教学，还应该包含网络教学、研讨和辅导；第三，具有将线下教学与在线教学结合起来的综合教学环境；第四，整合课程资源，实现传统与网络的融合。"混合式"培训融合了传统教学与网上教学的优点，对提高教学效果具有重要作用。

8."主题—体验—行动"式培训

这种培训模式注重理论与实践相结合。在培训过程中，培训者既要重视学员对于心理理论知识的吸收，又要重视其在心理健康教育工作中所必需的专业技术的掌握。在培训过程中，首先要明确一个核心话题，其次要让学员通过学习心理学有关理论和体验主题情境的方式，从而达到巩固培训成果的目的，进而更加深刻地理解理论内涵。

综上所述，目前国内中小学心理教师的培训普遍倾向于"理论与实践并行"。在教学实践技能方面，倡导"情景设计"与"实地体验"，强调"专业成长"与"自我发展"；在中小学心理教师的培养上，要重视课程设置的科学化，师生之间的深度交流与探讨，引入先进且科学的教育技术。重视多元学习资源的融合，重视教育资源与现代技术的结合，从而培养高素质的中小学心理教师。

（二）国外中小学心理教师培训模式

1."科学家—实践者"模式

该模式是美国心理学者提出的，它强调了专业训练与实践的结合，并运用了以数据为基础的综合行为评估与干预矫正系统。其强调心理教师的专业化，要求入职的心理教师要经过心理学、教育学方面的专门训练，不仅能够从个人和系统层面进行心理干预，还能够营造积极的学习氛围，为来自不同环境的学生提供心理咨询服务，从而使他们的心理健康成长。

2."体验式"模式

此模式注重营造人文关怀的培训氛围，实行小班授课，活动空间灵活，教师和学生围坐或席地而坐。在培训过程中，大家都能敞开心扉，互相交流，共同发展，共同成长。这种培训模式是美国的教育机构所倡导的培训模式，采用以人为本的思想，在培训过程中，不能忽视每个学员，使学员的心灵得到成长。在培过程中，通过"创设问题情境—启发思考—分组讨论（或实践练习）—交流与总结"，从而引发学员积极思考和交流，进而理解心理辅导的基本理念与技术。同时，这种培训模式还通过课堂活动，把培训的内容融入实际的生活中，增强了其实用性，从而使培训的成效得以体现。

3. "继续职业发展"模式

在美国，心理教师这一职业通常被认为是一项可终身发展的事业，为了使其不断地发挥作用，教师应不断学习。根据美国心理学家协会的规定，学校心理教师必须参加"继续职业发展"活动。专业资格证书的有效期是三年，持有者只有在三年之内至少递交一份最少75小时的"继续职业发展"的证明材料才能换取下一个为期三年的许可证。"继续职业发展"活动类型包括参加在职培训、参加专业会议或研讨会、研究和出版学术著作、担任实习导师、担任专业机构的主管，以及其他可以证实自我学习和提升的活动。

在国外，从整体来看，心理教师的培养已逐步变得规范化且专业化，并已逐渐形成制度化的趋势，培训机构和从业人员的培养不断趋向专业化，在培训过程中也倡导体验式、参与式教学，重视教师自身的发展，倡导教师终身学习，以促进教师更加科学、高效地进行教学。

随着学生的心理健康问题越来越受到社会各界的关注，国家对其开展心理健康教育工作的需求越来越大。对此，我国可以从资格认证制度、师资培养、工作模式等几个方面借鉴国外的先进模式来保证心理健康教育工作的高效性。对于国外已有的模式，我国既不能全盘接受，也不能一票否决，而是应该理性对待，取其精华，去其糟粕，将其优秀培训模式进行本土化，从而更好地将其应用于我国的心理教师培训中。要想提升我国心理教师的培训质量，可以从以下几个方面入手：首先，重视培训师资队伍的专业化，重点是教师的心理理论知识和专业技术；其次，重视教师自身的发展；再次，丰富培训方式，倡导教师积极参与，通过体验式学习达到高效的培训效果；最后，将现代信息技术与教学方法和教育培训形式相结合，促进中小学心理教师的专业化、职业化。

第七章 贵州省中小学心理教师的心理成长

教师是深化教育改革、提升教育品质、办好人民满意教育的关键。《中共中央国务院关于全面深化新时代教师队伍建设改革的意见》提出,兴国必先强师,要大力振兴教师教育,不断提升教师专业素质能力。中小学专职心理教师作为心理健康教育的主要实践者,要思考如何适应当下的教育形势,更好地提升自身的专业水平,提高自身的心理健康水平。本章从心理教师心理成长的角度进行了分析,给一线心理教师提供了参考。

第一节 中小学心理教师心理成长的内涵与意义

由于社会竞争比较激烈,心理教师面对了很多挑战,因此心理教师的个人心理发展值得人们重视。

在中小学校园里,心理教师主要把精力放在工作上,对自我关怀普遍不够。如果把教师自身的职业生涯比作一栋三层的建筑,一楼是一份工作,二楼是一份事业,三楼是一份理想。从目前来看,上二楼的楼梯口有很多人,一些人上不去,所以就产生了职业倦怠,部分教师可能还住进了地下室,内心很痛苦,看不到阳光,也不能给学生带来快乐,因此在教育教学的改革过程中,对于心理教师的心理发展也需要下足够的功夫。

当下,无论是在中国高等教育理论研究领域,还是在中国中小学的教育教学实践领域,管理者与学术研究者都重视教师的专业知识、学术思想、学科能力等方面的发展,却较少重视教师的心理发展。事实上,心理素质也是心理教师自身发展必不可少的内在要素之一,它是教师的学术精神、学科伦理、学术意识等的发展基石。教师的心理状况将直接关系到学生的身心状况,也会对学校的教育教学工作产生一定的影响。所以,在推动教师职业发展的过程中,人们还应该关注教师的心理发展。

一、内涵界定

（一）心理教师的定义

1996年，美国两名学者在国际学校心理学会年度会议上指出，学校心理学家是受过心理学与教育学的专门培训，在学校或其他有影响力的地方，为儿童和青少年提供心理辅导的工作人员。

联合国教育、科学及文化组织曾经对从事教育工作的心理辅导员的资质条件有三个方面的规定：第一，必须具备教育学历和教师资格；第二，需要具有5年以上的教育工作经历；第三，需要完成相关的心理学教育学习。

教育部主管单位于2002年9月3日在《中小学心理健康教育指导纲要》上提出，在中小学校开展各种心理辅导活动，统一称之为"心理健康教育"，而把所有参与心理咨询、辅导活动的人统称为"心理教师"。

综合以上观点，笔者将在学校里参与心理课程、学校辅导、开展与心理有关的集体活动等人员，统称为心理教师。具体而言，学校心理教师应当是在心理学、教育学、社会学等多个学科的相关理论的指导下，有针对性地、有计划地对学生进行心理素质教育，让学生保持心理健康、发展心理潜能、增强心理功能，从而推动学生全面提升的教育工作者。

（二）心理教师的心理成长

一般来说，教师的心理发展与成长过程是从教师个人的精神品质或心理素质方面来看的。个人的心理素质可以被分成三个层面：第一个层面是心理品质特质层，它是个体的认知、情感、意志、人格等方面的整合，其所表现的是个体最根本的心理现象，反映的是个体的心理发展特点。第二个层面是心理适应特质层，它是一个人的心理素质的外在表现，并通过多种途径将其综合起来，使之与社会对个体的要求紧密联系起来。教师行为的外化是教师在各个方面的社会适应，其具体表现为教师在各种角色中起到的不同作用。第三个层面是心理健康特质层，它是最基本的精神素质，它是对心理品质和心理适应性层面的和谐与整合，进而使个体不存在心理问题和精神问题。

教师的心理成长可以从以下几方面进行：提高教师的自我接受能力和意识，解决角色冲突，解决个人未完成的问题，调整职业压力，消除职业倦意，提高职业伦理水平，超越心灵的局限，完善人格与生命。

教师的心理成长是贯穿在教师的整个职业生涯中的，它所表现的是教师的整个心理发展过程，其发展过程并非处于静止的状态，而是处于运动的状态，它会随着教师的信念、情感、价值以及所在的教学环境的变动而变动。

（三）心理成长的评判

怎样对个体心理成长的发展状况进行判断呢？在教师成长的过程中，其心理系统与心理机制又有何特殊表现呢？要想回答上述两个问题，人们需要了解以下四个方面：成熟水平、健康水平、调适水平、迁移水平。

1. 成熟水平

心理系统和心理机制的成熟程度是衡量教师职业生涯心理发展的首要指标，也是衡量教师职业生涯中心理产生成长性发展的依据。成熟起源于生物学，它通常是指有机体发育到完善的时期，或者说事物和行为已经发展到了完满的状态。所以，心理成熟度是一个人的心理承受力、耐受力和适应性的表现，其重点在于各个因素在生理学层次上所产生的数量变化。心理系统是由一系列基础元素构成的，即感觉、知觉、记忆、想象、思维、注意、需要和动机、情绪和情感、意志等。各个因素之间互相依存和交互作用，而其交互作用又促使各种心理机制不断地运行。因此，心理成长必须建立在各个因素成熟的基础上。所以，教师心理成长的首要衡量指标就是教师的心理发育的成熟程度。

2. 健康水平

心理健康水平是衡量教师职业生涯心理发展的另一个重要指标，它是判断教师心理产生成长性发展的一个关键因素。对心理健康这个词的基本解释源自对心理卫生的基本解释，在第三届国际心理卫生大会中，它被定义为"在身体、智能以及情感上，在与他人的心理健康不相矛盾的范围内，将个人心境发展成最佳的状态"。从广义来说，心理健康是指一种高效而满意的、持续的心理状态；从狭义来说，它是指人的基本心理活动的过程内容完整、协调一致，即认识、情感、意志、行为、人格完整与协调。与心理发育成熟所需的各个因素在数量上的变化不同，心理健康更侧重于质量上的提高，并寻求各个因素的完善作用。心理成长必须建立在拥有健康的心理机制的基础之上，而产生积极变化的、健康的心理因素才可以被列入心理成长发展的范围。因而，教师的心理健康水平是衡量其心理成长发展程度的重要指标。

3. 调适水平

调适最初的意思是调节使适应，在心理学上把它理解为"通过运用心理学的一些方法，调节认知、情绪、意志等心理活动，进而维持或回归到常态的心智行为而进行的一种心理活动"。在这里，调适可以借助表达个体心理活动的"认知"和"情感"两大系统的综合和协作进行相应的活动。心理调适水平是指在个体的心理发展的各个心理成分之间的整合和协同作用的发展程度。若是心理成熟与心理健康仅仅是从个体心理系统的功能发展的层次上来看，那么，心理调适就上升到了整个心理体系的机能发展层次。在整个心理体系中，各种因素之间的协调和融合，既可以维持整个体系的平衡和统一，又可以促使新的功能产生。从一定程度上说，教师的心理成长是一个不断发展的心理系统和各个职能因素协调发展的过程。因而，心理调适水平可以被看作衡量教师心理成长发展水平的另一项重要指标。

4. 迁移水平

教师的心理成长还有个衡量指标，就是迁移。迁移是整个心理发展过程中的最高层次，也是整个心理体系与外部环境交互作用的程度。与主要针对内在的心理调适不同，心理迁移不仅是针对内在的心理活动，还是针对外在的心理活动，它包括对经验的概括、积累和互动，与外在环境的相互作用与适应。在心理学中，只有经过大量的迁移，才能使原来的经验得到不断的调整，向归纳和系统化发展，使原来的认知结构更加充实和完善，从而能够形成一个稳定的、调控个人行为的心理结构，进一步推动个人的心理发展。对教师来说，教师的心理迁移对于教师的心理发展起着至关重要的作用，其心理发展水平的高低，将直接影响教师的教学信念是否能够适应多种复杂情境的变化和维持其自身的稳定性。因而，教师的心理迁移水平也是判断其心理成长水平的很好的一个指标。

二、心理教师心理成长的意义

（一）心理教师的身份与角色

1. 心理教师是教育的合作者与服务者

心理健康教育主要是解决学生生活上的不适应、人际交往冲突、情绪情感问题、学业上的挫折以及行为问题等，它是心理素质教育与心理健康教育的简称，它是心理教师运用心理学的理论与方法，对学生心理的各个层面施加积极影响，促进学生心理发展与适应、维护学生心理健康的教育实践活动。其目标是培养学生良好的性格品质，开发学生的智力潜能，增强学生的心理适应能力，激发学生

的内在动力,维护学生的心理健康,帮助学生养成良好的行为习惯。在教育教学的过程中,心理健康教育可以帮助教师更深入地了解学生的特长、爱好、兴趣、需求等,以帮助教师因材施教,其核心是服务于教育。如果说"教学"是教师的工作,那么,心理教师的工作就是"助学"。他们利用心理学知识与其他任课教师协作,制定适合不同学生及具有各种文化背景的学生的教育方案,与其他任课教师和教学管理者建立起顾问关系,协助他们理解和运用最新的心理学理论和技术,改善他们的教育和教学。

2. 心理教师是心理辅导员和咨询员

(1)为学生提供心理辅导或咨询服务。作为一名心理教师,应具备较强的专业责任心,并能主动地进行个体或群体的心理辅导。在个体辅导时,教师要尽自己最大的努力去争取学生的信任,使他们愿意主动找教师寻求帮助,主动发短信或打电话给教师,到学校的心理辅导中心去倾诉自己内心的困惑、烦恼。同时,教师也要具有教学热情,积极地为学生提供指导和建议。在团体辅导时,教师要保证全体学生都能接受心理咨询和心理辅导;改变学生的心态,促使其更好地认识自己和自主选择;让学生进一步发展自己、成就自己。

(2)为其他教师和学生家长提供心理辅导或咨询服务。学生的心理问题与其所处的环境关系密切,尤其是与家长和教师之间的关系更为紧密。教师与家长在学生的成长过程中都扮演着教育者的角色,若是他们本身存在一些问题,或者教育方式不够合理,那么学生的心理问题就会很容易引发。心理教师可对其他教师和家长在教育、管理中存在的问题进行分析,以改善其教育与管理能力。学校心理工作者可以把更多的时间花在对学生家长进行家访、听其他教师的课或与学生任课教师进行访谈等上面,应该将注意力从受教育者转移到教育者身上。

(3)为学校管理人员提供心理辅导或咨询服务。作为一名学校心理工作者,需要利用心理学的相关理论与技术,协助学校制定教学目标、行为管理目标,并且预估在这些环节中存在的问题,建立相应的监督和督查机制,进而可以通过学校管理和行政管理对学生的心理健康成长起作用。

3. 心理教师是学生的知心朋友

心理教师的工作就是引导学生去探究自己和周围的世界,并在生活中发现和创造生命的真谛。换句话说,他们的教学目标是致力于帮助学生形成完满的个性。这显然有别于传统教师的工作重心。作为一名优秀的心理教师,要想在自己的教学实践中取得良好的效果,就要做到与学生成为亲密的伙伴。因为只有从心灵深处真心地去帮助学生,才能使他们对教师产生一种强烈的信任感,从而使教师的心理辅导工作得以顺利进行。

4.心理教师是心理健康的示范者

心理教师的首要职责是对学生进行心理疏导,使其保持良好的心态。作为一名心理教师,自身也要拥有一个良好、积极、健康的心态。所以,心理教师在帮助学生解决学生自己的心理困惑的时候,应该主动调整自己的心态,作为学生的榜样。

(二)心理教师心理成长的现实意义

中小学心理教师是中小学心理健康教育的主体。在中小学校园内,心理健康教育工作主要是对学生普及心理健康知识、对个别学生进行心理辅导或是为学生团体提供心理辅导等。心理教师心理成长的发展情况,对学校心理健康教育的成效有很大的影响。因而,心理教师的心理成长显得尤为重要。

1.教师心理成长是职业发展的需要

随着现代先进教育理念的推广、现代教育技术手段的层出不穷和新课程标准的颁布,对教师的素质要求也随之提高。因此,教师迫切需要了解心理学的相关理论,掌握客观的自我评价标准,以及调节自己情绪的有效方法,以达到心理健康和工作快乐的目的。所以,从教师职业发展的角度出发,对其进行心理健康教育已是当前一项迫切需要解决的问题。

2.教师心理成长是教师自我修炼的需要

笔者利用调查问卷对北京市500多位中小学教师进行了调查,结果发现,有60%的教师认为工作中的快乐少于烦恼,70%的教师都会控制不住自己的怒气。教师要得到学生的喜爱和拥护,就需要不断提高自身修养,既要通晓教育科学知识,又要对专业知识较为熟练,领略和运用教育教学规律,还要具有良好的师德和心理素质。

3.教师心理成长是人格提升的需要

乌申斯基是一名俄罗斯教育家,他曾经说,在教育教学的过程中,所有的事情都应该建立在教师的人格之上,因为只有从教师人格的活的源泉中才能涌现出教育的力量;无论什么规章制度、什么人为机关,再怎么精巧,也无法取代人格在教育工作中所起到的作用。教师的人格可以直接影响学生的思想,也能对学生的心理产生影响,对学生的个性塑造起到了潜移默化、耳濡目染的作用。教师的人格品质是学生成长的保障,而促进教师的心理成长则应该以提高其人格魅力为主要内容。

4. 教师心理成长是学校心理教育全员化的需要

21世纪，我国中小学心理健康教育的发展趋势是在教育观、人才观、学生观中全面、充分地融入心理健康教育，促进心理健康教育的全员化、心理咨询专业化。教师的心理成长是以人文素养为内容的文化修养，以开拓创新为中心的能力结构，以心理健康为特征的身心素质，用以培养适应未来的教育工作者。

第二节 中小学心理教师工作困境及心理成长现状

人才是未来整个世界最大的竞争力量，而人才的培养依赖教育的作用。21世纪，各国都将发展教育视为衡量一个民族整体实力和国家综合国力的重要标准。而在这一问题上，人们最为关心的就是儿童启蒙时期（蒙学时期）的习惯培养。这一时期不但是培养儿童良好行为习惯的关键期，而且是儿童养成健康心态的最佳期。因此，在儿童的整个成长过程中，有必要开展中小学心理健康教育。

一、改善心理教师工作困境的紧迫性

我国的心理健康教育始于20世纪80年代，而后随着一系列文件的颁布，如《中共中央 国务院关于深化教育改革全面推进素质教育的决定》《关于加强中小学心理健康教育的若干意见》《中共中央办公厅 国务院办公厅关于适应新形势进一步加强和改进中小学德育工作的意见》等，在国家各级教育部门的关注下，我国中小学心理健康教育得到了飞速发展。特别是《中小学心理健康教育指导纲要（2012年修订）》的出台，更是对在中小学开展心理健康教育工作的工作者提出了更为具体的指导和要求。这些政策和举措的出台，表明了我国在中小学开展心理健康教育工作的重要性。

联合国教科文组织发表声明说，平均每5 000～7 000名的学生就要有一位经验丰富的心理专家来针对性地解决学生遇到的问题和困难。如果我国也能根据联合国教科文组织的规定聘请心理专家，那么至少需要有60 000多个心理专家，而在我国高校中，心理学专业每年的毕业生不足5 000人。

《中小学心理健康教育指导纲要（2012年修订）》提出，在全国范围内，各级各类学校都要逐步配备专门的开展心理健康教育的师资队伍，同时这些心理健康教育工作者需要具有岗位要求的心理学及相关专业的理论背景，还应取得相应专业的学历学位证书及教师资格证书。各中小学均应至少有一位全职或兼职的心理教师，同时，各中小学还要逐渐扩大全职心理教师的比例。但现有的实证性研究表明，我国目前的心理教师人数较少，并且是以兼职为主。

笔者认为，当前我国心理健康教育工作存在两种局面：一种局面是国家教育部门高度重视中小学心理健康教育工作，这在一定程度上推动了我国心理健康教育工作开展；另一种局面是我国的心理健康教育工作起步比较迟，师资力量不足。从以上内容可以看出，目前中小学心理教师的工作日益引起了人们的关注，但目前我国各级各类学校心理教师的人数还远远不够，而学校开展心理健康教育工作还需依靠专业的心理教师。

中小学阶段是个体发展过程中的一个重要时期，随着身心的成长发育，以及学业任务的增多，中小学生在学习、生活、人际关系等方面都可能存在心理问题。为此，学校应注重对中小学生进行心理健康教育，提高其身心素质。在中小学实施心理健康教育是时代发展的需要，加强对中小学生的心理健康教育工作的重视，可以有效地预防各类心理疾病的发生，保障学生的健康成长。同时，它也有利于实施素质教育。因此，学校要加强对中小学生心理健康教育工作的重视程度，要把心理健康教育工作融入教育工作计划之中，以提高学生的综合素质。就目前而言，受多种因素的影响，导致中小学心理教师团队建设还不够合理，需要进行改善。

二、中小学心理教师的心理成长现状

近些年，人们对心理健康教育工作的重视程度日益提高。目前，在我国的中小学，心理健康教育工作也得到了很好的发展。学校心理健康教育工作的最终目标在于培养学生健全的个性，使他们健康、快乐地成长。要想让学生获得快乐的生活，心理教师在其中扮演着重要的角色。所以，让教师自身快乐，推动教师的心理发展，是使中小学师生感到快乐的一种途径。

当前，从整体上讲，我国已具备开展心理健康教育工作的基础条件。但是，在部分中小学，其重视程度仍需进一步加强。

在中国知网以"教师"和"心理成长"为搜索词进行检索，能够检索到的文献相对较少，检索后发现50篇相关论文。同时，国内关于心理成长的研究起步较晚，最初研究主要集中于幼儿、学生的研究，2004年才开始由幼儿、学生群体转向教师群体。

近些年来，有关我国中小学教师的心理成长的研究文献呈现出明显的"M"字形发展趋势。2004—2006年发表了15篇学术论文，2007—2009年发表了11篇学术论文。自2009年以来，相关内容的学术论文数量每年都在减少。2009—2021年仅有24篇相关内容的学术研究。

笔者通过对这50篇论文的统计和分析，得出这些针对教师心理成长的研究论文主要是在8种刊物上发表。该研究主题引起了教育界人士的兴趣，教育理论与教育管理类期刊论文发表的数量最多，主要在《中小学心理健康教育》《大众心理学》上发表。

笔者通过对50篇已发表的文章进行统计和分析，发现教师心理成长研究的主要对象是中小学学科教师和幼儿教师，但对心理教师心理成长的关注并不明显。大部分学者偏向于普通中小学学科教师的心理成长的研究，对中小学心理教师心理成长的研究偏少。

第三节 中小学心理教师心理成长的影响因素

在教师心理成长发展的过程中，教师个人发挥的主观能动性是其心理发展产生和创新的一个重要方面。这一过程的各个环节并不是孤立地起作用，而是环境、资源和信念三者相互作用的产物。影响教师心理成长的因素主要有以下几个：

一、环境是影响教师心理成长的基础因素

就像一株植物的生长不能脱离土壤一样，教师的心理成长也需要在特定的环境中进行。环境是教师心理健康发展的土壤，是教师心理健康发展的重要基础。与终身发展心理学类似，个人的心理发育也表现出生物学与文化的共同演化。因而，在一定程度上，环境因素对教师的心理发育有较为重要的影响。环境因素主要有生物学环境和社会文化环境。前者是指教师在教育教学的过程中，根据自身的遗传基因类型和自身的演化选择所具有的一系列功能的整合。它对心理成长的作用主要体现在以下方面：随着年龄的增加，各种生理因素的机能日趋成熟，并逐渐形成了心理发育与成长的基本动因。社会文化环境是指在一种社会形态下已形成的信念、价值观念、宗教信仰、道德规范、审美观念以及世代相传的风俗习惯等被社会所公认的各种行为规范。如果说生物学环境是不可控制的，表现出生物性，那么，社会文化环境就是可以控制的，表现出社会性。正是由于这样一个可控制的社会文化环境，人们的心理成长才具有可教育的性质，而环境又是对其进行研究的必要前提。如何营造良好的校园文化氛围，是当前研究教师心理健康发展的重要课题。

二、资源是影响教师心理成长的关键因素

教师的心理成长，既要立足于特定的环境，又要充分吸收周围环境中的养分。个体的心理建设与发展的基石是资源，它对教师心理发展产生重要的作用。心理发展的资源是一个人在精神活动中行动和创新的动力因素，它是一个人的精神生

活品质建设的基础。文化、社会、历史、现实等资源是人类精神活动的重要组成部分。而这些被边缘化的资源，只能作为一种内在的、特殊的精神资源，以一种特殊的形式存在于人们的精神生活中，从而推动个体的心理发展。心理资源是影响人的心理成长的途径、方式和方向的重要因素。所以，教师的心理能否快速健康地发展，除了要看其所处的环境是否拥有充足的资源，还要看教师能不能充分地选择、整合、利用这些资源，使之成为自己的心理资源。

三、信念是影响教师心理成长的核心因素

如果说心理发展的土壤是环境，资源是土壤的营养，那么信念就是依靠土地吸收营养，促使人的精神成长。对于教师来说，其产生的力量主要来自其自身的教育信仰。教育信仰是在教师心理结构中积累起来的一种价值观。教育信仰是一种内在的价值观，它通常以潜移默化或预先假定的方式来控制教师的教学活动，它是教师最根本的个性，它支配着教师的认知、情感和意志方面，是影响其心理发展的关键因素。教育信仰是教师的一种内在的精神力量，这种精神力量一旦产生，就会成为一种内在的动力，是一种自觉的、愉悦的追求。教师只有具有充满"善意"的教育信仰，才能使他们对工作充满热情、创造性和奉献，并能使他们收获与之相对应的成就感和满足感。这就要求教师具备坚定的教育信念，使自己的心理需要得到持续的满足，进而为自己的心理发展注入源源不断的内在推动力。与此同时，教育信仰又是教师的心理发展的一根重要的精神指针。教师作为"智者"和"行为者"，这就要求他们在教学中不断地在"智者"和"行为者"之间进行持续的转化，并将自己的一生所学应用于教学，做到"言传身教""教书育人"。这一历程既是职业的发展历程，也是心理的成长历程。因此，教师需要有一种坚定且强烈的教育信仰。教育信仰与教师的积极情绪紧密相连，而积极情绪在教育信仰的激励下，能激发出一股强劲的精神动力，促使新教师投身于教学工作。总之，教育信仰为教师的心理成长与发展奠定了坚实的基础，为其实现理想提供了明确的奋斗方向，同时，也可以促进教师的认知、情绪与情感、思维模式、行为与表现逐步整合，促使这四方面协调一致。将教育信仰凝结在教育活动中，可对教师的心理发展发挥统帅、引导、定位等功能。

第四节　中小学心理教师心理成长的应对策略

教育是能够让教育工作者和受教育者双边受益的一项事业。与此同时，教师通过促进其自身不断发展和自我意识不断提高，也能促进学生的发展与成长。倘

若教师自身素质不提高，那么想要提高教学的品质也是困难的；倘若教师的思想得不到解放，那么就很难实现学生思想上的自由；倘若没有教师的积极发展，那么就难以实现学生的积极发展；倘若没有教师的教育创新，就难以培养出创新型人才。对教师的培养，不仅应注重教师知识、技能、观念等方面的提高，还应注重教师综合素质的提高。

毫无疑问，教师是一份神圣的职业，教师面对的群体是学生。教师的工作压力很大，除了日常教学、各类培训，还有举办讲座、参加比赛、与家长沟通，等等。所以，具有积极的心理就显得非常重要。

在重视中小学生的身心发展的前提下，教师也应当重视自己的心理健康。心理教师的心理发展是一项基础性、持续性、系统性的工作，需要社会、学校、个人三方面协同配合，如此才能真正实现"他助"和"自助"的统一，才能真正让其实现自我发展。

学校要重视教师的心理发展。如果一个人的心理素质很高，他不但能够满足自身的需求，而且能够很好地缓解压力。丧失挫折承受力的教师常常是由于脱离了社会支持体系，因而丧失了对教育的信心。

教师心理的成长，不仅是中小学生对教师所寄予的一种期待，是教师自身发展的需要，还是中小学心理健康教育的重要依据和保障。中小学的教师不仅在传授科学知识，还面对着社会中的各种压力。因此，教师要随时做好自我心态的调节，如此才能更好地投入教育教学工作中。良好的心理素质有助于教师减少职业倦怠、提升工作品质。要解决心理教师心理成长的问题，可从以下几个方面入手：

一、培养心理教师的归属感

心理教师的心理发展有一个比较重要的方面，那就是让他们有一种强烈的归属感。其可以分为两种情况来说：一种情况是在其做了一件事情之后，可以获得所有人的认可与肯定；另一种情况是当其遇到困难时，会获得他人的支持，使其能够从容地应对困难和挫折，让其感到安全与自信。教师若能与周围的朋友、同事创建起相互扶持与信赖的关系，那么当其遇到困难的时刻，便能从容面对，重新获得健康向上的人生。与此同时，心理教师要敞开胸襟，做一个心胸开阔的教师。只有这样，才能互相交流、互相信赖，从而形成归属感。

二、培养心理教师的乐观感

乐观感薄弱的人容易消极、悲观，陷入抑郁的状态中，导致情绪不稳定，自我控制能力差。其在工作中表现的主要特征是脾气暴躁、反应敏感、易冲动、难以掌控等。有时候，甚至会无视自我、心态失衡、不愿与别人交往、对事业发展没有积极的追求、工作动力不足、自信心不足、工作积极性低、责任心差。

在心理教师的心理发展的过程中，培养积极乐观的情绪是一个关键的环节，因为他们会发现，当他们具备这种心态时，他们将不会觉得在困境中没有退路，也不会把自己的未来完全放在他人的手里或者相信所谓的"命中注定"。相反，他们认为，困难只是一时的，他们可以积极地对待人生的困难。培养积极乐观的心态，有助于提高心理教师对消极情绪的抵抗意识，可以让他们在不知不觉中提高自己的挫折承受力。教师的乐观心态来自教师本人和身边其他人对自己的正面的评估。在其他同事的不断激励下，教师能够勇敢地去完成一个艰巨的任务，而他的成功，也会给他带来巨大的快乐。

教师对待事情要时常保持乐观的心态，不感情用事，不随意有意见，具有良好的调节情绪的能力。调节个人情感，是其实现心理健康的重要途径。心情的好坏与人的身心健康有着密切的联系，积极的情绪如乐观、快乐等有助于形成更好的心理品质，而紧张、悲伤、愤怒等消极情绪会对形成良好的心理品质造成不利的影响，严重的还会造成身体和精神方面的疾病。教师可通过正面的自我暗示和命令来调节自己的心理状态，还可以沉着地思考别人的观点和建议，或者将自己的压力讲出来、写下来，以减轻负面情绪所造成的精神压力。在此基础上，教师要树立良好的压力观念，充分发挥压力所能带来的正面影响，激发自己的战斗意志，敢于向自己发起挑战。

作为一名心理教师，要主动地处理好自己的心理问题，并进行自我调节。理想的心理教师，应是心理安全、心理平衡、心理自由、心理成熟和心理和谐的教师，应是心态积极、心理健康、精神充实、人格健全和个性张扬的教师。作为一名当代的"心理人"，心理教师应从整体上强化心理素质，以达到职业发展的目的。

心理教师需要借助外力来改变自己的心理状态。心理教师的很多压力来源于工作不熟悉或是处理问题不够得心应手，所以要多学习，熟能生巧后自然会得到更多的成就感，生活上要多与朋友和家人倾诉，自己也要有明确的计划和目标，照着自己既定的目标一步一步去实现，自然会少一些困惑。

三、心理教师要认识自我

从自身角度来说，心理教师要学会正视自我。尤其是很多青年教师，从学生转换到教师这样的角色还是有些不太适应。对此，教师首先要进行观念上的自我调整；其次，教师需要不断暗示，对自己进行心理建设，告诉自己可以克服困难。

教师不仅要逐步明了对自身的认知，还要了解自身的长处与潜力，在心里建立起一个完美自我的形象,并坚信自己能够应付人生的各种困难与考验。对自己所担当角色的认知愈是客观、精确,其在工作中的表现就愈积极、自觉,愈能及时地找出自己的缺点。要使学生变成一个这样的人,教师就应是一个这样的人。因此,学校要让教师在繁忙的生活、工作中停下脚步,由浅入深地认识自己的内心,从而重新认识自己的工作,通过专业成长促进自我心理成长。

想要成为一个卓越的教师,首先要有自我反省的本领,其次还要注意自己与学生讲话时的态度、与学生交流时的语气、面对学生时的情绪反应等。最要紧的是,教师要对自己在教育教学过程中的言谈举止以及这些行为背后的原因进行反思。教师的挫折承受力主要来源于教师自身的感受和自身的修养,同时与教师的性格、习惯、信仰等密切相关。教师若能觉察到这些方面,下定决心有所转变,循序渐进、长久地坚持下去,就能变得充实、快乐。

四、心理教师的心理成长需依托学校

学校作为教师教学与生活的地方,是他们心理发展的重要阵地。为此,要使教师的心理发展更好地进行下去,就必须为他们创造有利的教学环境和充足的教学资源。

第一,学校要为教师在校园内创造良好的教学条件,如一定的教学设施,丰富的图书资料,先进的仪器设备,安静舒适的工作场所,住房的基本保障等。良好的物质环境为教师的心理发展创造了必要的条件,只有在这种物质条件下,教师才能像在家中一样获得归属感,体验"安居乐业"的愉悦情绪,从而达到最佳的精神状态,进而推动其心理发展。

第二,学校需要在校园中创造良好的心理氛围。教师既要有组织上的关照和物质上的关怀,又要有心理方面的关怀。因此,学校要在校园中进行各种形式的文化建设,建设优良的校风、教风和学风,创设团结进取、乐观向上的集体氛围,营造宽松自由、融洽和谐、团结友爱、彼此尊重、彼此包容的精神氛围。学校要从改善教师工作环境、倡导教师热爱阅读、倡导教师集体健身、举办形式多样的文体活动等方面出发,从校园层面创造良好的工作环境,为教师构建一个积极的社会支持系统,对教师的心理发展起到积极的推动作用。

第三,学校要为教师营造张弛有度、充满人性化的制度环境。在制度设计上,学校应当突出以人为本,体现人文关怀,兼顾公平与效率,自由与规范共存。其主要内容包括实行开放、透明的聘用与辞退制度,灵活多样的科研体系,科学合理的考评体系;建立公平、公正的奖励和晋升制度,持续有效的教育和培训体系。

第四,学校要对师资培训提供最佳的培养方案。当前,我国教师职业发展的重点是教师在学科知识方面的教育和培训，更多地注重教师的专业发展，而忽略了教师个人心理的发展。为此，学校应更多地关注其心理发展，应开设有针对性的"教师个性发展"课程，以提高其心理素质。学校可以对教师进行短期培训。学校可以通过认知训练、时间管理训练、减压训练、社会技能训练、班级管理训练等提高教师的精神品质。

第五，学校应该构建促进教师心理成长的教学督导机制。学校要想在教学督导工作中体现实效性、专业化和规范化，就必须构建科学合理的运行机制，这样才能够实现其促进教师发展、提高教学质量的目的。教学督导只有基于促进教师更好的发展原则，更多地关注教师的心理成长，才能够帮助教师形成正确的思想观念，形成健康的心理和健全的人格，使教师以更加饱满的工作热情、更加阳光的工作心态开展教学工作。

五、心理教师的心理成长应面向社会

要使教师的心理健康成长，就要面向社会，构建健全的社会支撑体系，并创造良好的心理环境。

首先，社会需要对心理教师的心理发展给予足够的重视。一方面，社会要为其创造有利于其心理发展的良好的社会环境，以促进其心理健康发展；另一方面，在我国教育体制的变革下，整个社会和政府都应当更加重视心理教师的心理教育问题，把心理教育工作落实到位，加强心理健康教育、心理知识的宣传力度，为心理教师提供全方位的心理教育服务。

其次，构建良好的社会环境，提高心理教师的社会自豪感。全社会要对其予以充分的了解与尊重，要使公众对其工作的结果表示尊重，了解其工作的难处，对其工作的得失进行客观、全面的评估，还要增强其自信心、自我效能感。另外，要形成尊重知识、尊重人才、尊师重教的良好风尚，让心理教师有更大的发言权、更多的教育决策权，营造有利于教师职业发展的良好的社会环境，强化他们的职业荣誉感。

最后，改善心理教师的物质条件。人的生存需求是其最基本的需求，是最低层面的需求，也是其他更高层面需求的基石。通过改善物质条件，改善其生存条件，使其能够积极地为社会服务。

六、多管齐下，培养心理教师的心理弹性

心理弹性作为个体积极调用保护性资源应对不利情境、追求自我实现的一种心理潜能，其实现并不是遥不可及的。研究显示，每个人都有一种精神上的适应

能力。心理学的研究应该着眼于整个社会，关注的焦点应该是心理健康，从而促进个体、群体乃至整个社会的发展。每一个人都有一种内在的坚韧潜力，这种潜力是可以被发掘和开发的。

首先，心理教师要自觉学习心理资本、心理弹性方面的知识与技能。心理弹性是个体内在的一种特质。关于心理弹性的培育，较为知名的是"我有""我是""我能"等策略。"我有"是指个人在外部环境中找到自己所需要的支持和资源，可培养安全意识和自我保护意识；"我是"是一种可以让个人找到个人的内部力量，包括个人的感受、态度和信念；"我能"指的是帮助个人找到能发展人际关系的技能，如幽默风趣、沟通能力等。

其次，学校可以安排心理教师参与拓展训练、团体辅导、专题研讨、逆境幻想等活动。通过各种活动，提高各种形式的专业技能、沟通技巧、合作技巧、决策技巧、解决问题的技巧等。教师要学习用正向的观念引导自己的行动，在逆境中寻求发展的机会，让自己对自己有更深刻的认识，挑战自己，超越自己；实现自身的价值，以此来培育自身强大的个性与顽强的意志。作为一名心理教师，她/他原本是一个策划、组织和引导的角色，但她/他之后却成为一个参与者和学习者。角色的转变带来的益处是，他们对项目的内涵和设计有更深入的理解，他们可以更积极地投入各种活动当中，从而获得更多的体会和领悟。这对于提高心理教师的心理素质、锻炼其心理弹性具有较为重要的意义。

最后，心理教师应善于构建良性的人际支持系统，以推动自身良好的心理弹性形成。这种力量对于个人在挫折环境中保持积极的发展有着重要意义。这种系统主要涉及心理教师本人的家人、亲友、同事、所在学校以及社区组织等。由于心理教师都有专业的技术工作背景，在组织管理方面都具有领导力量，所以相互支持能让心理教师更有安全感，在碰到困难时有更多能够调动和选择的资源，更能从专业的同伴那里获取充足的动力，以便保持对未来发展的自信，从而更好地应对困难和恶劣的工作环境。

要想提高教师的心理品质，需要全社会从整体上进行变革，国家、家庭等各个方面都要为提高教师身心发展创设良好的环境。

第八章 贵州省中小学心理教师专业成长路径

近年来,随着贵州省中小学心理教师队伍的不断壮大,中小学心理教师的职业生涯规划也成为大家关注的焦点。作为贵州省中小学心理教师大军中的一员,自工作以来,笔者一直在思考如何有效地实现自身的专业成长,在这个过程中,也深刻感受到了贵州省中小学心理教师专业发展中的不易。基于贵州省中小学心理教师的现状,笔者在结合自身实际和查阅大量相关资料的基础上,整理了贵州省中小学心理教师专业成长的路径。

第一节 中小学心理教师专业成长条件

心理教师的专业化发展是一场漫长的旅行,在这次旅行途中,有些条件是其顺畅地到达目的地的重要保障:一是要有明确的方向,做好职业理想规划;二是温习与更新,维护好专业知识体系;三是建立心理加油站,关注心灵成长;四是在真理中实践,在实践中成长。

一、明确方向,做好职业理想规划

心理教师要有终生的职业理想,不想成为学校心理学家的心理教师不是一名合格的心理教师。学校心理学家指的是受过心理学与教育专业训练,在学校、家庭以及其他可能产生影响的环境中为儿童和青少年提供心理学服务的专业人员。近些年,学校心理健康教育发展很快,需要一支专业的心理教师队伍,但一个人的职业发展离不开规划,这就要求教师用发展的眼光看待自己所从事的职业,用职业的发展模式和理念要求自己,而不仅仅把自己定位为学校心理教师。有学者调查发现,学校心理学工作者的职业发展历程如下:由最初的"筛选者"角色,发展到"修复者"角色和"咨询师"角色,再到最后的"工程师"角色。由于我

国的心理健康教育起步比较晚，国外的先进经验为心理教师的职业规划提供了可借鉴的方向。不同阶段的发展，自然会促进角色职能范围的扩大，由单纯的学生心理健康的塑造者成长为学校心理学家就成为可能，或者在心理工作大概念中选择一个具体的方向走职业化的道路也是不错的选择，走职业化的道路是教师实现专业化的一条有效途径。

二、温习与更新，维护好专业知识体系

扎实的专业知识是成为心理教师的必备条件。教育专业学生大学四年都在学习心理学知识，为将来踏上工作岗位储备能量。通过专业学习，他们具备开展心理健康教育所应具备的知识和能力。通过考试，他们取得教师资格认证和心理咨询师资格认证。这些条件是教育专业学生成为学校心理工作者的重要条件。虽然教育专业学生在校期间学习了大量关于心理学的理论和技能，但这只是心理教师专业化的起点，作为学校一线教育工作者，笔者深刻体会到即使具备了所有的资格证书，也不能保证自己的心理健康教育能够顺利开展。即使教育专业学生已经成功步入心理教师这个岗位，也不能忘了温习自己的专业知识，对自己的专业知识系统进行养护和更新，这样能更快地促进自身专业成长。

三、建立心理加油站，关注心灵成长

心理教师在学校里是一个比较特殊的角色。和其他学科教师相比，心理教师不仅是教师，还扮演着陪伴者、研究者等角色。每一个角色都有一定的要求，要想把不同的角色扮演好，自身心理的成长是有必要的。作为学校的心理教师，自身的活力与心理健康程度，是决定来访者心理辅导效果的重要因素。在心理课堂上，心理教师的状态影响着课堂教学效果；在学校心理辅导室，心理咨询师的状态会影响来访者咨询的效果。每个教师都有自己的成长经历和文化背景，关注个人成长，让自身心理上更加成熟，才能让心理辅导工作更有成效，才能更进一步迈向专业化。

心理成长的具体途径有参加心灵成长小组或工作坊、聆听心理学家的讲座、读书自省、接受个案咨询或督导、分享成长心得等，这些方式可以从内部环境塑造一颗专业的心：积极、真诚、负责任。

四、在真理中实践，在实践中成长

实践是检验真理的唯一标准，实践是专业成长的必经之路。心理教师要明确这份职业绝不是简单的谋生手段，学校心理教师还是促进生命价值和人生幸福积极自主实现的促进师。心理教师要积极参与各种实践活动，在实践中提升对理论和技能

的运用水平，只有不断地提高自身的专业能力和专业素养，才能更好地服务学生。

目前贵州省中小学心理教师的发展面临各种困境，但是通过各级教育部门的努力和摸索，贵州省中小学心理教师的职业发展终将迎来光和希望。

第二节　中小学心理教师的专业培训

专业培训是心理教师专业成长的重要途径。近些年各级教育部门努力给学校心理教师搭建学习交流的平台，组织培训，但是反响并不是很好，要想使培训对教师有用、有效，最重要的一个点就是培训师的内容要贴近教师的工作实践，不能高谈论阔，这样才能真正满足教师的实际需求。参加工作以后，教师很少有时间和渠道接触自己的专业知识，无法及时更新自身的专业知识库，所以，对心理教师进行专业培训就显得尤为重要。

专业培训是心理教师进行继续教育的重要途径。相关部门在组织培训时应提前和有关专家进行沟通，在培训内容和手段上提出具体明确的要求，培训时不仅要考虑教师当下的需要，还需要从长远出发，通过专业的培训，帮助教师更新教育观念、树立先进的教育思想、掌握科学的提升方法，让培训有价值、有意义。

教育部门组织教师参加培训是为了提高教师队伍的整体素质，帮助教师适应基础教育改革发展和全面推进素质教育的需要。但是随着时代的发展，教育领域对教师的工作要求在不断地更新，我们预计不了在未来工作中会发生什么样的变化，所以培训的最终目的应该是使教育与未来的工作相适应，教师应树立终身学习的思想，践行终身学习的理念，掌握学习方法，及时更新自己的专业知识库，不断更新教学理念，与时俱进。

一、线上培训

线上培训为贵州省中小学心理教师提供了一条成长的新途径。目前贵州省中小学心理教师的数量有限，而且教师没有时间也没有精力参加专业培训，但是线上培训的出现解决了很多心理教师遇到的问题。

首先，线上培训的出现解决了教师的工学矛盾。教师这个角色要求其在工作岗位上不断地学习，每一个教师都需要通过不断学习新知识，及时更新和补充自身的知识库。但是一线教师都承担着繁重的教学任务，经常性地参加脱产学习与培训，是不现实的。一线教师更多需要的是一种能够自主选择时间和地点的学习方式。线上培训的出现解决了这一矛盾，一线教师可以根据自己的实际情况，利用课余时间进行网上学习。不仅如此，一线教师还可以自主选择学习的地点，家、学校甚至是其他合适的场所都可以进行学习，同时其还可以根据自己的实际情况灵活调整自己的学习进度、学习计划，甚至于每一位教师还可以选择适合自己的内容进行学习。

其次，心理教师参加专业培训满足了个性化学习需求。线上培训的出现，打破了传统的教师培训的"场所封闭、计划预设、教材固定、教法单一"等方面的局限，为教师提供了丰富多样的学习资源，其可以根据自己的兴趣爱好和实际需求自主选择。线上培训还有一个优点，就是教师还可下载保存自己所需要的内容。对于长期在一线工作，无法接触外界新鲜事物和新知识的教师，线上培训的出现真的是福音。

二、集体培训

集体培训主要是相关教育部门根据基础教育的现状，有针对性地组织教师集中开展培训。心理教师集体培训的内容有两部分：一是理论培训，开展心理健康教育相关知识的讲授；二是技能培训，培训师传授一些心理健康教育方法。因为学校的心理教师除了常规的教学任务，还承担着学校的心理辅导工作，所以培训师在集体培训中还会帮助教师提升心理辅导能力。

心理教师要主动参与系统培训。对一线教师而言，尽管在任教过程中积累了很多的教学经验，驾驭课堂的能力也很强，但是不可否认的是，任教的这些年是在不断消耗自身的专业知识，同时及时地更新了自己的知识系统。而对于刚从大学毕业的心理教师来说，虽然其专业知识很扎实，自身也拥有较新的教育理念，但是缺乏实践经验和操作技能，所以更需要技能方面的培训。教师在面对系统培训时要结合自己的实际情况，选择性地参与，只有选择更适合自己的培训，才会让自己的职业生涯更加顺畅。

三、菜单培训

菜单培训主要是根据不同的培训内容和培训专家的不同专长划分不同的培训模块，教师可以依据自己的实际需要选择不同内容进行学习。菜单培训主要分为三大模块：一是基础理论；二是专业理论与技术；三是心理咨询实践与个案督导。相较于集中培训，菜单培训更具针对性和灵活性。除此之外，与集中培训相比，菜单培训的内容具体明确，专家讲授的内容简短精准，这样教师就会有更多的时间去领会学习的内容，能更好地把握培训内容的精髓。

四、个人培训

通往成功彼岸的路有千万条，但是自主学习是最重要的一条，心理教师可以通过各种途径实现自身的专业成长。比如，心理教师可根据自身实际需求选择相关的培训机构进行学习，或者参加长期或短期的心理学进修。

心理教师要积极参加本专业的专业技能培训，可以选择自己喜欢的一种方式（绘画、催眠、沙盘、叙事）或者一个流派（人本主义、精神分析、积极心理学）进行专业技能的培训，通过学习获得某种技能。注重技能的培训、考核和实践总结，是提升技能的一个很好的途径。

中小学拥有较为丰富的心理教育资源，也会组织一些专业培训，心理教师要积极参加学校组织的各种形式的培训活动。其除了可以让心理教师深化自己的知识系统，还能让心理教师接收到本专业的最新学术动态。如果有条件，在职在岗的心理教师还可以通过考研继续深造，更加系统地学习专业知识，实现专业成长。

基于贵州省中小学心理教师人数不多的现状，学习共同体是贵州省中小学心理教师专业成长的另一重要途径。学习共同体是由教师、专家、辅导者等共同构成的自由团体，来自不同学校的心理教师聚集在一起，大家可以在这个团体中针对某一问题或情境进行交流、沟通、协作，与团队成员分享自己的想法，交流自身的经验，从而达到共同发展和进步的目的。

学习共同体的组建方式主要有两种：一种是校内跨学科学习共同体，这种学习共同体的成员就是学校不同学科的任课教师。这种学习共同体可以有效地解决心理健康教育与其他学科整合与渗透的问题。另一种是同行的学习共同体，该学习共同体的成员就是同一学科的教师，来自各地的心理教师可以通过网络平台或者是学科教研活动来组建该学习共同体。借助这个平台或活动，该学习共同体的成员可以更具针对性地讨论和研究大家在从事这些工作中遇到的一些问题，如心理健康教育课的开设与实施、学生个案辅导、心理健康教育课题等内容，这对心理教师的专业成长起着重要的作用。

第三节 个体心理咨询案例交流

咨询能力是中小学心理教师必备的一项能力，咨询能力的发展是一个由低到高的积累过程。积累离不开实践，在咨询中，教师倾听的技巧、分析问题的能力等专业能力都会经受考验。

工作这几年，笔者遇到过很多案例，接触的个案多了，自己也就体会到什么是助人自助。面对不同的学生，就要用不同的方法。有的学生一走进来就喜欢说个不停，面对这样的学生，心理教师要尊重他，要认真去倾听他表达的内容，并引导他发现自己的问题在哪里；有些学生不说话，问一句他就回答一句，这个时候心理教师要去观察；还有的学生在某一次的咨询中突然变得不爱说话了，这些情况心理教师都要关注，去寻找原因，是他自己的情况发生了变化，还是因为在咨询中提及了一个他不愿谈论的话题。

工作四年以来，笔者印象最深的就是2020年距离高考只有一个多月时接待的一个高三女孩，在此将这个女孩的案例和大家分享一下。

来访者为女性，17岁，高三学生，因失眠主动来咨询，不久之前曾经来过心理咨询室。

来访者是主动前来，没有师长和同学陪同，她走进来坐下开口就说："老师，我的问题很复杂，我不知道说什么？怎么说？"看得出来她很着急，还有些不知所措。当时她身着一件黑色的短袖T恤，左手带着白色的冰袖，右手没带。安抚了她的情绪后，对来访者的基本信息进行了询问，从来访者口中得知，她父母很早就离异，有一个哥哥，妈妈退休了，现在自己和妈妈一起生活，哥哥自己买了一套房子，没有和她们住在一起，她和妈妈的关系很好，哥哥也疼自己。这是来访者第一次对自己家庭及家庭成员关系的自诉。因为她是大课间来的，时间很短，我只对来访者的基本信息做了了解，告知来访者保密原则，并和来访者签了保密协议，约定了下一次咨询的时间。

在后面的咨询中，我发现她的左手总是带着冰袖，于是在第三次咨询时就对此说出了自己的疑问，她把冰袖取下来，整条胳膊上都是刀伤，不只是胳膊上，她的脖子上也有几条划过的痕迹。她说，她曾经用美工刀划伤了自己，甚至有过自杀的经历。我通过和班主任交谈才知道，她的亲生父母把她生下来以后就把她抛弃了，现在她口中描述的"妈妈"其实是她的大姨，是大姨将她抚养长大并供她读书。咨询中途她多次提到非常憎恨自己的班主任，我经过了解后发现，她憎恨班主任的原因是高考前班主任让她们填表，表中涉及自己的家庭和父母信息，她迟迟不交，班主任催了几次，她就非常讨厌班主任。

在后面的咨询中，我邀请了她的大姨参与进来，发现她的心结就是自己的亲生父母，因为这个学生在咨询过程中表现出强烈的自杀倾向，最后家长决定带她去医院看看，经过一个月的治疗，最后这个学生回来参加了高考。

在这个案例中，笔者想和大家分享几点感受：首先，对每一个自愿走进心理咨询室的孩子，心理教师一定要耐心倾听她的故事，因为每一个孩子在进咨询室之前内心就已经十分煎熬了。其次，心理教师一定要会挖掘学生的问题，学生一开始展现出来的问题不一定是她真正的问题，每一个已经表现出来的症状都是有意义的，但每一个症状的意义不一定都是浅显的，有的可能是需要挖掘的。最后，在咨询的过程中，心理教师一定要保护好自己，当学生已经表现出明显的自伤或伤及他人倾向时，心理教师一定要按照正常程序通知班主任和有关部门，确保自己和学生的生命安全。

　　心理健康教育是一个长期的过程，心理教师的专业化发展也是一个长期的过程，需要全体心理教师积极探索。心理教师应善待自己，把握职业理想规划的方向，以心灵成长为加油站，以实践为助推器，在专业化的道路上实现专业成长的目标，更好地服务于教育、服务于社会。

第九章　智能时代中小学心理教师的发展

基于人工智能、大数据、物联网等新技术，依托各种智能设备和网络，积极开展智慧教育的创新研究和示范，在新技术的支持下，教育模式发生了改革，教育环境也进行了重构。信息技术进入传统的课堂，多媒体、网络等新技术手段取代了传统的"黑板+粉笔"，使课堂教学更加生动、有效。此外，信息化还带来大量网络数字教学的新模式，这些新的教学模式与传统的模式相比，不仅形式新颖，还引进许多新的教学理念，如强调以学生为中心，更加注重发挥学生的主动性等个性化的教育方式。

第一节　智能时代背景下的现代教育课堂

中小学生的身心健康是实现健康中国的基础和保障。学校应为中小学生提供及时、有效的心理健康服务。《中小学心理健康教育指导纲要（2012年修订）》指出，学校的心理健康教育工作应包括心理健康课程设置，对学生、家长、教师开展心理健康教育活动，进行心理咨询与危机干预等。心理健康教育是除学校学科教育、德育教育外的另一重要组成部分。要实现教育部曾提出的《面向21世纪教育振兴行动计划》，切实完成"跨世纪素质教育工程"，就要重视心理健康教育。同时，随着学校心理健康教育的地位不断提高，学生对心理健康教育的需求也不断增加，开展学校心理健康教育工作也是当代教育的必然要求和广大教师共同面临的一项紧迫任务。智能时代已经悄然来到，未来的教育环境将更加智能化，教师开始从技术教育转向综合素质教育。教师应该清楚认识到社会发展趋势，及时改变自己原有的教学模式，善于运用新兴的技术，不断提升自己的综合素质及能力。中小学心理教师应在现代课堂上充分利用现代信息技术，借助多元的线上平台，让心理健康教育活动的开展更高效、更顺畅。同时，利用大数据构建学生心理健康数据反馈体系，让学生明白自己的问题，同时让教师、管理人员、家长协助学生进行改进。教师应利用大数据做出精准分析，准确定位学生的心理健康状态，并制定有针对性的解决方案，最终满足学生的个性化心理特征，促进学生健康成长，以积极、乐观的心理状态面对未来的学习和生活。

第二节 智能时代中小学心理教师的应对策略

人工智能、互联网、大数据作为近年来备受关注的新兴技术，为学校开展智能化、精细化教育提供了有力的支持。学校教育与智能时代技术相结合，既是技术发展的必然，也是顺应教育发展的趋势。随着教育现代化和人工智能技术的持续发展，全国各地的中小学正在积极建设"智慧校园"。部分中小学在学校心理健康教育领域率先使用了人工智能心理服务，通过先进的传感器技术、图像和语言识别、大数据分析等迅速找到学生心理需求并积极应对，解决了当前学校心理健康教育工作中存在的问题，成为智慧校园中心理健康教育建设的领跑者。中小学校走进人工智能时代的关键在于中小学心理教师要具备应对挑战的能力，而这点离不开学校的支持以及教师自身的努力。

一、学校应加大对教师的培训力度

首先，中小学校应组织开展基于人工智能时代中小学心理教师专业发展的培训活动，使得他们对人工智能时代应具有的知识、能力、态度有一个整体的认识，从而提高自身的积极性与主动性。其次，对于培训内容而言，应理论联系实际，既要加强理论学习，如教育教学知识、艺术观念、哲学思想等，又要注重教育实践。学校可以通过智能化的交流平台，对全国教育教学实践中出现的案例进行分析、归因、总结，也可以邀请全国名师进行解答，提升中小学心理教师的实践能力。再次，学校应定期开展专题讲座及研讨会，以提升中小学心理教师的专业能力。最后，学校应建立完善的评价体系，以检验中小学心理教师培训的成果。

此外，中小学心理教师培训应根据不同教师的情况及需求，选择适当的培训内容，真正做到个性化培训。大力提升教师的信息素养，贯彻落实《中共中央 国务院关于全面深化新时代教师队伍建设改革的意见》，推动教师主动适应人工智能等新技术，积极高效开展教育教学活动。启动"人工智能+教师队伍建设"行动，推动基于人工智能的教师治理、教师教育、教育教学的新路径，推动教师更新教育观念、重塑教学角色、提升核心素养、增强教学能力。实施新周期中小学教师信息技术应用能力的提升工程，以学校信息化教育教学改革发展引领教师信息技术应用能力提升培训，通过示范性培训项目带动各地因地制宜开展教师信息化全员培训，加强精准测评，提高培训实效性。

二、中小学教师应紧跟时代步伐

立足挑战，加强学习。一方面，心理教师要在人工智能所无法企及的领域培养自己的核心价值与能力，做到人工智能与人类智能协同发展，充分发挥两者的优势，提升教育合力；另一方面，心理教师要努力补齐自己的短板，使得自身能胜任智能时代的教育教学要求。智能时代中小学心理教师面临的知识、能力、态度的挑战，都对其提出了更高的要求。教师应努力优化自身的知识结构，做到"专家"与"杂家"并重；不断提高自身的技术运用能力、教育教学能力、反思能力、终身学习能力、创新能力等，促进自身发展与完善；提升关怀学生精神与心灵成长的意识与能力，并在此过程中注重中小学生能力的成长。在智能时代，教师不再是知识的唯一载体，学生可以随时随地获取教育资源，实现泛在学习。因而，中小学心理教师要转变观念和角色，从知识传授者向人工智能的使用者，学生学习的规划者、设计者、引导者转变，从而实现教育教学活动的高效、精准与个性。

第三节　智能时代有利于中小学心理教师发展的因素

一、师生对话空间扩大

在"互联网+教育"的理念下，心理健康教育的形式正在发生变化，心理教师可以通过在线教育平台，构建"翻转课堂"的心理健康教育模式，指导学生合理规划时间，提高学生学习心理学相关知识的积极性，充分发挥学生在心理健康教育中的主体作用，使他们主动参与活动。学生可以随时查找自己所需要的心理健康方面的知识，接受在线心理测试、心理辅导，及时释放和缓解不良情绪，使心理成长空间进一步扩大。这有助于构建民主型的主体关系，创建更加便利、灵活、平等的交流环境。

教师可以利用互联网建立各种交流平台，教师和学生、学生和学生可以在交流平台中分享学习心得，交流生活体验，倾诉心理困扰，这可以拉近师生之间的距离。教师可以利用大数据了解学生关注的心理问题，并及时给予有效的心理辅导。此外，教师还可以利用计算机与互联网开发具有多样性、创新性的心理健康教育方法，如情境教学法、角色模拟法等，提升心理健康教育的质量。

二、心理健康教育的形式和内容更加丰富多样

"互联网＋教育"的发展，促进了教学工具和教育模式的转变。传统课堂正逐渐向智慧课堂转变。"互联网＋教育"是以现代电子信息技术为依托，将线上网络教学与线下的课堂教学相结合，发挥网络的功能和资源优势，利用数字化技术传递教学内容，使学生能够更加便利、迅速地学习的教育模式。"互联网＋教育"理念下，心理健康教育具有以下四个特征：

第一，自由性。首先，教师或者学生可以随时随地通过互联网选择学习内容，展开学习。其次，教育的活动方式具有自由性，即不同的群体可以通过不同的教学方式接受教育。最后，碎片化的时间得以整合和利用，学生和教师可以最大限度地突破时间和空间限制，参加心理健康教育相关活动。因此，无论是心理健康教育的内容还是形式，较之传统模式，都具有高度的创新性。

第二，开放性。与传统教育模式不同，"互联网＋教育"理念的重点在于引导学生主动学习。网络教育作为一种不受时间和空间限制的开放式的教学模式，其教学课件可以反复观看，为学习者提供了可充分掌握心理健康知识的、开放的环境。

第三，匿名性。在一个虚拟的、互动的网络世界里，学生隐去真实姓名、性别、年龄、种族等信息，自愿交流学习体会，充分地表达心理困惑，倾诉自己的内心需求，还能摆脱现实生活中无法摆脱的矛盾与限制，与他人平等、自由地交流心理健康有关的知识和问题，通过网络与他人建立良好的情感桥梁，使网络成为学生心灵栖息的地方。

第四，针对性。由于心理健康教育具有特殊性，所以其教育手段和方法与其他学科有所不同。"互联网＋教育"理念下的心理健康教育模式能够针对每个个体进行差异化、多元化的教育教学。

三、学生与教师的关系更加平等

互联网的广泛应用在拓宽学生知识面的同时，还开阔了学生的视野，学生的自主意识变得更强，这就要求作为教学过程主导者的教师拓宽自身的知识面，提升自我的观察力以及运用有效的教学方法进行教学，这样才能保证学生和教师的互动朝着有利于学生学习、教师教学的方向发展。教师想要与学生建立融洽的师生关系，打好感情基础，需要了解学生的真实内心，在教学过程中要增强师生互动。教师可以学校为中心，将家庭与社会通过学校相联系，组成立体式、交叉式的心理健康教育模式，利用网络多组织一些情境体验式的教育活动，让学生通过

实践提高自己的心理健康水平，加强学校与家庭之间的双重联系，提高学生的社会支持水平与主观幸福感，进而提高其心理素质。

四、形成线上线下一体化的教育机制

线上的心理健康教育包括网上的心理辅导、心理咨询以及心理治疗等心理健康教育活动，学校可以在自己的网站设计有关心理健康的页面，如网络咨询等，使学生能够快速地解决心理困扰。学校还可以在网站上组织各种心理健康教育活动，加大活动宣传力度，使得学生自主自愿地参与自己感兴趣的心理健康教育活动。"互联网+"时代下，学校心理健康教育在充分利用网络资源的同时，还应结合现有的线下资源，如要将网上测试与线下筛查、干预、跟踪治疗相结合，形成一体化的教育机制。这样的教育机制能够减少学校心理健康教育由于时间与地点的限制而带来的不便。"互联网+心理健康教育"的有效结合，使网络成为教育者与受教育者的交流平台。在这个平台上，教育者与受教育者不用再由于双方的地理位置相距太远和时间上的冲突而感到不便，即便是远在千里之外，也可以通过网络平台进行交流和互动；双方也不用拘泥于固定的时间段，可以根据自己的时间安排交流；双方还可以选择自己想要的交流方式，想要同步交流就可以通过视频聊天，如果不想即时交流，可以发送邮件或在朋友圈留言等。文字聊天记录与留言板信息都可以被永久保留，学生可以随时进行翻看，并对自己的情况进行总结和分析，以便防微杜渐，避免再出现类似的情况。教育工作者可以通过这个方法进行案例的搜集，掌握大量的一手资料，这样能够对其专业水平的提高起到辅助作用。

五、出现虚拟现实（virtual reality，以下简称VR）技术

VR技术与心理治疗的结合给人们带来了全新的体验，同时，这一治疗方式也让人们更容易接受。VR虚拟现实设备所建立的虚拟世界为心理咨询师和来访者搭建了桥梁，让治疗可以更好地进行。VR心理治疗技术能够帮助来访者改变对生活的看法。当来访者佩戴VR虚拟现实设备后，心理咨询师将来访者带入由计算机模拟的使其产生心理困扰的情境之中。心理咨询师利用来访者在有关情境中的反馈得到解决方案，并利用各种技巧帮助来访者克服目前所面临的困难。相比于其他的治疗方法，来访者对VR心理治疗技术的接受度更高，因此VR技术在心理治疗方面也更容易应用于实际的咨询过程中。随着VR技术的广泛运用，VR技术也得到了完善，其在治疗焦虑症、恐惧症等方面都卓有成效。在使用VR虚拟现实设备进行同理心提升时，体验者需要从第三视角进行试验，可能会有年龄、身

份或者性别转变，这样可以体验不同的自我。焦虑症患者的主要症状有过分担心、紧张害怕等，因而学会自我调节和控制情绪较为重要。来访者戴上VR虚拟现实设备后，VR技术会通过相应的设备显示出一间安静整洁、光线柔和的房间，让来访者靠在沙发上，使其渐渐放松，再与虚拟人物进行对话交流，以缓解抒发自我情绪。除此之外，VR技术还结合沙盘疗法进行了创新，近年来慢慢地出现在人们的视野中，体验者可以在戴上VR虚拟现实设备后自行挑选沙盘道具，放在沙盘容器内，以此创造场景。VR技术与沙盘的结合，可以使体验者在放松状态下感受自己的内心，效果良好。

VR心理治疗技术具有逼真的体验感，这是它与其他治疗技术最大的不同之处，也是它的优势之一。VR心理治疗技术能够向体验者呈现与真实世界接近的场景和内容，能够引起体验者的强烈反应，场景可重复呈现，节省了许多的人力、物力，也可根据体验者的承受能力设定内容强度。诸多的优势使得VR技术在心理治疗领域的应用更加广泛，也引起了更多人的关注。

六、心理健康教育与现代信息技术相结合

互联网时代的大数据正在运用前所未有的方式改变着社会，改变着学生的认知体系，学生的学习、生活方式也在发生改变。对学生的基础信息和行为数据进行采集和分析，建立学生心理健康档案和数据库，引导学生保持健康心态，是现阶段心理健康教育中的重点问题。目前，互联网技术高速发展，网络社交媒体成为学生倾诉想法、宣泄情绪的重要平台，教师可以借助学生对网络的依赖，收集有关的心理危机信息，并为危机干预提供充足而珍贵的数据。基于现代信息技术手段，以学生为主体，通过大数据技术搭建青少年心理健康档案管理、心理健康教育及监控系统，并通过协同过滤算法推荐给合适的人群，帮助家长、教师正确教育学生，建立健康心理模型，并在健康管理系统中设置一定量的健康教育课程，助力青少年健康成长。建立网上学生心理健康监测数据资料室，重点围绕学生数据进行采集、录入和分析，以及影响学生心理健康成长的教师、家长数据进行采集、录入和分析，建立数据相关分析模型，构建基于信息技术的学校心理健康管理平台，搭建心理学健康教育模块（预防模块）。抓取用户行为和用户属性信息作为影响因子，利用协同过滤算法，为用户精准推荐与之相关的心理学或家庭教育相关的内容。针对不同年龄、不同类型的学生、家长、教师开设线上心理辅导、健康教育直播课堂、心理健康专题讲座、心理学活动等。

七、开发出网上心理健康自我诊断预警系统

使用 k-means 算法进行聚类分析，监测、甄别学生的心理健康状况，并实时加以预警；实时对家长、教师的心理健康状况、教学方式进行分析，对心理健康状况不佳、教学方法欠妥的家长、教师及时加以预警，实时通过网上预约等形式请心理健康导师进行干预，及时疏导。

利用移动智能应用程序等平台和相关的心理健康测评量表对学生的心理状态进行测评，通过对精准数据进行分析，全面了解学生的心理健康状态，为后续心理健康教育课堂的创新提供必要支持。

第四节 智能时代中小学心理教师应改善的方面

近年来，人工智能弥补了心理测评工具单一的缺陷，能够快速地为几百人同时进行多维生理和心理监测，全面、迅速地了解学生的心理状态，大大节省了时间及人力成本。利用人工智能进行心理咨询服务，学生可以不受时间、空间的限制随时随地进行交流，增强了易得感和时效性。但这并不代表人工智能可以替代心理教师的工作，心理教师仍然是学校心理健康教育工作中的主力，人工智能则作为辅助工具。

一、心理教师应做好用户的隐私保护

相关部门应出台相关法律保护数据、保护用户的隐私，确保人工智能教育应用的安全性。在人工智能教育应用中，开发人员、运营商会接触到用户所有的隐私数据，所以有关部门应当加强监督管理，保护用户的隐私。针对这一情况，国家层面应当出台《中华人民共和国数据安全法》以及《新一代人工智能伦理规范》，切实保障用户的隐私安全。在人工智能教育应用环境下，除了运用法律武器保障公民的数据安全，社会也要为公民树立正确的价值导向，提高公民的素质，培养有责任感、正义感的公民，使其不会为了个人的私利而做出违反法律和道德的事，从源头保护好用户的隐私。

二、心理教师应提高自身的专业素养

人工智能在教育中的应用推动了人机协同时代的到来，"人工智能教师＋人类教师"的双师模式将成为未来教育的新模式。2018 年 1 月发布的《中共中央 国务院关于全面深化新时代教师队伍建设改革的意见》明确提出："教师主动适应信息

化、人工智能等新技术变革，积极有效开展教育教学。"因此，在智能时代，教师只有紧跟时代变化，及时调整自己，提升专业素养，顺应时代发展，才能最大化地发挥人类教师的作用，不被时代所淘汰。

三、心理教师应及时转换角色

在智能时代，心理教师要及时转换自身角色，对工作内容做好适当的"加法"和"减法"。首先，教师应从大量重复的机械劳动中脱身，将认知领域的教学与评价工作转移给机器完成，这样既提高了工作效率，又减轻了工作负担；其次，教师可以将更多的时间用来研究更加复杂的教育工作，和学生进行情感交流，回归教育的初心，追寻人性的教育，培养具有核心素养、全面发展的学生，使其成为真正的人，而不是只会学习的"机器"。总而言之，教师在教育教学的过程中要重视对学生的情感教育，使学生形成正确的人生观、价值观和社会观，并且充分发挥心理教师独特的作用。

四、心理教师应把重心聚焦于"人"的教育上

人工智能能够比人类教师更快、更多地获取知识，在上课时可以完全或部分替代人类教师。但是，人工智能只能够传授给学生知识性的内容，情感、价值观的传递是人工智能难以达到的。所以，心理教师在教学过程中应当将教学重心聚焦在更复杂、更富于情感性、更富有创造性和艺术性、更具有互动性的"人"的教育上。心理教师应当注重教学内容的创新，注重学生的信息素养、数字素养、创新能力、发现问题能力以及问题解决能力的培养，引导学生形成正确的世界观、人生观、价值观，促进学生个性化发展。

五、心理教师应探索新的教学形式

人工智能教师参与教学是未来社会发展的必然趋势，教师将面临与人工智能协作共存的局面；与之相应，教学形式也会发生一定的变化，不再是教师主导的形式。并且当前的知识不再是过去知识的简单累积与叠加，更多的是全新的建构与迭代式更新。因此，未来的心理教师要善于探索新型的教学形式，不能过度依赖人工智能，要发挥人类教师的情感功能，适应智能时代的教育，实现"人工智能教师＋人类教师"的完美协同，共同完成教书育人的任务。

六、教师应利用数据进行及时反馈

传统的教学评价主要采用标准化纸笔测试，评价周期比较长，教师有可能错

过调整教学的最佳时期。在人工智能教育应用环境下，人工智能平台能够灵活地收集学生的学习动态并以数据的形式呈现。教师可以通过学生在学习过程中产生的数据进行评估，准确判断学生的实际情况，依据学生的个性特点以及课堂表现设置更加适合学生的学习方案，改善教学环节，不断为学生提供反馈，促进学生核心能力的发展。在人工智能教育应用环境下，网上的教育资源较为丰富，学生可以在网上搜索到想要了解的相关知识，教师能够讲给学生的部分知识被机器替代，这在一定程度上挑战了教师的学术权威。这就要求教师提升自我学术水平，以便应对新时代的挑战。

七、心理教师应具备数字化能力

数字化、信息化大爆炸的时代，数字化能力已经成为核心素养最核心的部分。对此，心理教师应该具备一定的信息意识，灵活运用数字化设备，将所获得的数据运用到教育教学过程之中；同时，心理教师还应熟练掌握学生常使用的数字资源、数字工具以及数字平台，进而了解学生的个性特点，将之与学生所要学习的内容与相关技术有效结合，开发出帮助学生自主学习的资源、软件与平台，并对学生的自主学习提供指导。

八、心理教师要实现各学科融合

人工智能的应用需要结合多门学科优势，因此在教育中要实现学科间的融合。仅靠某一门学科的培养是无法实现未来社会要求学生具备核心素养这一要求的，故人工智能教育应用环境下的心理教师应该扩大自身知识面以及更深度地理解相关知识，充分利用人工智能的优势，对各学科内容进行整合，设计出跨学科的教学方案，弱化学科间的界限，从而有利于促进学生关键能力的发展。

九、心理教师应提高专业素养和科研能力

在人工智能教育应用环境下，学科交叉融合成为必然形态，随之需要发生变革的就是教育目标、内容以及方法、策略等，学科研究员以及广大一线教师需要在其中发挥自己的最大作用。首先，教师要提高自身的专业素养，充分了解学科发展的前沿，掌握跨学科融合所需要的情境、技能，充分了解学生即将面临的挑战，从而在教学中实现内容与技术的有效结合、学科间的有效融合；其次，教师要提升科研能力，善于将学生的特点、内容特点以及技术有效结合，进而开发出有利于培养学生核心素养的资源、软件以及平台；最后，教师还要不断更新自己的知识库，坚持终身学习，实现可持续发展。

中小学心理健康服务的建设是长期存在并不断发展的话题，将人工智能心理服务和现有的心理健康教育咨询有机结合所形成的"智慧心理服务模式"是中小学心理健康教育工作的发展方向。作为一种前沿技术，人工智能的心理服务还有进步的空间，未来发展应进一步提升人工智能心理服务身心检测的精准度和全面性，获得更多的数据，并保证数据的说服性，针对心理服务资源相对薄弱的地区和学校创造更便捷的应用环境，以助力我国的中小学心理健康教育事业向着全员参与、多维度发展、高效应用迈进。

第十章 省培计划（2021）"五育并举·融合育人"中学骨干教师培训项目

中学生主要处在青春期，在心理上存在依赖和渴望独立的矛盾状态，在学校面临着学业压力和人际交往压力。当下部分学校出现了一些突发状况，如校园霸凌、学生抑郁自伤自杀等。此外，部分偏远学校存在大量的留守儿童，或者有留守经历的学生，部分学生心理表现不稳定，表现出学校适应困难、自卑、人际敏感等现象，这一系列情况都凸显了学校对于中学专兼职心理教师培训的必要性和合理性。本章主要讲述省培计划（2021）"五育并举·融合育人"中学骨干教师培训项目从申报、实施到总结的具体情况，希望能够给中学心理健康教育提供一些借鉴和思考。

第一节 申报准备

一、目标定位

（一）具体目标

（1）加强高中心理教师的职业道德修养，树立科学的高中心理健康教育观念。

（2）帮助高中心理教师了解高一到高三年级学生的心理发展特点，并能根据不同阶段选择不同的沟通策略。

（3）帮助高中心理教师做好心理建设，调节自己工作和生活中的压力，因为只有心理教师自己处于心理健康良好的状态下，他们才有能力去帮助学生调节压力。

（4）帮助高中心理教师从原生家庭的角度去理解和帮助高中生解决心理问题。

（5）帮助高中心理教师利用团体心理辅导和个体辅导来提升自己的专业工作水平。

（6）帮助高中心理教师能够设计大型心理活动方案，以此提升其所在单位的心理健康教育水平。

（7）帮助高中心理教师形成专业的职业规划，包括定期参加心理案例督导、组建心理成长小组等。

（二）定位

（1）帮助高中心理教师形成基本的心理素养，具备专业的工作视角和工作方法。

（2）帮助高中心理教师了解高中生的心理发展特点，以及对常见高中生心理问题进行诊断和辨别。

（3）帮助高中心理教师能够系统地在学校开展心理健康教育活动，并形成学校相关规章制度。

二、需求分析

笔者前期于2019年7月、2019年9月、2020年9月深入平塘县、金沙县、惠水县、平坝县、黎平县、榕江县、安顺市西秀区、织金县、平坝县、沿河县、正安县、仁怀市、A区等地的中学开展了需求调研。同时，我校与A区教育局开展了五年的《A区教育局与贵州师范学院德育安全网格化心理服务项目》《A区教育局与贵州师范学院525未成年人心理服务项目》合作，专门针对高中心理教师进行座谈、访谈，了解乡村中学心理教师的心理培训需求。

（一）培训对象基本情况分析

乡村高中心理教师是乡村心理健康教育的中坚力量，大部分高中心理教师具备良好的人格，有一定的心理服务意识。因为乡村学校财力有限，很多乡村学校的心理教师由文化课教师或者班主任兼任，他们没有应用心理学专业的相关学历，也没有考取国家心理咨询师相关证书，所以可能存在以下问题：第一，心理教师没有受过专业的系统训练，导致很多沟通效率不高，不能及时有效地理解和帮助学生；第二，心理教师缺乏鉴别常见高中生心理问题的系统知识，导致很多存在心理问题的学生的问题恶化，不能及时得到专业的干预；第三，心理教师缺乏开展心理活动的技能，导致很多学校没有心理健康教育活动，不能让学生全面地成长；第四，心理教师缺乏心理服务意识，把精力放在学生文化课的提升上；第五，心理教师没有明确的职业规划。因为在中学里心理教师不受重视，在评职称和个人待遇上处于劣势,所以很多心理教师没有专业的职业规划,甚至转岗成为一名文化主课教师。

(二)我省高中心理教师普遍关注的问题

(1)如何有效地与高中生进行专业沟通?笔者从调研中了解到,部分年长的教师可能固守着自己以前的沟通经验,容易与学生产生代沟。而部分年轻教师因为经验的缺乏,容易与学生产生冲突。而学生的性格差异性很大,这给心理教师带来比较大的挑战,所以他们希望能学习到实操性比较强的专业心理咨询技术,以此提升自己工作中的沟通效率。

(2)想了解高中生的心理发展特点。中学是一个慢慢从生活依赖走向心理半独立的过程,中间伴随着丰富而复杂的心理特点,这个特点又与家庭情况息息相关,很多高中心理教师想系统地了解这个阶段高中生的心理发展特点,从而让他们开展工作时得心应手。

(3)如何去帮助留守儿童?在乡村中学,存在大量的留守儿童,很多留守儿童的自我价值感偏低,社交回避,学习效率低下,怎样能够更精准地帮助他们,提升他们在学校的表现,是很多高中心理教师关注的一个重要的话题。

(4)怎么开展丰富又专业的心理活动?虽然乡村学校比较缺乏专业的心理教师,但是他们也渴望能够开展心理游戏、心理团队辅导、素质拓展、心理讲座、心理剧等心理活动,以此丰富他们的业余生活,提升他们的心理健康水平。

(5)学校心理健康教育体系的构建。一个学校的心理健康教育工作涉及很多方面,包括心理测量、心理咨询室建设、心理档案的建设、心理活动的安排、心理危机干预、督导系统的建立等,一个成熟的心理健康教育体系可以大大提升一个学校的心理安全程度,所以很多心理教师希望能够完善自己学校的心理健康教育体系。

(三)我省高中心理教师对培训内容的需求

高中心理教师感兴趣的培训内容往往与自身的工作有关,而中学的工作需求又随着政策和整个中学界的变化而变化。从2020年的调研来看,其培训内容发生了以下变化:第一,游戏治疗、叙事疗法、家庭治疗、人本主义已经成为热点的心理咨询培训内容。第二,从单纯的技能培训转向理念培训。许多新任教师已经意识到,方法和技能不能解决根本问题,只有理解和掌握了方法和策略背后的原理、理论,才能真正解决问题。第三,个性化的培训内容。现在市场上关于心理培训的内容有很多,但是高中心理教师更希望是针对他们学校校情的培训内容。

第四，部分中学心理教师希望能够学习一些心理学原理和技术，以此改善自己的压力状态和心理调适水平，因为他们在一线工作中会感受到很多的压力，及时有效地减缓自己的压力，有利于他们轻装上阵，提高自己的工作效率。第五，部分中学心理教师希望学习如何构建一个学校的心理健康教育体系，包括建设心理咨询室、心理量表的汇总、心理档案的管理、心理活动的安排等。

（四）我省高中心理教师对培训方式的要求

从乡村高中心理教师认为适合的培训方式来看，他们比较倾向于实践性较强的培训方式。就具体的培训方法而言，在理论培训方面，心理教师希望有更多的案例分析和经验交流、讨论环节；在实践培训层面，心理教师希望有任务驱动式的观摩活动，并能将理论和实践结合起来。在成果方面，心理教师希望在培训中学习到的心理教案、团体辅导方案、心理活动方案、高中生心理量表、心理咨询室的相关制度等能收集汇总，能够直接无缝对接地为他们所在学校服务。

（五）我省中学心理健康教育存在的问题审视

从调研来看，中学心理健康教育存在的问题主要体现在以下几个方面：第一，没有专业、系统的心理课程体系。因为部分学校没有心理健康评估的任务，所以其没有设立心理健康课程，没有心理咨询室，也没有525心理健康活动日，更谈不上心理健康教育体系的建立。第二，部分学校没有专业的心理师资。因为学校财力有限，无法给中学配备专业的心理教师，更多的是文化课教师或者班主任兼任，所以无法保证心理健康教育的质量。第三，"放羊式教育"成为乡村心理健康教育的突出问题，教师不作为、不敢为，教师对心理健康教育缺乏深入的理解。第四，部分中学存在大量的留守儿童，学校更多是关注他们的温饱问题，没有精力和意识去关注他们的心理感受。第五，部分中学缺乏针对心理健康教育的系统性培训，即便有，也是内容有限，效果不理想。

三、培训方式

（一）任务驱动贯穿培训始终

学员在培训过程中，根据每一个培训专题的内容，进行知识和能力的反思与总结，通过设置小组考察报告、心理健康教育工作改进计划、具体方案评比与分享三大任务，驱动学员学习，以此提高学员的学习积极性。

（二）以研修社区搭建学习交流的平台

培训之初，将学员按生源地组成若干个社区性的学习研修团队，团队需要完成一定量的团队合作学习任务，以此加强成员之间交流，形成学习共同体。

（三）专题讲座与高中心理健康教育实例紧密结合

要求所有的专题讲座与高中心理健康教育紧密结合，系统且有针对性地讲授心理健康教育知识，提高心理教师的问题解决和实践教学的能力。

（四）以"影子教师"的方式跟岗研修

在跟岗研修阶段，按照既定的研修目标和研修方案，让学员与基地学校的心理教师进行近距离接触，在真实的教学环境中，细致观察专家教师的心理健康教育工作，以深刻感受和领悟专家教师及基地学校的心理健康教育思想、理念、制度、方法等。

（五）不同培训内容与培训方式匹配

针对不同的培训内容，采取不同的培训方式。第一，案例研讨。针对培训内容重点、难点、热点等问题，以案例的形式展开讨论，反复互动与交流，从而形成对问题的科学认识，加深对知识的理解。第二，参与式培训。明确提出培训目标，让学员把以往的心理健康教育观念实践在当下的培训任务中。第三，线上培训与线下培训相结合。第四，现场观摩，通过邀请学员前往贵阳市部分中学听课，深入基地学校，跟岗研修，现场观摩。第五，项目学习。项目学习是一种以完成某一既定任务为指向的实践性学习方式。项目学习将理论学习、实践操作、技能训练整合进来，为完成某一具有综合性、实践性和操作性的学习任务，并最终形成一种特定形式的外显产品。因此，在实践中，学员在对前期学习反思的基础上，可利用培训现场获得的知识与方法解决问题。

四、专家团队

（1）贵州师范学院专门组建项目负责团队，全面负责专家团队建设与管理。

（2）我校已经建立应用心理学科研与培训专家库。本次培训的专家团队由核心专家与授课专家构成，核心专家由高校专家与实践一线专家构成，通过与授课专家和观摩基地负责人的深度沟通，负责整个培训项目的理论与实践的连贯性、课程的互补与实践性、学习任务的设计与追踪。从专家团队的来源来看，该团队成员涵盖不同领域和地域，构成多样化的研究生态，其人员由高校研究人员—教研员——一线心理教师—精神医学医师—社会心理咨询师构成，为中学专兼职心理教师心理素养的提升、科学研究、教师专业发展提供不同的视角。

（3）成立贵州师范学院应用心理学专业共研体，依托基地学校、名师工作室等平台，积极开展合作对话。表10-1是本次培训的专家团队的具体情况。

表10-1　专家团队具体情况

姓名	职务/职称	学科（领域）	专业	工作单位	研究专长	是否为一线教师或教研员
刘红	教授	心理学	应用心理学	贵州师范学院	心理健康教育	否
刘婧	教授	心理学	发展心理学	贵州师范学院	心理健康教育	是
李辉	教授	心理学	应用心理学	云南师范大学	心理咨询	是
符明弘	教授	心理学	发展心理学	云南师范大学	心理健康教育	是
Chong Sheau Tsuey	博导	心理学	应用心理学	马来西亚国民大学	心理咨询	否
袁章奎	教授	心理学	应用心理学	贵阳市第一中学	心理健康教育	是
罗凯	副教授	心理学	应用心理学	贵州师范学院	心理咨询	是
金欢欢	副教授	心理学	应用心理学	贵州师范学院	心理健康教育	是
骆婧	副教授	心理学	应用心理学	贵州师范学院	心理健康教育	是
张金勇	副教授	心理学	应用心理学	贵州师范学院	心理健康教育	是
倪磊	讲师	心理学	应用心理学	贵州师范学院	心理咨询	是
黄蓉	讲师	心理学	应用心理学	贵州师范学院	心理健康教育	是
杨宇鑫	讲师	心理学	应用心理学	贵州师范学院	心理咨询	是
唐辉一	讲师	心理学	应用心理学	贵州师范学院	心理健康教育	是
乔君堂	讲师	心理学	应用心理学	贵州师范学院	心理健康教育	是
张楚君	心理咨询师	心理学	心理健康教育	袁老师青少年心理护航工作站	心理健康教育	是
陶娟	中级教师	心理学	应用心理学	乌当中学	心理健康教育	是
吴燕	心理咨询师	心理学	应用心理学	云南心灵伙伴教育科技有限公司	心理咨询	是
陈美玲	中级教师	心理学	应用心理学	贵阳市第一中学	心理健康教育	是
曹薇	副教授	心理学	应用心理学	贵州省教育科学院	心理健康教育	是
赵雪	心理咨询师	心理学	应用心理学	贵州省第二人民医院	心理咨询	是

续表

姓　名	职务/职称	学科（领域）	专业	工作单位	研究专长	是否为一线教师或教研员
赵羚竹	讲师	心理学	发展心理学	贵州师范学院	心理教育	是
陈维	教授	心理学	基础心理学	贵州师范大学	心理测量	否
刘忠梅	副教授	心理学	应用心理学	黑龙江财经学院	心理咨询	是
周敏	心理咨询师	心理学	应用心理学	个人执业	心理咨询	是
朱琳琳	心理咨询师	心理学	应用心理学	个人执业	心理咨询	是

五、实践基地

我校在长期的教师培训项目实施过程中，创建了一批优质的教师培训实践基地，并与各基地学校签订了《合作共建基础教育教师培训、实习基地协议书》。实践基地主要有贵州省第二人民医院、贵州省心理危机干预中心、贵州医科大学心理科、金阳医院神经内科、贵州省实验中学、贵阳市第一中学、贵阳市第一实验中学、贵阳市第三实验中学、乌当中学、贵阳市 A 区第四中学、A 区教育局等。

这些基地学校建校历史悠久，建树颇丰，办校各具特色，在中学心理健康教育理论、团体辅导、游戏教学、活动设计等方面具有丰富的资源，在未成年人心理健康教育方面均有成功的经验。

这些基地学校都有一批教学经验丰富、富有改革创新精神的心理名师，在探索中学心理健康教育方面均具有成功的经验，能给予培训学员最大化的实践营养的补充。笔者根据观摩实践回来的学员反馈和自身的调查发现，这些学校在省内心理健康教育方面都能起到引领和示范的作用。

尤其难能可贵的是，这些中学的教师都积极热情地承担"国培""省培"学员的教学指导任务，在许多方面都乐意和笔者所在学校合作，而且在积极探索如何把培训与教学工作有机结合，推进中学心理健康教育教学和中学教师专业发展以及培训工作的共同进步。

基地医学单位是省一流的精神医学单位，具有较高的心理诊断和心理治疗水平，可以快速提高学员的心理疾病鉴别能力。

实践基地具体介绍如下（部分）：

（1）贵阳市第一中学，简称"贵阳一中"，位于贵州省贵阳市，是贵州省优秀科研学校、省一级学校、贵州省现代教育技术实验学校、国家级体育传统项目学校，是贵州省第一所省级一类示范性高中。

（2）贵阳市第一实验中学创建于2009年9月，位于贵阳市观山湖区（原金阳新区）世纪城金源街，占地70余亩，是贵阳市委、市政府、市教育局为满足金阳新区教育发展需求，按一流学校标准新建的环境优美、拥有各类多功能室、大型图书馆、体育馆等先进配套设施的公办学校。学校拥有一支师德高尚、业务精湛、结构合理、适应能力强的教师队伍。

（3）乌当中学始建于1956年，最初为乌当小学附设初中班，校址在现东风镇。1960年4月迁到现址。1994年率先在全省实行"四制"（校长负责制、教职工聘任制、岗位责任制、结构工资制）。1997年7月接收乌当二中高中部。2000年7月初高中剥离，初中部拨到新九中学，至此成为A区唯一的一所独立高中。2002年学校制定的"十五规划"正式提出要创办省级示范性普通高中，2003年被列为区政府当年的"十件实事"之一。2006年成功创建省级二类示范性普通高中，2008年顺利通过复评，实现了乌当中学跨越式的发展。学校认真贯彻执行党的教育方针，贯彻落实国家教育发展改革的精神，积极实施素质教育，为社会输送了大批合格人才。

（4）贵阳市A区第四中学（以下简称"乌当四中"）位于A区水田镇中街55号，环境幽雅，景致宜人，是A区莘莘学子求学问道的理想摇篮，是A区直属的公立完全中学，隶属于A区教育局，2021年8月创办，是由原A区水田初级中学、水田三江九年制学校初中部、新天学校高中部撤并重组的一所完全中学。学校占地面积约100亩，校舍建筑面积约为61 799平方米，有42个教学班，可容纳2 100名学生。目前学校建有初中教学实验楼、高中教学实验楼、综合教学楼、行政楼、食堂、体育馆、科技馆、初高中男女生宿舍楼、足球场、篮球场等配套设施。学校教育教学设施齐全，现有物理、化学、生物实验室，理、化、生仪器保管室，音乐室、美术室、舞蹈室、体育器材室、图书室、心理咨询室、微机室、多媒体教室、党员活动室。教学实验仪器按国家一类标准配备，42个教学班和各功能室配置了"班班通"设备，光纤宽带上网，实现校园网络化。学校师资队伍均由具有多年教学经验的教师构成，现有专职教师86人，其中高级职称13人，中级职称33人，学科教师齐备，教师学历合格率达到100%。学校秉承"为孩子的终身发展奠基"的办学理念，以"培养幸福、完美的人"为育人目标，力争五年内创办成贵州省特色示范高中，以实现优质均衡为愿景。强师强校强质量，努力提高办学效益，将以海纳百川的气度，振兴乡村的情怀，与时俱进，积极探索并形成学校独特和谐的教育教学管理模式，实现教育的终极价值——幸福。

（5）贵州省第二人民医院（遵义医学院第二附属医院、贵州省精神卫生中心）位于贵阳市新添大道南段318号（汪家湾旁），始建于1968年，是一所集医疗、教学、科研、预防保健为一体的三级精神卫生专业医院。

（6）A区教育局。自2014年以来，我校与A区教育局签订了实习等合作项目，特别是我校应用心理学专业与A区教育局陆续签订了《德育安全网格化心理服务项目》《A区525心理健康活动项目》。

六、跟踪指导

跟踪指导阶段的研修内容是指导教师对学员返岗实践阶段开展活动的反馈、指导和调整。要求学员回到原单位按照"研修任务书"的内容完成各项任务，在本单位举办一次专题汇报，将学到的新知识、技能应用在未来的教学工作中，发挥种子教师的带头、辐射作用。指导教师要及时反馈学员返岗工作情况，扩大"省培计划"项目的影响力和社会效益。这一阶段主要采取网络跟踪指导与实地跟踪指导的方式进行，对不具备网络条件的学员重点采取实地跟踪指导的方式进行。主要跟踪指导方式如下：

（一）建立培训回访制度和跟踪服务机制，通过网络平台加强专家与受训学员的沟通

学员在返岗实践中遇到的教学疑难问题可以通过网络平台（包括邮箱、博客、QQ群、微信群、网络论坛、Zoom、瞩目、腾讯会议等）获取指导教师以及同伴的及时指导和帮助。在学员返岗实践两个月后，实践基地要组织部分专家对受训学员进行回访，解决学员在实际教学中遇到的问题，提供专业支持服务。指导学员进一步提炼培训研修成果（如反思日志、成长分析、教例点评、示范课、自制教具等），为成果公开展示提供专业平台。

（二）协同当地教育局完成学员跟踪指导

我校将参训学员名单及学员返岗实践要求内容发给学员所在地的教育局，协同当地教育局及学员所在中学对学员进行跟踪指导，督导后续跟踪任务的实施。

（三）指导教师赴学员所在学校进行实地跟踪指导

对于不具备网络条件的学员，我校将组织指导教师到学员所在学校进行面对面指导，通过听课、访谈了解学员问题，并提出指导意见，同时聘请贵阳市优秀一线教师亲临上示范课，与学员进行教学交流。

七、资源建设和预期成果

本项目预期获得的培训成果如表 10-2 所示。

表10-2 本项目预期获得的培训成果

成果名称	形 式	应用价值
中学心理健康考察报告	文本	以跟岗学校为单位，全面收集跟岗学校心理健康教育、环境创设、课程建设、家园合作等信息，为中学改进提供资讯
525 心理活动方案设计	文本	学员设计的 525 心理活动方案可以用于自己所在学校每年开展的未成年人心理活动节，提升自己所在学校的心理健康教育水平
团体辅导方案设计	文本	学员针对中学生心理健康问题，设计团体辅导方案，以此高效地解决学生存在的心理问题
学校心理健康教育体系的构建	文本	根据每个学校特点，设计出每个学校的心理健康教育的规章制度，提升学校心理健康教育建设水平

经过多年的项目实施，相关人员已经积累了大量的资源。这些资源包括来自一线的实践案例、团体辅导方案、大型心理活动方案、专业心理测量量表和大量的网络心理资源。本项目的资源建设情况如表 10-3 所示。

表10-3 本项目的资源建设情况

拟使用的资源	拟开发的资源	拟提交的资源
1. 教育部、财政部"国培计划网"上的"示范性项目视频课程" 2. 中西部项目视频课程等应用心理学相关资源 3. 我校收集的国内外中学活动与教学的视频 4. 我校所有机房 5. 我校图书馆和教科院的专业图书馆 6. 我校与 A 区教育局关于五年心理服务项目生成的心理资源，包括心理教案、团队辅导方案、525 心理活动方案等	1. 专家授课时的录音、录像资源（拟 2 份以上） 2. 参训教师学习交流微信公众号 3. 中学心理健康教育考察模板 4. 中学生心理健康教材	1. 专家授课时的录音、录像资源（拟 2 份以上） 2. 参训教师的培训总结、个人档案袋等 3. 学员提交的团体辅导方案集 4. 中学心理健康教育考察报告 5. 中学心理健康教育活动改进成果集

第二节　具体实施

一、具体实施情况

（一）疫情防控，安全第一

其一，根据国内疫情的变动，此次培训推迟了两次。

其二，我校制定了严格的疫情防控方案，并且在 A 区疾控中心进行了报备，每天早晚测量体温，培训期间实行闭环管理，所有学员吃住全在学校，外出贵阳一中、乌当中学、乌当四中见习，全程统一出行。

其三，实行小班授课，每班不超过 50 人，分为两期进行。

其四，省外专家一律改为线上教学。

其五，培训期间，无任何疫情防控安全事故，为后续的相关培训积累了丰富的经验。

（二）领导重视，政策引领

本期培训得到了各级领导的高度重视，从课程设计到培训专家的选择，从培训的前期筹备到具体的实施过程都提出了宝贵建议，我校严格按照相关要求做好调研工作，科学设计实施方案。

（三）精心筹备，培训解读

学员报到时，人手一册培训手册，并由工作人员作讲解说明。培训手册包含了学习寄语、培训目标与任务、培训形式、培训文件、基本流程、培训纪律、培训要求、学习地点、作息时间、课程安排、学校示意图等重要事项。开班第一天，班主任第一时间作详细解读，让学员了解培训的相关任务，了解学习安排，使学员能够更为合理地做好统筹安排。

（四）培训创新，实效提高

我校注重集中学习与校本研修相结合、理论学习与考察实践相结合、专家引领与同伴互助相结合、专家讲座与参与式学习相结合、教育反思与教育研究相结合的任务驱动式培训方式。其主要内容如下：

1. 学习社区

学习社区是一个全新的概念，通过开展"团队展示""微讲座""乌当四中上公开心理课""乌当中学上公开心理课""去贵阳一中见习"等活动，营造温馨的学习环境。改变传统单一的培训模式，学员从自己关注的视角去寻找思想的碰撞，借鉴其他兄弟学校先进的心理健康教育模式，选择自己真正想要学习的东西。

2. 合作小组

合作小组是把参训学员分成若干小组，各小组推选小组负责人，给各小组制定学习任务，小组成员讨论、交流，共同完成学习任务的学习形式。合作小组可以在课堂上完成学习任务，也可以在课后完成学习任务。

3. 拓展训练

挑战自我、熔炼团队是拓展训练的主要目的。通过开展拓展训练，可增进学员之间的同窗之情，提高团队默契度，让学员变得更加自信和勇敢。

4. 团队比拼

培训期间的活动采用小组相互竞争、相互合作的形式进行，竞争机制的引入，使学员更有针对性地选择相应的学习任务，制订学习计划，完成计划并实现自我评估。设置基于网络的在线交流研讨等环节，通过任务驱动、团队比拼，调动学员的主动性，提高培训的针对性、实效性。

5. 案例演示

一直以来，心理健康教育培训都是重理论、轻实践，而在此次培训中，我校在课程安排环节引入了案例演示。通过案例演示环节，把案例演示与理论教学联系起来，让学员对理论、技术有了更深的理解。

6. 校本研修与后期指导

培训结束后，参训学员返校开展校本研修。学员根据学校实际情况，利用培训期间的收获进行实践，并提出修改意见。实践基地一方面可通过QQ、微信、腾讯会议等在线平台进行远程监督和指导；另一方面可组织专家团队，前往参训学校开展跟踪指导，进一步确保培训学习所得能够落地并有效实施。

7. 与本科生互学互助

一方面，邀请学员给本科生做微讲座，本科生也会给做微讲座的学员教师真实反馈；另一方面，邀请本科生参与到每个小组中来，一起讨论，合作完成各种作业。

8. 任务驱动

因为本次培训需要学员全程在学校，所以我校设计了多元作业，包括编写贵阳一中见习报告、给本科生做微讲座、乌当四中上公开课、乌当中学上公开课、编写结业报告、525心理活动设计等。之后，我校按照学员提供的作业统算总分，来评选优秀学员,从而提升学员完成作业的积极性。

9.线上与线下相结合

在此次培训当中,虽然省外和境外的教师无法在现场授课,但是我校邀请了他们在网络上授课,第一期和第二期所有的学员都可以在网络上听课。

(五)管理严格,要求规范

在班级管理中,我校选派具有敬业精神和较强管理能力的教师担任执行班主任,负责班级的日常管理。在培训中,实行严格的考勤制度,这样可以及时了解、及时控制学员的出勤率。同时,重视对课程的评价,每堂课后,对授课专家进行评价,确保授课专家的授课质量。严格的班级管理,不仅赢得了学员的好评,还为学员提供了良好的学习氛围。

(六)注重考察,培训反思

在培训过程中,我校重点突出两点做法:一是加强教育考察学习,率领学员分别前往乌当中学、贵阳一中、乌当四中进行教育考察。在考察中,我校让学员在轻松愉悦的交流中零距离与名校、名班主任接触,感悟管理经验。二是突出学员的培训反思。不管是平时的学习,还是教育考察活动,我校都要求学员对所学、所见进行教育反思,归纳学习之得,并以小组研讨与交流的形式进行总结与汇报。

(七)采用"反客为主"的自我管理模式,提升管理效能

打破以往单一的由培训机构设定专职管理人员和班委的管理模式,让学员在班主任和班委的指导下进行自我管理。学员走到前台,成为专题报告的主持人,走出教室,成为各项活动的组织者。这一做法不仅减少了培训机构人力、物力的非必要投入,还提高了管理效能。

二、项目课表

第一期和第二期培训都是在 2021 年实施的,以下是第一期和第二期培训的课程安排表(表 10-4 至表 10-7)。

表10-4　第一期培训课程安排表（一班）

时间		内容	主讲人	地点
11月14日		报到	班主任团队	实训大楼504
11月15日	8:30—9:30	开班典礼	班主任团队	
	9:30—10:30	参观校史馆+校园介绍	班主任团队	
	10:30—12:00	破冰团建+小组确定（本科生加入）+班级干部推选	班主任团队	
	14:30—17:30	团体治疗在高中心理健康教育中的应用	刘忠梅	
	19:00—21:00	高中生学习心理辅导	赵羚竹	
11月16日	8:30—12:00	高中生心理评估	陈维	
	14:30—17:30	艾瑞克森催眠礼物包装技术	倪磊	
	19:00—21:00	完成作业	指导团队（罗凯、姚晓峰、黄蓉、杨宇鑫、唐辉一、莫太极、陈泽婧、汤艳玲、王继、赵羚竹、刘婧、金欢欢、骆婧、张金勇、乔君堂、李强、倪磊）	
11月17日	8:30—12:00	心理老师的小确幸——高中心理健康课程准备与实施	陈美玲	逸夫楼514、515、516
	14:30—17:30	艾瑞克森催眠的善用取向	倪磊	
	19:00—21:00	本科生讲座	指导团队（罗凯、姚晓峰、黄蓉、杨宇鑫、唐辉一、莫太极、陈泽婧、汤艳玲、王继、赵羚竹、刘婧、金欢欢、骆婧、张金勇、乔君堂、李强、倪磊）	
11月18日	8:30—12:00	叙事治疗在高中心理健康教育中的应用	李辉	实训大楼504
	14:30—16:00	趣味心理测验	黄蓉	
	16:00—17:30	心理剧技术在咨询中的应用	张楚君	
	19:00—21:00	完成作业	指导团队（罗凯、姚晓峰、黄蓉、杨宇鑫、唐辉一、莫太极、陈泽婧、汤艳玲、王继、赵羚竹、刘婧、金欢欢、骆婧、张金勇、乔君堂、李强、倪磊）	

续表

时　间		内　容	主讲人	地　点
11月19日	8：30—11：30	贵阳一中见习	指导团队（罗凯、姚晓峰、黄蓉、杨宇鑫、唐辉一、莫太极、陈泽婧、汤艳玲、王继、赵羚竹、刘婧、金欢欢、骆婧、张金勇、乔君堂、李强、倪磊）	贵阳一中
	14：30—17：30	乌当四中试讲	指导团队（罗凯、姚晓峰、黄蓉、杨宇鑫、唐辉一、莫太极、陈泽婧、汤艳玲、王继、赵羚竹、刘婧、金欢欢、骆婧、张金勇、乔君堂、李强、倪磊）	乌当四中
	19：00—21：00	完成作业	指导团队（罗凯、姚晓峰、黄蓉、杨宇鑫、唐辉一、莫太极、陈泽婧、汤艳玲、王继、赵羚竹、刘婧、金欢欢、骆婧、张金勇、乔君堂、李强、倪磊）	实训大楼504
11月20日	8：30—12：00	中小学心理健康教育指导纲要	曹薇	
	14：30—17：30	校园心理健康教育工作分享	陶娟	
	19：00—21：00	完成作业	指导团队（罗凯、姚晓峰、黄蓉、杨宇鑫、唐辉一、莫太极、陈泽婧、汤艳玲、王继、赵羚竹、刘婧、金欢欢、骆婧、张金勇、乔君堂、李强、倪磊）	
11月21日	8：30—10：30	学员培训成果展示	班主任、学员代表	
	10：45—12：00	结业典礼	相关领导	
	下午	离校		

表10-5　第一期培训课程安排表（二班）

时间		内容	主讲人	地点
11月14日		报到	班主任团队	实训大楼505
11月15日	8：30—9：30	开班典礼	班主任团队	
	9：30—10：30	参观校史馆+校园介绍	班主任团队	
	10：30—12：00	破冰团建+小组确定（本科生加入）+班级干部推选	班主任团队	
	14：30—17：30	团体治疗在高中心理健康教育中的应用	刘忠梅	
	19：00—21：00	高中生性心理健康	刘婧	
11月16日	8：30—12：00	艾瑞克森催眠礼物包装技术	倪磊	
	14：30—17：30	高中生心理评估	陈维	
	19：00—21：00	完成作业	指导团队（罗凯、姚晓峰、黄蓉、杨宇鑫、唐辉一、莫太极、陈泽婧、汤艳玲、王继、赵羚竹、刘婧、金欢欢、骆婧、张金勇、乔君堂、李强、倪磊）	
11月17日	8：30—12：00	艾瑞克森催眠的善用取向	倪磊	
	14：30—17：30	心理老师的小确幸——高中心理健康课程准备与实施	陈美玲	
	19：00—21：00	完成作业	指导团队（罗凯、姚晓峰、黄蓉、杨宇鑫、唐辉一、莫太极、陈泽婧、汤艳玲、王继、赵羚竹、刘婧、金欢欢、骆婧、张金勇、乔君堂、李强、倪磊）	
11月18日	8：30—12：00	叙事治疗在高中心理健康教育中的应用	李辉	逸夫楼514、515、516
	14：30—16：00	心理剧技术在咨询中的应用	张楚君	
	16：00—17：30	趣味心理测验	黄蓉	
	19：00—21：00	本科生讲座	指导团队（罗凯、姚晓峰、黄蓉、杨宇鑫、唐辉一、莫太极、陈泽婧、汤艳玲、王继、赵羚竹、刘婧、金欢欢、骆婧、张金勇、乔君堂、李强、倪磊）	

续表

时　间		内　容	主讲人	地　点
11月19日	8：30—12：00	贵阳一中见习	指导团队（罗凯、姚晓峰、黄蓉、杨宇鑫、唐辉一、莫太极、陈泽婧、汤艳玲、王继、赵羚竹、刘婧、金欢欢、骆婧、张金勇、乔君堂、李强、倪磊）	贵阳一中
	14：30—17：30	乌当四中试讲	指导团队（罗凯、姚晓峰、黄蓉、杨宇鑫、唐辉一、莫太极、陈泽婧、汤艳玲、王继、赵羚竹、刘婧、金欢欢、骆婧、张金勇、乔君堂、李强、倪磊）	乌当四中
	19：00—21：00	完成作业	指导团队（罗凯、姚晓峰、黄蓉、杨宇鑫、唐辉一、莫太极、陈泽婧、汤艳玲、王继、赵羚竹、刘婧、金欢欢、骆婧、张金勇、乔君堂、李强、倪磊）	
11月20日	8：30—12：00	高中生心理问题筛查与干预	袁章奎	实训大楼505
	14：30—17：30	学校心理活动课的设计与实施	曹薇	
	19：00—21：00	完成作业	指导团队（罗凯、姚晓峰、黄蓉、杨宇鑫、唐辉一、莫太极、陈泽婧、汤艳玲、王继、赵羚竹、刘婧、金欢欢、骆婧、张金勇、乔君堂、李强、倪磊）	
11月21日	8：30—10：30	学员培训成果展示	班主任、学员代表	
	10：45—12：00	结业典礼	相关领导	
	下午	离校		

表10-6　第二期培训课程安排表（一班）

时间		内容	主讲人	地点
11月21日		报到	班主任团队	实训大楼504
11月22日	8:30—9:30	开班典礼	相关领导	
	9:30—10:30	参观校史馆+校园介绍	班主任团队	
	10:30—12:00	破冰团建+小组确定（本科生加入）+班级干部推选	班主任团队	
	14:30—17:30	艾瑞克森催眠礼物包装技术	倪磊	
	19:00—21:00	卡牌在学校心理健康教育工作中的应用（线上）	Dr.Chong Sheau Tusey	
11月23日	8:30—12:00	高中生性心理健康	刘婧	
	14:30—17:30	系统式家庭治疗在学校心理健康教育中的应用	赵雪、周敏	
	19:00—21:00	完成作业	指导团队（罗凯、姚晓峰、黄蓉、杨宇鑫、唐辉一、莫太极、陈泽婧、汤艳玲、王继、赵羚竹、刘婧、金欢欢、骆婧、张金勇、乔君堂、李强、倪磊）	
11月24日	8:30—12:00	叙事取向在学校心理健康教育工作中的应用（线上）	吴燕	
	14:30—17:30	心理咨询的资源取向	倪磊	
	19:00—21:00	给本科生做讲座（一班）	指导团队（罗凯、姚晓峰、黄蓉、杨宇鑫、唐辉一、莫太极、陈泽婧、汤艳玲、王继、赵羚竹、刘婧、金欢欢、骆婧、张金勇、乔君堂、李强、倪磊）	
11月25日	8:30—12:00	短程动力取向心理咨询技术——青少年人际关系心理咨询初探	朱琳琳	
	14:30—17:30	校园心理健康教育工作实践	陶娟	
	19:00—21:00	完成作业	指导团队（罗凯、姚晓峰、黄蓉、杨宇鑫、唐辉一、莫太极、陈泽婧、汤艳玲、王继、赵羚竹、刘婧、金欢欢、骆婧、张金勇、乔君堂、李强、倪磊）	

续表

时　间		内　容	主讲人	地　点
11月26日	8：30—12：00	贵阳一中见习	指导团队（罗凯、姚晓峰、黄蓉、杨宇鑫、唐辉一、莫太极、陈泽婧、汤艳玲、王继、赵羚竹、刘婧、金欢欢、骆婧、张金勇、乔君堂、李强、倪磊）	实训大楼504
	14：30—17：30	乌当中学试讲	指导团队（罗凯、姚晓峰、黄蓉、杨宇鑫、唐辉一、莫太极、陈泽婧、汤艳玲、王继、赵羚竹、刘婧、金欢欢、骆婧、张金勇、乔君堂、李强、倪磊）	
	19：00—21：00	完成作业	指导团队（罗凯、姚晓峰、黄蓉、杨宇鑫、唐辉一、莫太极、陈泽婧、汤艳玲、王继、赵羚竹、刘婧、金欢欢、骆婧、张金勇、乔君堂、李强）	
11月27日	8：30—12：00	艾瑞克森的善用取向	倪磊	
	14：30—16：10	心理剧技术在咨询中的应用	张楚君	
	16：10—17：40	高中常见心理量表介绍	黄蓉	
	19：00—21：00	系统式思维和技术在高中生心理健康教育工作中的应用（线上）	祝丹	
11月28日	8：30—10：30	学员培训成果展示	班主任、学员代表	
	10：45—12：00	结业典礼	相关领导	
	下午	离校		

表10-7　第二期培训课程安排表（二班）

时间		内容	主讲人	地点
11月21日		报到	班主任团队	
11月22日	8：30—9：30	开班典礼	相关领导	
	9：30—10：30	参观校史馆+校园介绍	班主任团队	
	10：30—12：00	破冰团建+小组确定（本科生加入）+班级干部推选	班主任团队	
	14：30—17：30	高中生性心理健康	刘婧	
	19：00—21：00	卡牌在学校心理健康教育、工作中的应用（线上）	Dr.Chong Sheau Tusey	
11月23日	8：30—12：00	系统式家庭治疗在学校心理健康教育中的应用	赵雪、周敏	
	14：30—17：30	艾瑞克森催眠礼物包装技术	倪磊	
	19：00—21：00	完成作业	指导团队（罗凯、姚晓峰、黄蓉、杨宇鑫、唐辉一、莫太极、陈泽婧、汤艳玲、王继、赵羚竹、刘婧、金欢欢、骆婧、张金勇、乔君堂、李强、倪磊）	实训大楼505
11月24日	8：30—12：00	叙事取向在学校心理健康、教育工作中的应用	吴燕	
	14：30—17：30	校园心理健康教育工作实践	陶娟	
	19：00—21：00	完成作业	指导团队（罗凯、姚晓峰、黄蓉、杨宇鑫、唐辉一、莫太极、陈泽婧、汤艳玲、王继、赵羚竹、刘婧、金欢欢、骆婧、张金勇、乔君堂、李强、倪磊）	
11月25日	8：30—12：00	心理咨询的资源取向	倪磊	
	14：30—17：30	短程动力取向心理咨询技术——青少年人际关系心理咨询初探	朱琳琳	
	19：00—21：00	给本科生做讲座（二班）	指导团队（罗凯、姚晓峰、黄蓉、杨宇鑫、唐辉一、莫太极、陈泽婧、汤艳玲、王继、赵羚竹、刘婧、金欢欢、骆婧、张金勇、乔君堂、李强、倪磊）	

续表

时间		内容	主讲人	地点
11月26日	8:30—12:00	贵阳一中见习	指导团队（罗凯、姚晓峰、黄蓉、杨宇鑫、唐辉一、莫太极、陈泽婧、汤艳玲、王继、赵羚竹、刘婧、金欢欢、骆婧、张金勇、乔君堂、李强、倪磊）	实训大楼505
	14:30—17:30	乌当中学试讲	指导团队（罗凯、姚晓峰、黄蓉、杨宇鑫、唐辉一、莫太极、陈泽婧、汤艳玲、王继、赵羚竹、刘婧、金欢欢、骆婧、张金勇、乔君堂、李强、倪磊）	
	19:00—21:00	完成作业	指导团队（罗凯、姚晓峰、黄蓉、杨宇鑫、唐辉一、莫太极、陈泽婧、汤艳玲、王继、赵羚竹、刘婧、金欢欢、骆婧、张金勇、乔君堂、李强）	
11月27日	8:30—10:10	高中常见心理量表介绍	黄蓉	
	10:20—12:00	心理剧技术在咨询中的应用	张楚君	
	14:30—17:30	艾瑞克森催眠的善用取向	倪磊	
	19:00—21:00	系统式思维和技术在高中生心理健康教育工作中的应用	祝丹	
11月28日	8:30—10:30	学员培训成果展示	班主任、学员代表	
	10:45—12:00	结业典礼	相关领导	
	下午	离校		

三、乌当四中公开课方案

以下是省培计划（2021）"五育并举，融合育人"高中心理健康骨干教师培训授课实践活动方案。

省培计划（2021）"五育并举，融合育人"高中心理健康骨干教师培训授课
实践活动方案

贵州师范学院于2021年11月21日至11月28日举行省培计划（2021）"五育并举，融合育人"高中心理健康骨干教师培训。为帮助高中心理教师树立先进的工作理念，提升其教学指导、教学研究和课程管理的能力，让心理课堂走进班级，辐射学生，贵阳师范学院希望我校能为参训的心理教师提供心理健康课授课实践，现特拟定此方案如下：

第十章 省培计划（2021）"五育并举·融合育人"中学骨干教师培训项目

1. 领导小组

组长：王炳国、肖文渊。

副组长：杨廷春、李明非、胡海鹏、王东辉。

成员：李娴、李新、吴发秉、肖绍航、范亮、董文旭、杨国文、夏智慧、陆江红、王东、赵贵红、杨媛、赵廷、饶兰兰、刘维、黄文荣、朱林、胡先海。

2. 活动主题

五育并举，融合育人。

3. 活动时间

2021年11月26日（周五）班会课（16：00—16：40）。

4. 活动对象

高一、高二、高三学生（共需要20个班）。

5. 活动内容及安排

（1）带队教师5名（贵阳师范学院培训管理者），参训教师100名（全省高中心理教师，分为20个组，每组5人）。

（2）每组推选1名教师进班授课，其余4名教师进行观摩。

（3）具体进班授课安排如表10-8所示。

表10-8 具体进班授课安排

组别	授课主题	授课班级
第1组到第4组	学会感恩、建立自信、积极心态	高一（3）班、高一（4）班、高一（7）班、高一（8）班
第5组到第12组	正确认识情绪、目标建立	高二（1）班、高二（11）班
	挫折教育、考试焦虑	高二（4）班、高二（6）班
	悦纳自我、青春期交往、幸福感、学习方法	高二（7）班、高二（9）班
		高二（13）班、高二（14）班
第13组到第20组	情绪减压、生涯目标	高三（1）班、高三（12）班
	考试焦虑、时间管理、激励自信、树立目标	高三（3）班、高三（5）班、高三（7）班、高三（10）班
	励志、职业（未来）规划	高三（14）班、高三（16）班

6. 活动说明

本次活动为培训项目之一，培训专家会指导授课教师备课，以确保教学质量（由于培训于11月21日开始，因此各个主题的授课教案只能在11月22日至11月25日提供给学校审核）。

7. 防疫要求

（1）根据培训组的要求，如近期前往过中高风险地区，则要求相关学员不参加培训。

（2）参训教师报到时，要求测量体温，出示"两码"，正常方可登记报到，并签订近14天内未出省及到过遵义市的承诺书。

（3）培训期间对所有参训教师实行封闭式管理。

8. 工作安排

（1）教务处：协调授课班级及出具课务通知。

（2）思教处：学生行为规范管理。

（3）总务处：协调B楼报告厅（作为参训教师课前休息用地）；为观摩教师提供塑料凳子，以便听课（80张左右）。

（4）保卫处：负责核对来访人员身份（贵阳师范学院组织参训教师统一乘坐旅行大巴前来）。

（5）学校心理辅导中心：对授课教案进行审核，协调及接待参训教师，引导各组授课教师进班。

如有未尽事项，请各处室及时指正调整。

贵阳市乌当中学思教处
2021年11月20日

第三节　学员反馈

在学习中进步，在积累中成长

——省培培训心得

安顺市第三高级中学　鲁开平

时光如白驹过隙，转眼间从贵州师范学院培训结束回来工作已经半年多了。在贵州师范学院培训的场景仍然历历在目，教师教授的理论和技术需要我们在工作中不断地实践和检验，需要不断地总结。

一、在学习中进步

（一）培训的理论

贵州师范学院教师的理论基础是深厚的，操作性也强。比如，倪磊老师不仅深谙催眠术，还善于从人际关系去发展心理学。我们在心理咨询过程中发现，学生产生的心理障碍大多与家庭关系、朋友关系有关联；我们在与学生沟通时，可以引导他们从人际关系方面打开缺口，从而达到溯源和共情的效果。杨宇鑫老师对抑郁症的见解也为我们进一步了解学生产生抑郁症的原因提供了指导。

（二）学员的课件

在学员的建议下，两个班公开课的课件由贵阳师范学院的领导和教师汇总在QQ群的文件里，供我们在工作中不断借鉴。这些课件涵盖了心理健康课常见的情绪管理、学习方法及习惯、时间管理、自我认识、应对挫折、集体意识、人际交往等方面，有利于我们改进教法，有很高的借鉴和实用价值。

贵阳师范学院培训的理论与学员丰富的授课经验给予了我很多指导，在遇到特殊问题时我也会咨询个别经验丰富的学员，使我在学习中不断进步，加强了经验和方法的积累。

二、在积累中成长

搞好常规工作是我们成长最好的途径。

（一）心理健康教育课堂

开展心理健康教育属于预防性干预的内容，主要基于心理学常识进行教授和宣传。在这类课堂上，学生互动较多。

（二）心理健康咨询服务

事实上，心理咨询不等于简单的聊天。教无定法，心理咨询也是因人而异。我们的角色不是心理医生，有时候孩子们只是需要一个可以倾诉的地方和可以倾听的人。我们在咨询过程中不要随便给学生"贴标签"，要遵守保密原则，工作要留痕。因为上级到校检查工作是要认真看这些实实在在的资料的，一旦有意外事故或事件，上头就可能追查我们平时的工作痕迹。

（三）心理危机的预防、识别和干预

学生心理危机既是我们工作中的重点，也是社会高度关注的焦点，很多学生意外事故或事件都会引起社会高度关注。学生心理危机既是我们工作中的重点，也是上级检查的重点。作为心理教师，我们应该高度重视心理危机，并且要把学生心理危机的预防、识别和干预作为资料建设和常规工作的重点。

（四）工作实践：探索与反思

2022年3月以来，安顺市西秀区心理健康教育工作坊的几个老师按照教育科技局的要求，陆续深入小学、初中、高中的毕业班，举办免费的心理讲座，提供免费的心理疏导服务。我们发现了一些新的现象，如在信息化和网络化的今天，心理危机已经低龄化，校园欺凌网络化，自残网约化，学生在小学阶段便已经出现抑郁、自残、自杀倾向。

虽然小学、初中的教师很关心学生的心理危机，但不知道如何去发现心理危机迹象，以及如何开展对心理危机的干预。以下是我在工作中做的一些总结，理了一些心理危机的预防思路，仅供参考：

1. 了解心理危机

心理危机可以指心理状态严重失调，心理矛盾激烈冲突难以解决，也可以指精神面临崩溃或精神失常，还可以指发生心理障碍。一般而言，危机（crisis）有两个含义：一是指突发事件，出乎人们意料发生的，如地震、水灾、空难、疾病暴发、恐怖袭击、战争等；二是指人所处的紧急状态。当个体遭遇重大问题或变化发生使个体感到难以解决、难以把握时，平衡就会打破，正常的生活受到干扰，内心的紧张不断积蓄，继而出现无所适从甚至思维和行为紊乱的现象，进入一种失衡状态，这就是危机状态。

危机意味着平衡状态的破坏，会引起混乱、不安。危机出现是因为个体意识到某一事件和情景超过了自己的应付能力，而不是个体经历的事件本身。

2.哪些学生容易有心理危机

由于学生人数较多，而师资相对短缺，所以我们在寻找心理危机时采取的是建立周台账和定期排查相结合的办法，找出心理危机高危人群，再针对这些人开展相应的干预工作。

在贵州师范学院培训的时候，老师曾经告诉我们，学生的心理问题大多源自原生家庭。在现实的管理中，学生家庭也是我们关注的重点。当我们排查学生家庭关系时会发现，贵州本地的学生，尤其是寄宿制学校的学生，很多原生家庭的现状让我们吃惊：随着学生父母外出务工人数的增多，留守的学生也随之增多；父母与孩子分离的时间过长，有些孩子几年都没见到父母了；近年来离异的家庭增多，导致产生心理障碍的孩子数量增加。

这类情况在我们走入初中和小学做公益性的心理咨询服务时经常碰到。结合工作实际，我发现容易产生心理危机（心理障碍）的学生主要有以下几种：

（1）家庭不完整的学生。家庭不完整的学生人数在来做心理咨询的总人数中所占比例最大。家庭不完整可以说是学生产生心理障碍的主要原因。其中，离异家庭对青春期的孩子的心理冲击是最大的。

（2）留守学生。从小学到高中甚至大学，留守的学生相对孤独。这类学生缺乏爱与关注，在上学期间与父母、同学、教师都缺乏沟通。来咨询的个别学生表示，他们遇到麻烦事都是尽量找最好的伙伴商量，有些事不想让父母知道。

我接下来给大家分享一个案例：

曾经有个住校的女学生想跳楼自杀，原因是她与父母已经有三年没有见面了，而且与父母联系的方式被掐断了。父母长年在外务工，给她买的一个手机又被学校的老师没收了。由于性格内向，该学生与寝室的室友几乎无任何沟通，手机被没收后，一时间想不通就有了轻生的念头，幸好被宿管人员及时制止。后来在我们的干预下，孩子的妈妈从外地回来，在学校附近租房子给孩子陪读，这个危机才算解决。亲情和爱的空白或缺失使得许多极端事件潜伏着，一旦发生，家长追悔莫及，对其他人也是一种深深的伤害。

（3）被欺凌虐待的学生。校园欺凌不只是肢体上的暴力欺凌，还包括人际关系上的孤立（冷暴力）。另外，我们在工作中还发现，欺凌蔓延到了网络上（如在网络平台上用语言谩骂他人）。贵州师范学院的倪磊老师对人际关系的研究给我们指引了工作方向，所以我们也会在工作中考虑人际关系方面的因素。

我接下来分享一个案例：

在某一次心理咨询过程中，有个女学生告诉我她不想当班干部了。在倾听她的理由后我才知道，由于现在学生的作业量多，部分学生经常完不成作业，有些学生便怪罪于她，让大家冷落她。其实，大家是希望她给老师建议减少点作业量，但由于该学生性格内向，不善于与同学和老师沟通，导致她产生不想当班干部的念头。

（4）缺乏爱与关注的学生。我在这里想强调一点，家庭完整的孩子也会缺乏爱与关注。原因可能是家长在家里长时间玩手机，对孩子的要求或询问不闻不问，这样对孩子来讲是很不好的。另外，部分父母对孩子青春期的变化不够重视，使得孩子感觉不到父母的爱与关注。由于缺乏父母的爱与关注，孩子可能会产生心理障碍。

我接下来分享一个案例：

有女学生来咨询时向我展示了她手臂上自残的痕迹。我吃惊地问她："你自残的情况爸爸妈妈知道吗？"她摇着头说："他们又不管我，在家里洗澡时我从浴室里把房门反锁，免得他们知道！"我听完顿时泪目，她比我的女儿大不了几岁啊！

（5）性格内向，对新环境不太适应的学生。个别性格内向的学生感觉高中学习方法与初中的不一样，很难适应，这可能会导致他们产生烦躁情绪。如果有些学生的性格或行为突然发生明显性变化，班主任、家长或教师应特别注意，并且及时提供帮助。

（6）经历重大的应激性事件的学生。车祸、同学晨跑猝死、同学跳楼自杀等应激性事件往往给学生带来长期心理上的创伤，导致学生失眠、焦虑和抑郁。应激性事件本身就是危机，在信息化和网络化的社会，此类信息传播速度快，弥散性强，会对学生心理产生一定影响。

（7）父母比较强势的学生。无论是溺爱孩子的家长还是比较强势的家长，都有可能导致孩子的习得性无助行为。

（8）依赖医生诊断、多次被"确诊"的学生。有些学生遭遇挫折后情绪不好，便找到医院的精神科进行测评，连续找几个医院测评后，哪怕是轻度的病症，也会强化有心理疾病的意识，不断导致心理障碍加重。实际上，面对学生患者的时候，医生与教师所占的角度是不同的，造成的结果也是不同的。

以上这几类学生是需要心理教师干预的"高危人群"。作为心理教师，要及时做好相应工作：及时报告领导，及时与家长、班主任沟通，同时整理好相关档案资料。

再次感谢贵州师范学院的领导和教师。以上只是我个人的一些工作感悟，不当之处请批评指正。

永恒的触动
岑巩县第一中学　张瑞杰

花开的瞬间很美丽，虽然终有凋零，但对心灵的触动却是永恒的。如果让我用一句话来形容"五育并举·融合育人"中学骨干教师培训，我会毫不犹豫地选择"刹那间的美丽，一瞬间的永恒"这句话。

虽然此次培训只有短短七天时间，但内容比较丰富，课程安排得满满当当，其中最触动我的当属倪磊老师讲的"艾瑞克森催眠礼物包装技术和善用取向"。艾瑞克森被誉为"现代催眠之父",是医疗催眠、家庭治疗及短期策略心理治疗的权威。倪磊老师所讲授的内容为我之后的工作打开了新思路。

培训回来以后,不管是在咨询还是在上课,我都会有意识地帮助学生发现自己的资源。在这个过程中,给许多学生带来了触动,同时我自己也收获了许多触动。

在某一次上课时,我特地设计了一个环节——发现自己的闪光点。在此环节中,每位学生都需在特定时间内在纸条上写出自己的三十个优点。虽然刚接到任务时学生都惊呼完不成,但当活动结束时,总是有学生跟我反馈"原来我有这么多优点啊"。之后,我在课堂上随机抽取一名学生,让其他学生轮流在黑板上写出这名学生的一个优点,被抽到的学生总是非常激动,要求跟这些优点合影,许多被抽到的学生跟我分享"原来自己这么优秀,原来在别人眼里自己这么好,自己感觉自信了许多"。

有一个班级本身课堂气氛很不好,班主任及其他科任老师对此都很头疼。我在他们班上课时,只要他们取得一点突破,我都会及时给予回应和鼓励,如有学生鼓起勇气举手分享自己的观点,我会分别针对他分享的内容及他的勇气鼓励他。久而久之,这个班的课堂气氛变得非常活跃,学生积极且配合,班主任对此很是激动,因为之前从来没有人夸过他们班。

感恩遇见,因为此次培训为我打开了新思路,我学习到了很多有用的知识;珍惜拥有,因为此次培训让我懂得了珍惜,学会善用取向,从我们已经拥有的东西中找到闪光点。此次培训的影响是深远的,我想说未来很长,只需静待花开。

做有温度的教育
——省培项目培训感悟
仁怀市第五中学 穆慧茹

我有幸参加了省培计划(2021)"五育并举·融合育人"中学骨干教师培训项目。时光飞逝,转眼间距离参加培训已过半年,课堂上的情形仿佛还历历在目。这次培训有欢笑、有收获、有成长,最重要的是认识到了更多志同道合的伙伴,培训中我们共同学习,结束培训后我们仍旧可以在实践中互相学习、交流,继续成长。

做教育需要坚守本心。将教育工作看作自己的使命,更能提升自己在工作中的幸福感。因此,在针对学校教师的心理培训中,需要不断强化思想认识。"问题不是问题,解决问题反而使一种现象成为问题,问题在解决过程中被固化下来,解决问题的人成为问题系统的一部分。"倪磊老师的课堂让我在体验中感受到,认知结构对个人情绪、性格等的影响巨大。因此,在针对教师群体睡眠质量提升的培训中,我引导教师改变对睡眠问题的认知,配合放松疗法、正念冥想等方式,改善教师的睡眠情况。在教育工作中,教育工作者的任务毋庸置疑是很重的,只有教师心理健康了，成为一个积极的人，才能言传身教，使学生在耳濡目染下成为更阳光的孩子。

做有温度的教育，首先应该是做温暖的教育。在教育过程中，教育工作者要用自己的耐心引导学生，用自己的爱心感化学生，用自己的恒心带动学生。爱学生就应该给予学生充分的尊重，尊重学生的兴趣、人格，学会接纳学生，利用鼓励引导学生发掘自身潜能；用恰当的批评引导学生自我反思，激发学生的学习动力。倪磊老师在课堂上用各种活动带动学员切身感悟，只有自己体验过才有发言权。其中，"写出自己身上的30个优点"这个活动让我印象深刻，给我启发很大。我在课堂上应用实践后，学生反馈"很少认真地鼓励自己""原来自己身上有这么多优点""感觉更自信了"，把学生的注意力从外在评价上转移到内在评价上。这个活动激发了学生的内驱力，使学生更自信了。

做有温度的教育，其次应该是做灵活的教育。因材施教的前提是要了解不同学生的性格特点、能力优势，然后针对不同学生制定相应的教育方案。教育要以人为本，以学生为本，追求学生全面发展。教师应该通过多样化的途径了解学生，给学生更多的话语权，给学生赋能。例如，教师可以通过开展学生社团活动、朋辈心理辅导等方式普及心理健康教育、渗透心理健康教育。教师可采用多种方式进行心理健康教育，如开展辩论赛活动、进行社会调研、进行案例分析等，这样可以将课堂主动权交给学生，让学生在活动中体验、在体验中感悟、在感悟中成长。

教育不是一个人的事，它需要家庭、学校、社会和学生共同参与。在这个过程中，心理健康教育起到了连接作用。我们需要不断地向各界学习，不断探索更多的家校社联合共育方式，开阔视野，为学校教育贡献力量，为学生的全面发展不懈努力！

资源取向——高中心理辅导新理念
清镇市第一中学 兰杰

在省培计划（2021）"五育并举•融合育人"中学骨干教师培训项目中，有两个课程让我印象深刻，一个是叙事，另一个是资源取向，这两者都有一个共性，那就是去帮助来访者发现故事中的积极力量，改写故事脚本，找到成长的资源。这也是我一直以来所相信的：正气内存，外邪不侵。只有不断去发掘自身内在的积极力量，才能去抵御外因对个体的侵袭。省培结束以后，我作为我校学生心理健康教育工作的主要负责人，根据这一理念策划、实施相关心理健康教育活动。这也是《中小学心理健康教育指导纲要》所倡导的教育目的：培养学生积极的心理品质。

在心理辅导方面，有许多理念和技术，每个心理辅导师都有自己擅长或坚信的。学校心理辅导教师与普通心理辅导师不同，其首先是教师，其次才是心理辅导师。心理辅导是心理资本耗损较大的专业技术性工作，学校的心理辅导是属于公益性的，如果是秉持精神分析取向，抑或是家庭治疗等较为长程的辅导理念，长此以往，势必造成心理辅导教师的心理资源枯竭。因此，教师身份决定了资源取向是比较适合运用在学校心理辅导中的，即用一种柔性的方法帮助来访者发掘自身力量，改变认知。

心理辅导教师秉持资源取向理念，就会不断从来访者身上去寻找积极的力量、看见希望、寻找方法，即使这个来访者心理状态看起来已经很糟糕了，这一信念也会让心理辅导教师降低自己的焦虑感——战略上轻视，战术上重视。我带着这一理念接待过有抑郁倾向或抑郁状态、社交回避、易焦虑的来访者，目前反馈下来都还不错。现举一例说明资源取向在学校心理辅导中的应用。

小王是男生，其初访时上高一，目前上高二，半走读，性格孤僻，喜欢一个人待着，不愿意参与集体活动，初访时回避性动作明显，长期戴着口罩，曾爬到楼顶一个人待着，有过住院治疗史。初次访谈时小王思维跳跃，防御心理强，心理辅导师很难抓住重点，没有方向感，海阔天空聊下来发现小王喜欢看幻想小说，有许多奇妙的幻想，他自述自己现在的状态就是国家在打仗，自己支持的那一方要输了，心理辅导师当时给来访者的任务是思考你要做什么，你支持的国家才能赢。第二次来访者的意象变成了有许多参天大树的森林，树根非常粗壮，树的旁边有许多的野花，野花的状态不是很好，自己想要拔光它们。针对这种情况，心理辅导师带着小王去看办公室门前种植的植物，边看边说，植物种植在不同的花盆中，不同的花盆中有相同的植物，也有不同的植物，花盆有大有小，泥土有多有少，有的植物长得茂盛，有的植物长得一般，想要种花，就需要找花盆、挖泥巴、撒种子、浇水、晒太阳，然后静待时光的洗礼，这一盆波斯菊是去年种的，今年才开花。第三次来访，咨访关系较好，心理辅导师发现小王的服从性较高，就安排其背英语小短文，每周还要反馈。第四次来访，心理辅导师和小王有了约定，不再固定辅导，但其想咨询问题时可以来心理咨询中心。至今，小王每天中午都到心理咨询中心喝杯水、看看书，和心理辅导师非正式聊一聊，辅导师时不时给其安排一个任务，目前情绪状态较稳定。

人人都拥有自我救赎的能力，只不过不知道这种能力会怎么出现，在什么时候出现。美国心理治疗师艾瑞克森曾经说过，生活本身会带给你痛苦，而你的责任是创造快乐。当低落、焦虑、压力成为底色的时候，我们才会珍惜身边所拥有的一切。因为人的注意力是有限的，紧盯问题只会让人看不到周围的美。我们要将这样一种生活态度传递给学生，让他们学会为自己的生命负责、生活负责。眼中有了光，才能发现光。问题永远不是问题，只是现象而已，如果将问题转变为资源，并将这个过程转化为自己的一种能力，那么所谓的心理问题就不再是问题，而是一种心理资源。

（文中举例为真实案例，有删减、修改、组合。）

省培学习感想

贵州省铜仁市玉屏民族中学 黄芳

2021年11月14日至21日，我在贵州师范学院参加了省培计划（2021）"五育并举·融合育人"中学骨干教师培训项目。我在此由衷地感谢上级领导对中小学心理教师的重视，感谢所在学校领导给予我这一次难能可贵的培训机会。在这为期一周的培训里，让我增长了见识，开阔了视野，同时引发了对于自己工作的思考。

虽然培训过去了半年，但在培训中刘忠梅老师带来的"团体治疗的疗效因子及团体组建"还是让我记忆犹新。心理健康教育不同于其他学科教学，我们要去做的东西是内在的，是人内心深处的。我们在工作时面对的对象，他们处于自我意识高度发展的时期，此时他们对于自己以后的人生有了更多的认识和思考，但也正因为如此，使得他们自身各种心理冲突和矛盾产生，当这些问题不能得到解决的时候，他们就有可能出现某些心理问题，就会影响他们在这个人生重要阶段的发展。而我们要做的是用我们的知识和智慧去引导学生学会解决这些问题的方法。我们可以团体辅导的形式开展一定的心理健康教育工作，团体辅导中由于成员的普同性，使得他们对于自身问题会找到一种"归属感"，从而降低自身的焦虑。通过团体辅导的方式，我们可以使参与成员在共同辅导中建立一种联结，从而收获社会支持，也使得心理问题产生的概率降低。因此我认为，可以团体辅导的方式在中小学开展心理健康教育工作。

只要有人的地方就有心理学。心理学犹如人们如影随形的朋友一样，已不仅仅是生活的调味，而是生活的必需品，它渗入了每个人的生活和工作中。这一次的学习是一段难以忘怀的人生体验，也让我更加懂得，无论是在学校里还是在工作中，我们都应该以极大的热情和学不止息的态度去追寻自己的理想之梦。现代社会，职业已不再是简单的个人维持生计、养家糊口的手段，而是个人寻求自我发展、自我实现的重要途径。不断去学习是我们毕生都应该去做的。

浅谈艾瑞克森催眠治疗在心理咨询中的应用

蔡灵艳

摘要： 本文先简单介绍艾瑞克森催眠治疗的理论，然后重点阐述善用取向和礼物包装技术，最后谈谈如何在心理咨询中运用艾瑞克森催眠治疗。

关键词： 艾瑞克森；催眠治疗；心理咨询

米尔顿·艾瑞克森被誉为"现代催眠之父"，是医疗催眠、家庭治疗及短期策略心理治疗的权威。他在催眠理论中强调，每个人都拥有资源，每个来访者都是自己生命中的主人，他们自己身上拥有足够的资源来获取幸福生活；催眠是自然产生的，追求催眠状态与受试者本人的常态过程同步；每个人都是独特的，这种独特性可以在不同层面被欣赏；强调与来访者合作，而不是纠正错误；注重帮助来访者理解自己的行为与症状，使其更清楚地认识自己，不一定要使他能够发生改变。对于艾瑞克森的催眠理论，笔者认为有点类似当下心理学界流行的积极心理学，强调通过挖掘与善用自身的优势和力量获取成长，达到对自我的认同和认识。积极心理学更加注重帮助人树立一种积极向上、乐观处事的态度，获得主观上的幸福感，所以又谓之幸福心理学。两者虽有共同点之处，但侧重点不同。

艾瑞克森催眠理论的核心是"善用取向"。其认为来访者是带着资源来到咨询室的，来访者身上有足够的资源被我们所善用，只是在现实生活中，来访者没有办法与自己身上的资源产生联系，所以艾瑞克森学派催眠师的主要任务是把来访者导入一种恍惚状态中，在这种恍惚状态中，来访者可以拓宽自己身上的资源，这样催眠师就更能善用来访者身上的资源，有效的治疗便在这种建设性的氛围里达成。在运用"善用取向"时，我们要清楚"善用取向"是对人的充分尊重和欣赏，是把人文关怀推向极致，提高人的自我认同感，它不认为人是有问题的。来访者的身上充满了改变自己的资源，只是他们还没找到很好的视角去善于利用和发挥其能量。作为咨询师，要引导来访者学会用自身的力量和资源去发现、成就更好的自己。说得简单些，就是让人学会依靠自己的力量去成为更好的自己。如果我们一味地采取规劝的手段，植入更多自己的人生哲学和价值观，来访者在往后的人生中依然没有前进的力量，依然会困惑。

除了"善用取向"，还有"礼物包装技术"理念：如果你有一个观点，不要直接说出来，把它用礼物包装起来。通过讲故事、听音乐、看电影、讲笑话等礼物包装，让这个简单的观点活灵活现。艾瑞克森学派强调对信息进行礼物包装，他们有句名言叫"永远不要直击要害"。我们在生活中可以看到，一些政治家、演讲家在表达一个信息时，往往不会直接表达，而是会利用讲故事、做表情等方式表达，因为这样的交流方式会直击人心。

接触到艾瑞克森催眠治疗，能让我们在心理健康教育工作上打开新视野和新视角。一是在给学生做个案心理辅导时，不会简单地定义为聊聊天、谈谈心，这与班主任和学生的谈心有很大区别。心理咨询过程中的谈话是有技术的，是规范的，每一句话都有大量的心理知识理论作为支撑，如倾听的技术、真诚的原则、质问、行为操纵、自我披露、隐喻、投射等。二是在运用"礼物包装技术"时，平时需要大量积累素材，做生活的有心人，多思考，最好能从自己的生活经验说起，这样会得心应手些。"礼物包装"的方式可以多种多样，如讲故事、写书信、节选电影片段等，总之就是选择你认为对来访者有触动和影响的形式。三是在心理咨询中，秉持"善用取向"理念。问题不是问题，问题就是来访者最好的资源。咨询师需要做的就是引导来访者合理善用自己的问题和症状，不把问题当成问题，而是将其当成自己身上独一无二的资源，提高自我认同感。例如，抑郁症患者可能对什么都提不起兴趣，自我评价很差，这时他前来求助，说明他有强烈想要改变的想法，这个时候咨询师可以给他布置任务，写出自己身上的一百个优点，也许他在写的过程中，就会慢慢回忆起过往的经历，认为自己并没有自己想象中那么差。

总之，艾瑞克森催眠治疗理念的运用对指导学校心理健康教育工作有很大的帮助，能让来访者意识到自己就是解决问题的最大资源，每个人都有积极向上和正能量的一面，每个人都有自己的闪光点和优势，从而在心理教师的辅助下，达到自我疗愈的目的。

第四节 总结反思

一、学员收获和承办方收获

（一）学员收获

1.提供了高中心理健康教育可借鉴的经验

其一，在此次培训中，我校邀请了贵州教育科学院的研究员曹薇老师、贵阳一中的袁章奎教授和陈美玲老师、乌当中学的陶娟老师介绍了高中心理健康教育的优秀范例；其二，我校在小组作业中邀请每个小组就自己学校的特色制定了525心理健康教育活动方案；其三，我校在培训期间去名校考察的内容都可以作为心理教师学习与借鉴的对象。

2.更新理念，开阔教育视野

高中心理教师在日常事务中缺少与同行之间的交流，也没有系统地去了解前沿的专业知识，需要观念更新和认知升级。本期培训开设课程打破了学员不变的知识体系，拓展了学员的认知边界，特别是在指导教师的指引下，更好地促进了他们的教育智慧的发展。

3.搭建平台，交流互动，共同促进

众人拾柴火焰高，学员可通过"团队展示"和"专业技能工具箱开发"共同完成培训任务、共同学习。通过班级集体学习和小组交流，学员在平等交流、合作研究、相互研讨中取长补短、互助互补、共同成长，提升了自身的专业能力。

（二）承办方收获

1.创新的体验式培训模式深受好评

在原有培训模式的基础上，我校进行了"虚实之间"培训模式的探索，既注重实效（功能），也注重形式（体验），加强指导、突出实务、讲求实效，又强调培训的习得方式，使培训课程与形式科学性与灵活性相统一，让学员快乐地学习。

在培训过程中激发学员的主动性，让培训不仅仅是一场培训，而是一次以小组为单位的"学习共同体"的比赛，在微课堂、团队展示、班主任工具箱等多样性培训模式中让参训学员反客为主，在基于网络平台的小组讨论中，让小组成员就典型的问题进行针对性讨论，最终形成小组成果并进行汇报。这些模块都是在多次培训的经验总结中提炼出来的，我校会根据培训对象、培训时间、培训内容设计出适合当期培训的模块。在学员的反馈下，经过培训者的打磨、推敲，让学员能充分体验我校为此设计的留白课程。这种体验式的培训受到了学员的一致好评，同时达到了我校制定的预期目标。

2.培训各环节质量严格把关

第一，在专题讲授上突出"精"。指导教师在调查研究的基础上，要精心选择那些符合学员"胃口"，能满足他们需求，既新颖又实用的教学内容，精讲教学内容，反复推敲、精益求精，并不断提高授课水平，增强课堂教学的效果和吸引力。第二，在经验交流上突出"活"。指导教师要积极引导，善于发动，注重点拨，做到内容设置上"活"、形式操作上"活"、时间安排上"活"，并创造民主、和谐、融洽的教学氛围，多给学员发表个人意见的机会，让其畅所欲言去评论、反驳、争论，从而在相互启发中增强他们对心理健康教育工作的悟性，专家还要适当指导，让学员的问题有效得以解决。第三，在观摩学习上突出"实"。指导教师要强调培训的实践性、实效性，有明确的培养目标，制定好方案。

二、存在问题

（一）在省培学员的可持续发展上，后续跟踪指导仍然乏力

培训是一个短期的项目，而学员的发展是一项长期的系统工程，需要长期开展行动研究，抓住省培项目的精神理念，继续给予学员后续长期的指导、帮扶，这样才能对他们及所在学校的全面发展具有深远意义。

（二）培训信息化程度不高

在整个培训中，我校采用线上线下相结合的培训理念和机制，这样既可以使培训双方（培训机构和参训学员）的信息对称和透明，有助于合理化、精细化、及时性、针对性开展培训，又能最大限度地提高培训质量，达到更好的培训效果。但是我校发现，部分学员对线上软件操作并不是很熟悉，这在一定程度上影响了他们的听课效果。

（三）部分专职心理教师没有前来

本次培训的对象是高中心理教师，需要在培训前给予足够的重视，从理论的遴选原则到实际培训的各个环节，地方教育局要架起沟通桥梁，如此才能保证参训学员具有充当二级培训者的资质和素养，真正实现培训的初衷。因为此次培训前后推迟两次，所以部分学校专职心理教师无法前来，而是改派其他学科教师前来，这在一定程度上造成资源没有充分利用。

三、学员问卷调查情况

本次调查问卷（《集中培训阶段培训效果调查问卷》）通过网络进行发放，共收到99份问卷，问卷发放对象是"省培计划（2021）'五育并举·融合育人'中学骨干教师培训项目"全体参训教师。

（一）基本信息

1. 男女比例

此次参加调查的培训学员中男性24人，占到参加人数的24.2%；女性培训学员75人，占参加人数的75.8%（图10-1）。

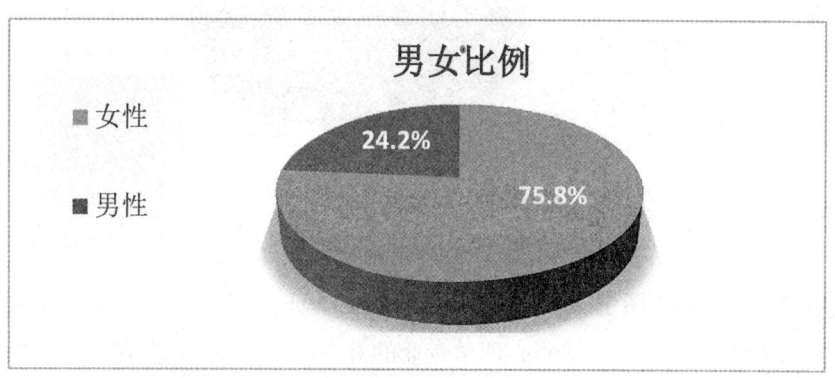

图10-1　男女比例

2. 年龄比例

从问卷调查结果可以看到，参训学员总体年龄结构较为年轻，21～30岁有30人，占问卷总填写人数的30.3%；31～40岁有53人，占问卷总填写人数的53.5%；41～50岁有16人，占问卷总填写人数的16.2%（图10-2）。

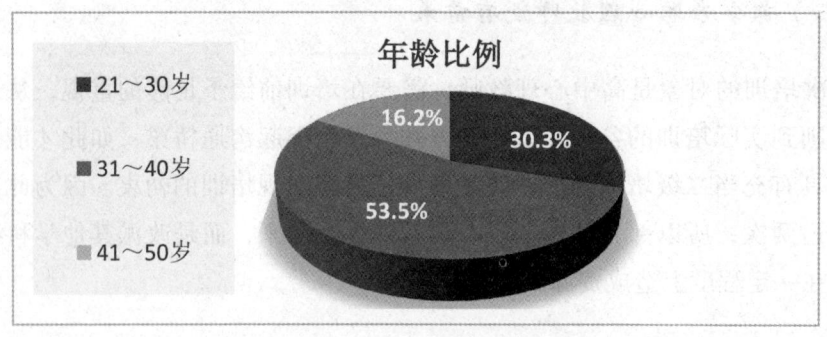

图 10-2　年龄比例

3. 在校教学年龄比例

根据问卷数据可以看出，参训学员在校教学年限都很久，在校教学 1～5 年有 28 人，占问卷总填写人数的 28.3%；在校教学 6～10 年有 36 人，占问卷总填写人数的 36.4%；在校教学 11～15 年有 13 人，占问卷总填写人数的 13.1%；在校教学超过 15 年有 22 人，占问卷总填写人数的 22.2%（图 10-3）。

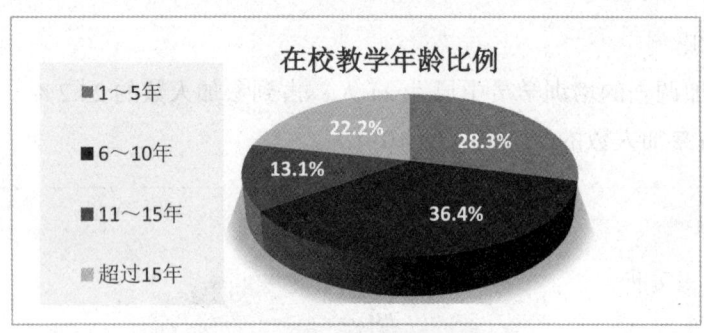

图 10-3　在校教学年龄比例

4. 专业比例

从所学专业比例（图 10-4）来看，培训学员中学心理学专业的居多，有 69 人，占问卷总填写人数的 69.7%；学非心理学专业的有 30 人，占问卷总填写人数的 30.3%。

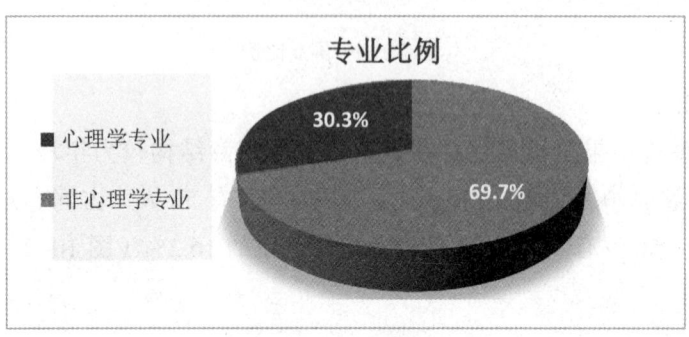

图 10-4　专业比例

（二）问卷总结

问卷主要涉及对培训总体的评价、对培训学习方面的评价、对培训生活方面的评价。

1. 培训学员对此次培训的总体评价

在培训学员对此次培训的总体评价（图10-5）中，非常满意的占57.58%；比较满意的占35.35%；一般的占3.03%；比较不满意的占1.01%；非常不满意的占3.03%。

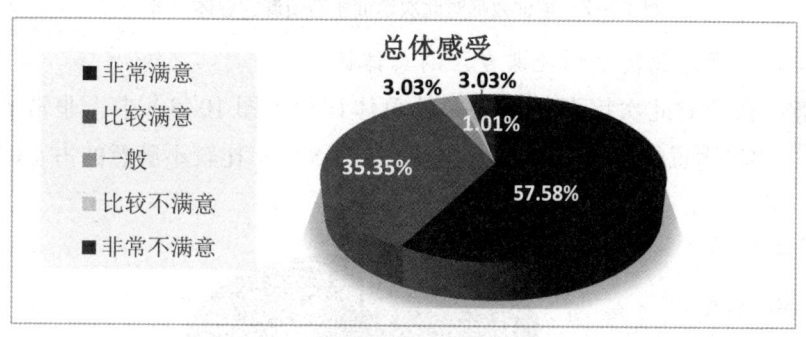

图 10-5　培训学员对此次培训的总体评价

2. 培训教师对此次培训课程安排的总体评价

在培训教师对此次培训课程安排的总体评价（图10-6）中，非常满意的占55.56%；比较满意的占37.37%；一般的占4.04%；比较不满意的占3.03%。

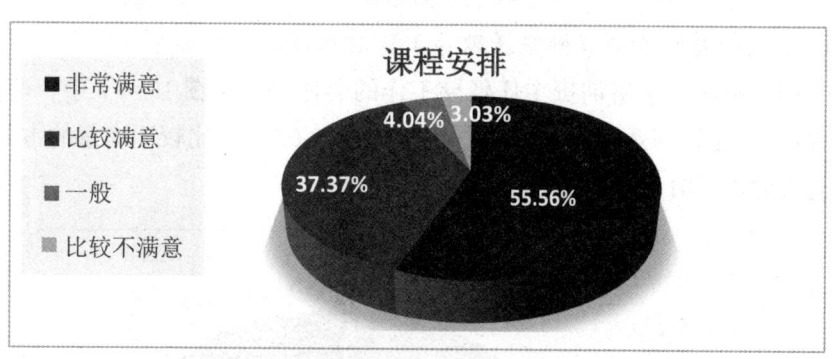

图 10-6　培训教师对此次培训课程安排的总体评价

3. 培训教师对此次培训学习资源的总体评价

在培训教师对此次培训学习资源的总体评价（图10-7）中，非常满意的占60.61%；比较满意的占29.29%；一般的占7.07%；比较不满意的占2.02%；非常不满意的占1.01%。

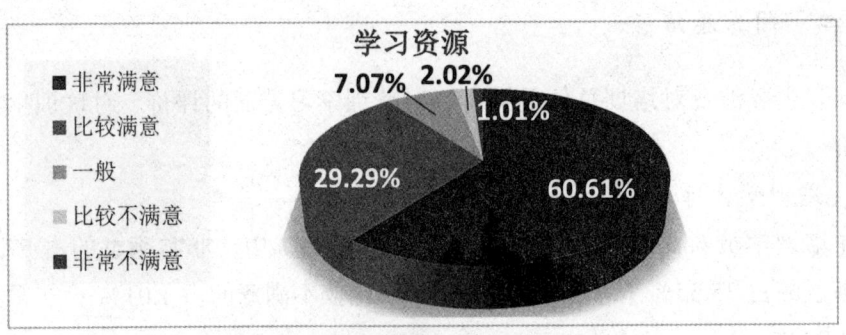

图 10-7　培训教师对此次培训学习资源的总体评价

4. 培训教师对此次培训任课专家的总体评价

在培训教师对此次培训任课专家的总体评价（图 10-8）中，非常满意的占 60.61%；比较满意的占 33.33%；一般的占 5.05%；比较不满意的占 1.01%。

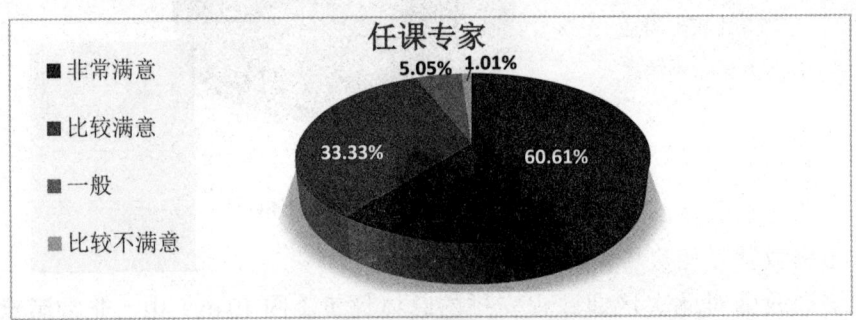

图 10-8　培训教师对此次培训任课专家的总体评价

5. 培训教师对此次培训班主任辅导工作的总体评价

在培训教师对此次培训班主任辅导工作的总体评价（图 10-9）中，非常满意的占 71.72%；比较满意的占 24.24%；一般的占 2.02%；比较不满意的占 1.01%；非常不满意的占 1.01%。

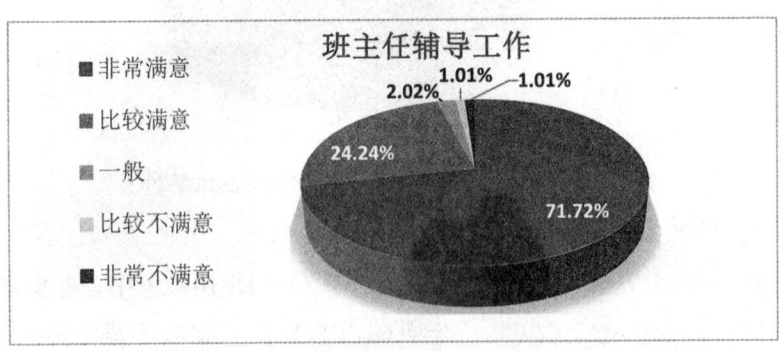

图 10-9　培训教师对此次培训班主任辅导工作的总体评价

6.培训教师对此次培训食宿安排的总体评价

在培训教师对此次培训食宿安排的总体评价（图10-10）中，非常满意的占 69.7%；比较满意的占 26.26%；一般的占 2.02%；比较不满意的占 1.01%；非常不满意的占 1.01%。

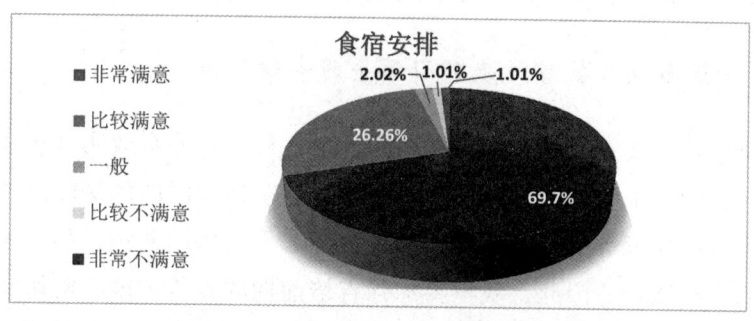

图 10-10 培训教师对此次培训食宿安排的总体评价

四、下一步工作思路

（一）开设更多有针对性、实效性的课程

为保障培训的实效性，有针对性地进行课程设计，我校充分考虑了几个方面的因素。第一，培训对象的差异性，如年龄差异、学校差异、地域差异（省、市、县、乡镇）、角色差异、需求差异。第二，课程设计的政策导向性，如省培计划关于教师培训的相关课程大纲要求，省教育厅相关政策精神的要求。第三，培训内容的需求性，如增加中学生职业生涯规划、中学生性心理健康、双减政策下学校心理健康走向等模块。

（二）强化与指导教师的配合

在小组合作学习中，一方面需要专业的、有经验的指导教师为学员答疑解惑，另一方面需要指导教师更多投入和奉献，奉献自己的智慧和经验，这样才能让学员获得更多的"干货"，从而提高培训实效。

（三）进一步科学合理地设置培训任务及其难度

指导教师在科学、客观地考虑培训时间、目标和学员实际的前提下，要对培训任务进行适当的"瘦身"，选择其中精华部分，剔除一些冗余、低效的内容，进一步突出培训的实效性。

（四）着力探索信息化培训的有效方式

信息化培训能够有效提升培训质量。只有着力探索一套行之有效的信息化培训机制，才能适应新的培训趋势和学员需求、体验，从根本上为全体学员带来质的发展和量的突破，才能在根本上对学员有具体的帮扶和学习提升的价值。

（五）加强与地方教育行政部门领导的密切联系

省培项目是一项关涉我省整体利益的教育工程，它的有效实施涉及一系列的系统工程，有学员来源保障、教学质量保障、专家指导团队的保障以及返岗实际教学效果跟进的保障等问题，因而需要各个环节要素协同共进，如此才能更好地达到省培的应有质量。因此，我校要加强省培前期的宣传力度，密切联系地方教育主管部门，做好与跟岗实践学校的联系工作，如此才能保证有学习需要的学员得到应有的培训指导，进而从根本上实现省培项目的教育理念，真正实现义务教育的可持续发展。

五、项目培训后调研

项目培训结束后，项目组前往瓮安二中、石阡民族中学、福泉中学、龙里中学、贵定中学，通过与他们的师生交流，得出以下信息：

其一，中小学心理教师需要临床实操的培训。在当下的贵州省心理教师培训中，很多项目涉及大量的理论知识和思想教育，但是缺乏实操技术的支持，很多心理教师开始对思想性的培训产生倦怠感，所以此次培训我校采用了大量的实操技术，如叙事疗法的外化技术、艾瑞克森催眠的善用取向和礼物包装技术等，比较契合高中心理教师的职业需求。

其二，中小学心理教师需要系统的专业培训。在现实工作中，笔者发现很多心理培训项目汇聚了各种心理流派的理论和技术，很多学员反馈，这些的确让他们开阔了视野，提升了自己的专业品味，但是他们在工作中却不知道从何下手，所以他们希望以后的培训能够对某种流派的某种技术进行进阶的系统培训，这样他们就可以把培训理论和技术应用在现实工作中来。

其三，中小学心理教师较少使用心理量表。在很多中小学校，特别是比较偏远的中小学校，没有太好的设备，再加上很多中小学心理教师不是专业的心理教师，所以心理教师不知道怎么使用心理量表。

其四，中小学心理教师面临的一个挑战是开展关于未成年人的性心理健康教育。很多教师反映，这一话题是一个比较敏感的话题，自己无从下手，甚至会忽视这个部分。此外，部分学校学生因为谈恋爱影响学业，在这种背景之下，心理教师急需开展科学系统的性心理健康教育。

其五，很多心理教师反映，礼物包装技术比较适合运用在中小学心理健康教育中。礼物包装技术是一个非常宽泛的技术，它强调对很多形式的包容，如故事、隐喻、练习等，礼物包装背后的哲学是，当心理教师向来访者呈现一个观点的时候，观点是冰冷的，但是经过礼物包装后，不再是一个冰冷的观点，而具有生命力。中小学生在现实生活中处于一种幻想与现实交替的境界中，在这样的背景之下，心理教师可通过隐喻的方式与他们沟通，这样往往能获得事半功倍的效果。所以很多省培学员反馈，当他们完成培训回到工作岗位时，发现这种技术可以提升学生参与的积极性，提升心理咨询的工作效率。

第十一章 中小学"六心一体"心理健康教育模式探究——以贵州省A区为例

中小学是人生中的重要阶段,是确立人生信仰、树立价值观的重要阶段。当前,政府相关部门、学校和家长越来越重视中小学生的成长和心理健康,同时,他们发现部分学校存在一些问题。

(1)缺乏系统的心理资源。其一,专业师资缺乏,部分中小学校心理教师由文化课教师兼任,学校心理健康教育工作缺乏系统性、专业性、持续性;其二,心理健康教育素材缺乏,部分学校缺乏系统的心理教案、心理教材、心理活动方案、心理测量量表等;其三,心理师资缺乏持续成长机制,即部分心理教师因为没有参加系统的专业培训,专业技能多年以来停滞不前。

(2)对心理健康教育工作的认同度低。其一,专职心理教师缺乏归属感,如部分中小学心理教师缺乏职称晋升空间,因而没有归属感;其二,学校对心理健康教育工作的重视程度较低,如部分学校很少投入时间和经费到心理健康教育工作上;其三,学生家长对心理健康教育存在认识偏差,部分中小学家长认为只有在学生心理出现问题时,才需要心理健康教育,其他时间应该投入到学习中。

(3)心理问题频发。其一,留守经历会带来心理成长隐患,部分有留守经历的未成年人表现出自卑、厌学、抑郁、焦虑、恐惧等心理问题;其二,学生心理危机突出,部分青少年在校期间表现出自残、自杀倾向,急需要专业心理危机干预;其三,教师表现出职业倦怠等心理问题;其四,亲子冲突频发,影响学生在校表现。

为了应对以上问题,本章从以下方面探索新的心理健康教育模式:

(1)中小学与高校应用心理学系签订合作协议,高校助力中小学构建心理健康教育模式。其一,合作双方进行供需洽谈,采集相关数据;第二,高校组建专业师生团队;其三,明确双方的权利与义务。

(2)构建"高校—政府—医院—中小学"联动的心理健康教育平台,建立贵州省一流综合性心理健康教育团队。其一，以高校为媒介，整合高校心理师资、医院心理科、社会一线优秀心理师资进入平台；其二，根据合作反馈，不断优化调整团队成员。

（3）探索出"六心一体"的中小学心理健康教育模式。

第一节 成果报告

一、问题的提出

随着教育理念的更新，中小学校、教师和家长越来越觉得中小学生的心理建设很重要，笔者对中小学生在成长中面临的一些问题有以下思考：

（1）提高中小学生的心理素养。笔者通过调查发现，良好的心理素养可以帮助学生更好地在考试中发挥自己的水平，在团体活动中更好地展示自我，更好地应对生活中的挫折。

（2）中小学生的心理问题。笔者通过调查发现，当下的中小学生存在一些心理问题：自卑、考试焦虑、性格叛逆、与父母关系不好、学校适应困难、人际关系不佳、患上抑郁症、出现自残行为、出现自杀轻生念头等。

（3）中小学教师的心理问题。笔者发现中小学教师存在一定的心理问题，如职业倦怠等。如果教师群体存在心理问题，会消耗他们的精力，不利于对学生的培养。

（4）师生沟通技巧的提升。笔者从中小学了解到，部分年长的教师可能会固守自己以前的沟通经验，容易与学生产生代沟。而部分年轻教师因为经验的缺乏，容易与学生产生冲突。而学生的性格差异性较大，这给教师带来比较大的挑战。

（5）问题家庭的成长。笔者通过观察发现，很多问题儿童都来自问题家庭。为了更好地帮助问题儿童，心理教师需要去干预他的家庭，完善家庭功能，以此提高自身的工作效率。

（6）心理危机的干预。在日常生活中，学生要面对学业压力、同学关系、师生关系、父母关系等，在此过程中，个别学生可能会出现厌学、轻生念头甚至自杀行为，这给其他学生、家庭、学校和社会带来很大的风险，心理教师要及时干预心理危机。

（7）完善中小学生获取心理援助的渠道。笔者通过调查发现，部分学校没有专职的心理咨询师，很多有心理问题的学生没有办法寻求专业的心理援助。

（8）中小学生心理健康教育体系的构建。

二、解决问题的过程与方法

（1）进行数据采集。其一，与某区教育局、中小学教师、家长和学生进行访谈；其二，向教师、家长、学生发放心理问卷；其三，借用云平台采集学生的心理数据。通过以上三种渠道采集相关心理数据，为后面开展针对性的心理服务提供依据。

（2）与某区教育局进行官方合作，签订德育安全网格化心理服务项目合同（见附录二）。在教育局的支持下，协助中小学开展心理建设。

（3）输送心理课堂。其一，由我校遴选优秀应用心理学专业学生前往中小学输送心理课堂；其二，为每一位送课学生建立小组，实行组内互助；其三，为每一位送课学生指派一名指导教师，全程协助其解决问题；其四，邀请校内外的心理专家为送课学生提供岗前培训，培训他们的教学技能和专业实操技能；其五，每次学生送课前，要求学生在小组和指导教师指导下试讲，进行磨课，提升送课品质。

（4）参与A区525未成年人心理健康日活动，普及心理知识。在我校筛选应用心理学专业的优秀学生进行岗前培训，担任心理志愿者。

（5）建立A区未成年人心理服务中心，开展心理咨询服务，服务对象是学生、家长、教师。这弥补了部分偏远学校没有专业心理咨询师的不足，让每一个学生出现心理问题时有求助渠道。

（6）建立A区未成年人心理服务公益热线，让中小学师生、家长能够更便捷地获取心理援助和心理支持。

（7）开展心理讲座。我校根据送课过程中提炼出的师生和家长的心理需求，有针对性地开展心理讲座。

（8）形成心理危机干预制度。其一，我校为各中小学校提供一名应用心理学专业的学生负责其心理安全建设；其二，我校为各中小学校的心理教师和班主任提供心理技能培训，提升其危机干预能力；其三，各中小学校遇到重大紧急心理危机时，我校会在第一时间委派专业教师前往支援，指导各中小学校心理教师干预心理危机；其四，我校心理专家帮助A区教育局鉴别有心理问题的儿童，防止安全事故的发生。

（9）生成心理资源。在前期开展心理服务的基础上，我校积累了大量的心理教案和团体辅导策划方案，免费与中小学班主任和心理教师分享。同时，我校也在编写面向中小学的心理教材，进一步有针对性地为青少年提供高品质的心理服务。

（10）帮助 A 区中小学校培养自己的心理师资。通过技能培训、专业研讨、资料分享等方式提升本土心理师资的专业素养。

三、成果的主要内容

（1）探索出了"六心一体"（图 11-1）的中小学心理健康教育模式。我校对应用心理学专业学生进行培训，让其前往 A 区各中小学校开展"六心一体"心理健康教育。"六心一体"的主要内容如下：其一，心理课堂。其二，心理活动。其三，心理讲座。我校会根据各个学校的特点、师生和家长的需求开展有针对性的心理讲座。其四，心理档案。我校会通过观察、访谈等方式为中小学生建立心理档案，特别是有心理隐患的儿童等。其五，心理干预，包括心理咨询、团体心理辅导、个体辅导等。其六，建立了心理微信公众号，普及心理常识和技巧，了解学生需求。

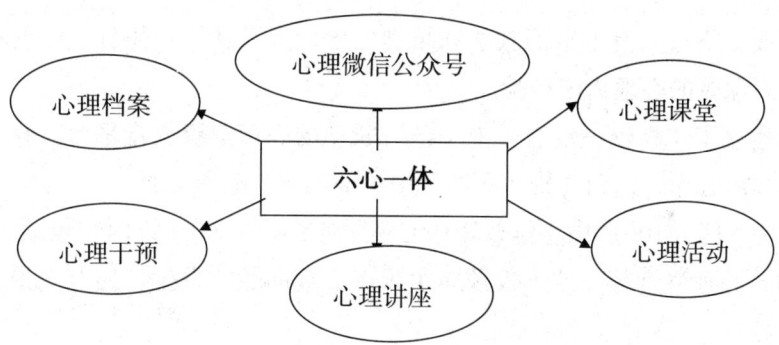

图 11-1 "六心一体"主要内容

"六心一体"是我校从六个方面构建的中小学心理健康教育体系，成为保障中小学生心理健康的六个有效渠道，也是预防学生出现心理问题的六道防线，具备系统性、互补性、统一性。

（2）建立了贵州省一流的心理健康教育团队（图 11-2）。

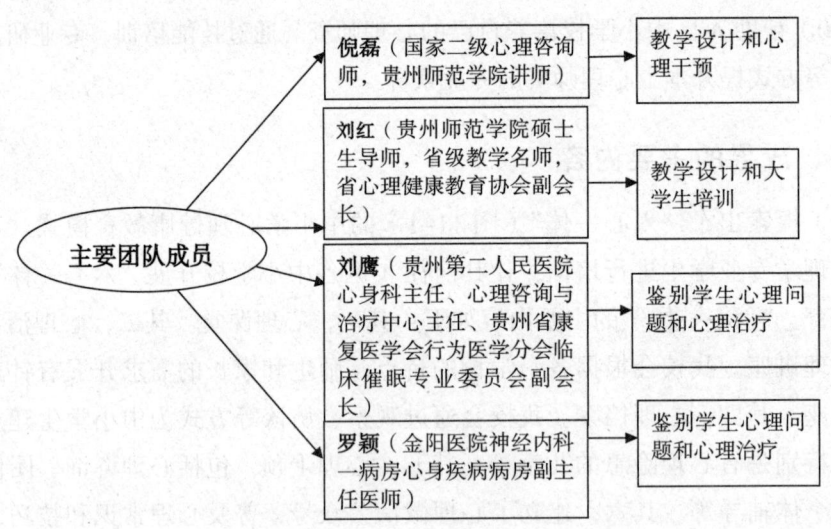

图 11-2 主要团队成员

团队成员不仅具有丰富的教学和培训经验，还吸纳了贵州省一流的精神医学资源，具有深厚的心理临床经验。

（3）建立了"高校—政府—中小学"联动的心理健康教育平台。我校通过与中小学和政府合作，达到高校、政府、中小学三方共赢的局面。

（4）为A区近100所中小学校输送心理服务将近6 000个课时，包括心理课堂、心理活动、心理咨询等。这不仅预防了很多心理问题的发生，还有效提升了学生的心理素养。

（5）给留守儿童带来了心理关怀。在A区偏远的中小学中，有大量的留守儿童。这些儿童在成长过程中缺失父母的关爱，表现出自卑、学校适应困难、社交恐惧、心理发展迟滞、行为习惯不良等问题，而当地教师因为工作量大、忙于提高学生成绩、非心理专业毕业等，没有办法提供心理关怀，而我校应用心理学专业的学生正好可以弥补这个缺陷，他们在这些学校开展了大量的心理活动，给这些留守儿童带来高品质的心理关怀，干预了大量的心理问题，让他们能够快乐、健康地成长。

（6）给特殊儿童带来了心理关怀。在社会上，有一群特殊儿童，他们具有智力低下、身体和感官有缺陷（视觉障碍、听觉障碍）、肢体残疾、行为异常、感官统合失调等问题。一直以来，A区在特殊教育方面的师资比较短缺。以启智学校为例，他们学校的教师工作量大，专任教师较少。在了解这个情况后，我校派出了应用心理学专业优秀学生前往学校输送心理课堂，协助当地教师开展心理服务，陪伴他们成长，赢得了广泛的赞誉。

（7）为A区各中小学校开展心理讲座三十余次，对象是学生、教师和家长，主题遍布教师、学生和家长感兴趣的心理问题，有效地解决了A区中小学师生及家长的心理问题，收到很多学生的感谢来信。

（8）树立家校共同体的教学观念。我校开展了大量面向家长的讲座、亲子活动、心理游戏等，形成家校共同体的教育理念，更好地为A区未成年人服务。

（9）参与了三届A区525未成年人心理健康日活动。每年5月25日是心理健康活动日，我校组织应用心理学专业的学生担任心理志愿者，面向未成年人开展心理活动、心理讲座、心理游戏、心理知识竞赛、心理教育等。2014年以来，我校分别在乌当二中、新天学校、民职中学、观山湖区小学开展活动，取得了广大家长和师生的好评，并受到媒体的高度夸赞。在每年的525未成年人心理健康日活动中，我校也在不断拓宽合作的形式和内容。

（10）与A区教育局签订了德育安全网格化心理服务项目合同。合同的主要内容是由A区教育局购买我校提供的心理服务，学生通过向A区中小学输送心理课堂、提供心理咨询服务等获取劳动报酬。这是首次在校学生提供心理服务而获得报酬，在全国也比较少见。从2014年试运行以来，我校一共服务了70多所学校。由于合作效果良好，现在正在洽谈新的合同。

（11）建立了A区未成年人心理服务中心。一直以来，A区部分偏远学校没有专职心理教师和心理咨询室，所以很多有心理援助需求的学生没有条件寻求到专业的心理服务。鉴于此，我校建立了A区未成年人心理服务中心，负责人是倪磊、罗凯老师，成员是应用心理学专业学生，为A区未成年人、教师和家长提供专业的心理服务。该中心成立以来，共计咨询百余次，有效干预了很多问题青少年和问题家庭，避免了很多悲剧的发生。

（12）建立了A区未成年人心理服务公益热线。该热线向A区中小学师生和家长提供免费的心理服务。我校通过建立公益热线，可以丰富A区中小学生寻求心理援助的渠道。

（13）建立了A区未成年人心理微信公众号。此微信公众号面向A区未成年人、家长和教师，向师生和家长普及心理学知识和常识，同时提供优质的教育理念。此外，我校会定时在微信群里开展讲座，解答师生和家长的疑惑。该微信公众号还有在线互动功能，可以及时解决学生的心理困惑。我校建立此微信公众号的初衷是把最新的移动互联网技术应用在对未成年人的心理服务中来，提高自身的工作效率，增加求助渠道。目前，我校正在进一步优化其功能。

（14）生成心理服务资源。在送课下校项目中，我校通过小组讨论、教师指导、下校实践等方式生成成册的心理教案、心理团辅方案、心理活动方案、心理个案集等，这些生成的心理服务资源既给大家提供了丰富的心理素材，也给当地教师提供了很多专业素材，以便他们开展心理建设。我校现在正在编写面向中小学的专用心理教材，以便更好、更系统地为 A 区未成年人服务。

（15）成功干预两起心理危机事件。其中一起发生在 2017 年 6 月，我校接到预警信息，在 A 区某个中学的某个班级，有很多学生有自残行为，并且有扩散趋势，所以我校紧急成立了干预小组，并制定有针对性的方案，对这个班级进行紧急心理危机干预，展开生命教育，取得不错的反响，让班级学生宣泄了心理压力，同时认识到了生命的意义，并且进一步获得了成长。活动结束后，未见安全事故发生，有效保障了学校的学生安全。

四、成果在实施前后的状况比较和分析

（一）实施前

（1）部分中小学校比较缺乏专业心理师资。在项目开展前和项目实施过程中，我校发现部分中小学，特别是偏远学校，因为资金不足，比较缺乏专业的心理师资。一些学校让班主任或者其他学科的教师来开展心理健康教育工作，这样会使教师负担过重，工作效率不是很高。在这些非心理专业毕业的教师中，有些是经过短期培训，有些没有经过培训，缺乏专业视角，所以在开展心理健康教育工作时会有一些不足。

（2）A 区部分中小学校缺乏完善的制度来护航学生的心理健康成长。在项目实施前，部分学校的教师不知道怎么去鉴别中小学生的常见心理问题，怎么去为每一个学生建立心理档案，当学生出现心理问题时怎么及时有效地去干预，当学生出现心理问题时怎么跟家长配合，当学校出现紧急心理危机事件时怎么应对，向谁寻求帮助等。同时，我校也看到个别学校学生的心理问题有时是教师给予过大的压力、教师不合理的沟通带来的。对此，我校完善了相关制度。

（3）有大量的留守儿童缺乏专业的心理关怀。留守儿童在成长过程中缺乏专业的心理关怀，容易出现孤僻、胆小、回避社交、自卑、攻击性强、戒备心强、易产生敌意、拒绝参加集体活动、生活习惯不好、易受社会不良青年影响等问题。我校通过司法部门分享的数据发现，很多违法犯罪的犯人在成长过程中有一段留守经历，他们没有建立良好的依恋关系，没有人帮助他们形成良好的行为习惯，这会给他们的成长带来缺陷。从这些方面而言，大量留守儿童的存在给学校教师带来了很重的工作负担，而学校因为专业师资不够，加上忙于学生学业成绩的提高，所以没有更多精力给留守儿童提供心理关怀。

（4）部分学校在日常教学中没有心理健康课，没有心理活动。在项目实施前，我校了解到，部分学校在安排课程时只安排文化课，而不安排心理健康课。究其原因，体现在两个方面：一方面，这些学校没有专业的心理师资；另一方面，这些学校对学生心理健康教育不够重视。

（5）在 A 区未见系统地针对家长的心理培训。我校通过多年的工作经验发现，问题儿童背后的家长也存在一定问题，或者说一个问题儿童的背后可能有一个问题家庭。而在 A 区中小学未见系统地对家长群体普及心理知识，开展心理健康教育，这样会间接影响未成年人的健康成长。

（6）在 A 区未见系统地针对教师的心理培训。在中小学，教师由于工作压力很大，职业倦怠感比较强，长期下来会形成比较大的心理耗损。此外，在中小学，未见学校有意识地针对教师群体开展系统的心理培训。而教师群体在长期心理耗损的情况下，不利于开展教学工作，从而影响学生健康成长。

（二）实施后

（1）我校协助 A 区各中小学校组建心理师资。在实践过程中，我校派遣了应用心理学专业的学生去往 A 区各中小学校输送心理课堂，其中每一位学生负责一个学校的心理健康课和心理活动。这样相当于给每一个中小学配备了一名心理教师，这些大学生在对点学校输送心理课堂的同时，开展了心理活动，建立了学生心理档案。同时，在实践过程中，我校不断对各中小学校开展心理健康教育的教师进行培训，培训他们鉴别常见中小学心理问题、提升师生沟通效果、开展心理活动等。在这些系统的培训下，帮助这些学校的心理教师成长起来，负责本校的心理健康教育。我校不仅授人以鱼，还授人以渔。

（2）建立完善的心理健康教育制度。项目实施以来，我校做了以下措施来完善相关制度，确保学生心理健康。其一，由我校应用心理学专业的学生负责每一所学校的心理健康教育工作，如开展心理活动，开展心理健康教育。其二，我校为每一位有严重心理问题的学生建立心理档案，并且随时跟踪他们的心理动态。其三，我校在每年 5 月 25 日开展大型心理健康日活动，普及心理健康常识。其四，我校形成心理危机干预机制。我校在教育科学学院设立 A 区未成年人心理服务中心。一方面，该中心会为每一位有心理问题的学生提供专业的心理咨询服务；另一方面，该中心与贵州省第二人民医院的心理治疗中心保持密切的联系，确保 A 区每一位青少年在出现紧急心理危机的情况下，及时得到心理干预和治疗。其五，我校定期帮助 A 区各中小学校筛查有心理问题的学生，确保学校安全。其六，我校定期做数据筛查，了解学生心理健康动态，确保他们心理安全。

（3）给予留守儿童高品质的心理关怀。在项目实施过程中，我校针对留守儿童这个群体开展了大量系统的心理活动，主题有人际关系、接纳自我、自信训练、考试焦虑、亲子关系、师生沟通等。我校一方面提供了专业的心理关怀，让他们感受到人间温暖，代偿父母的缺失；另一方面提升了他们的心理素质，让留守儿童也能健康成长。在干预的过程中，我校的确能看到这些学生的变化和成长，他们变得乐观开朗，积极参加集体活动。从这些留守儿童的主观反馈来看，他们的生活满意度有了很大的提升，他们的人际关系有了很大的改善。我校还收到教师的反馈，这些学生的学习成绩有了很大提高，生活习惯也有了很大改善。他们的成长是全方位而系统的，这说明我校的干预是有效的。

（4）让心理课堂成为中小学校课程体系的重要组成部分。"六心一体"模式实施以来，很多学校都开设了心理健康课程，并且把定期上心理健康课当成了很自然的事情，这也标志着"六心一体"模式的实施引起了各中小学校对心理健康教育的重视。

（5）在A区实践三年以来，A区各中小学校未见心理危机悲剧发生。在这个过程中，产生过一些心理危机事件，如某中学有团体自残事件。对此，我校在第一时间进行紧急处理，避免了悲剧的发生。

（6）向广大家长普及了心理知识。每一个孩子背后都是一个家庭。要想让一颗种子健康成长，人们需要将这颗种子种在肥沃的土壤中。所以，我校在心理健康教育实践中，一直秉承着同时对未成年人和家长开展心理健康教育的理念，我校对A区家长开展了大量的讲座，邀请家长参与到心理活动中来，普及心理学常识，提倡营造和谐融洽的家庭氛围，从而间接地为每一个未成年人创造健康成长的环境。

（7）向学校和教师宣传心理学常识，提升教师的心理素养。我校在送课下校实践过程中，向中小学教师宣传心理学常识和心理学技能。一直以来，中小学教师承受着巨大的压力，情绪易波动，我校专门有针对教师的心理培训，改善他们的心理健康状态，提升他们的工作效率和心理技能，从而间接地帮助未成年人健康成长。我校为很多有心理需求的教师提供了专业服务，解答了很多问题，并收到很多家长的感谢来件。

（三）原因分析

我校在现实中看到了"六心一体"教育模式实施前后的变化，这些成果的形成得益于以下原因：

（1）我校有优秀的心理师资团队。

主要心理师资团队人员介绍：

倪磊：毕业于云南师范大学应用心理学专业，硕士，国家二级心理咨询师，讲师，应用心理学系主任，贵州省康复医学会行为医学分会临床催眠专业委员会专业委员，中国艾瑞克森研究院会员，同时取得中、德、美三国认证的催眠证书。任职于贵州师范学院教育科学学院以来，倪磊老师获得了校教学技能比赛文科组三等奖、校优秀教师、优秀实习指导教师等奖项和称号，并负责A区未成年人心理服务中心，有丰富的临床经验。

刘红：教育学硕士，心理学教授，贵州师范学院教育科学学院院长，贵州师范学院硕士生导师，省级教学名师，省心理健康教育协会副会长，贵州省基础教育培训专家委员会委员。

刘鹰：副主任医师，国家二级心理咨询师，毕业于贵阳医学院临床医学系，现任贵州第二人民医院心身科主任，心理咨询与治疗中心主任，贵州省康复医学会行为医学分会临床催眠专业委员会副会长。其擅长各类精神疾病的诊治，特别是通过药物配合心理治疗对各类难治性焦虑症、抑郁症、强迫症、躯体化障碍及神经性厌食等疾病的临床治愈有较深的研究，并对青少年各类心理、情绪成长问题以及婚姻家庭问题的心理治疗有独到之处。

罗凯：贵州师范学院教育科学学院教师，副教授，贵州教育与发展中心兼职研究员，中国心理学会会员，少儿心理咨询师，沙盘游戏师，意象对话技术、绘画疗法、沙盘游戏疗法等表达性艺术治疗技术的推广者与传承者，主要研究方向为学生心理健康教育、教师教育等。

刘婧：西南大学基础心理学硕士，贵州师范学院教育科学学院教授，任公共心理学教研室主任，获贵州师范学院"中青年教学骨干"荣誉称号，获贵州师范学院第一届教师教学技能大赛一等奖等。

这些教师不仅具有高水平的教学技能，还具有深厚的专业技能，所以由他们指导我校学生的"六心一体"教育模式，不但针对性强，而且效果好。

（2）我校有优秀的心理学资源。我校拥有应用心理学专业，共四个年级，可以源源不断地为我校提供心理师资。在实践"六心一体"这一模式时，我校对送课学生有严格的筛选和管理机制。其一，学生自愿报名，我校组织面试进行筛选；其二，由我校遴选优秀应用心理学专业学生前往中小学校输送心理课堂；其三，为每一位送课学生建立小组，实行组内互助；其四，为每一位送课学生指派一名指导教师，全程协助其解决问题；其五，邀请校内外的心理专家为送课学生提供岗前培训，培训他们的教学技能和专业实操技能；其六，每次学生送课前，要求学生在小组和指导教师指导下试讲，进行磨课，提升送课品质；其七，我校会定期举行送课教学比赛和团体辅导比赛，提升学生的送课水平；其八，我校在实践结束后会评选优秀学生，从而提高学生的积极性。

（3）我校不断完善教育方案。其一，在"六心一体"教育模式实施前，我校做了大量的调查，跟A区中小学师生和家长做了很多的访谈，了解A区中小学心理健康教育工作情况，采集相关数据，为我校制定方案提供了依据；其二，在教育模式实施过程中，我校做了很多问卷调查和进行相关访谈，实时调整制定的方案；其三，在实践结束后，我校团队会进行总结，了解项目实施不足和项目闪光点，不断地优化项目。

（4）政府、学校、教师和家长等开始愈加重视中小学心理健康教育。随着国家卫生计生委、中宣部等22个部门对《关于加强心理健康服务的指导意见》（国卫疾控发〔2016〕77号）文件的颁发，人们看到社会各界越来越重视中小学生心理健康教育，政府、学校、教师和家长都愿意投入精力来关注学生的心理健康成长，这样为我校"六心一体"心理健康教育模式开展营造了好的大环境，能得到社会各界的有力配合和支持。

五、成果反思

（1）中小学的确需要专业系统的心理服务。三年实践以来，我校作为项目的执行者，的确感觉到在中小学，特别是偏远地区的中小学，需要心理学资源。其一，我校在各中小学开展心理课堂，可以普及心理学常识，解答学生的疑惑。其二，我校在各中小学开展心理咨询，可以有效干预学生的心理问题，避免很多悲剧的发生。其三，当我校向家长和教师开展心理讲座时，也可以让学生间接获益。其四，我校的心理课堂、心理活动深受学生喜欢，特别是当我校大学生去往偏远学校送课时，当地中小学生表现出极大的热情。

（2）我校在开展未成年人心理健康教育工作时，还要具有系统观。其一，在项目执行的过程中，我校深深地觉察到不能只干预青少年，因为很多学生的心理问题跟他背后的家庭有很大的关系，可能会出现在学校干预有效、回家后又反复出现的现象。其二，我校要干预学生背后的家庭。我校在项目执行时发现，当心理教师对家庭开展心理讲座和心理活动时，往往会取得事半功倍的效果。其三，在中小学工作的教师，本身工作压力比较大，职业倦怠感比较强，而我校在对这些教师开展心理讲座、普及心理学常识、提升其工作技能时，会发现能提高其工作效率，从而使未成年人间接获益。

（3）学生心理健康的成长会带来其他方面的成长。在"六心一体"心理健康教育模式执行过程中,我校发现,当学生的心理素养得到提高时,其学业表现、人际交往等方面也会得到提高。这便证明我校在学生心理健康教育上投入时间和经费实际上是一件百利而无一害的事情,它可以对教学、学生安全工作服务,它是学生成长和学业成绩提高的基础。

(4)"六心一体"心理健康教育模式的推广。在A区执行项目三年以来,我校取得了很多成绩,这些成绩证明了我校"六心一体"心理健康教育模式是有效的,这便给我校教师带来很大的使命感。我校需要思考怎样在贵阳把这个模式推广开来,让它能够惠及更多的学校,让它能够造福更多的未成年人。

(5)准备形成文本性成果,向外界分享我校的理念。在项目实施过程中,我校取得了很多成绩,也发现了一些不足。但总体而言,我校的"六心一体"心理健康教育模式得到了政府部门、学校、教师、家长和学生的认同,所以我校需要把自己对"六心一体"心理健康教育模式的思考编成专著,向外界分享,给同行提供一个参考范式,帮助他们优化自身的心理健康教育工作,从而造福社会。

第二节 学生送课下校材料

一、风采展示

以下是我校学生去往各中小学上课的场景(图11-3至图11-8)。

图11-3 2014级应用心理学专业学生李娟在大坝小学上心理课

图 11-4　2014 级应用心理学专业学生李二妹在喇平小学上心理课

图 11-5　2014 级应用心理学专业学生李方敏在新九学校上心理课

图 11-6　2014 级应用心理学专业学生罗俊文在新天二小上心理课

图 11-7　2015 级应用心理学专业学生黄仕菊在新场中心小学上心理课

图 11-8　2015 级应用心理学专业学生杜霞在云锦小学上心理课

二、学生教案——认识自我

（一）授课教师

许倩。

（二）授课对象

初一学生。

（三）授课课时

一课时（45 分钟）。

（四）教学依据

如期而至的青春，带来了中学生生理、心理上的变化，也带来了自我意识的增强。但由于年龄和阅历的制约，他们的自我认识往往会发生偏差，或是自卑，认为自己不如别人，失去信心；或是清高，像只骄傲的孔雀。因此，让学生通过各种途径客观地认识自我较为重要。

（五）教学目标

1. 知识与能力目标

掌握认识自我的途径与方法，客观地评价自己的优缺点，形成比较清晰的自我形象。

2. 过程与方法目标

学、议、导、思。

3. 情感态度与价值观目标

树立积极的自我概念，增强自信心；敢于正视自己的缺点，对未来的自己有一个规划。

（六）教学重难点

如何全面地认识自我，如何看待他人对自己的评价，对今后的人生道路具有重要的意义，所以这是教学的重点。初一学生容易做语言上的巨人、行动中的矮子，因为部分学生的自我分析意识不强，过分依赖他人的评价，会使自己出现认识偏差，评论别人的不足容易，认识自己的不足难。所以，如何将教学目标转化为学生的行动是教学的难点。

（七）教学方法

故事法、游戏法、讨论法。

（八）教学准备

信笺纸若干张，白纸若干张，PPT课件。

（九）教学过程

1. 课程导入（课件显示斯芬克斯之谜）

有这样一个传说，众神居住的奥林匹斯山上有一块石碑，石碑上刻着一句话，宙斯想把这句话告诉人类。于是，他派斯芬克斯来到人间。斯芬克斯来到古希腊著名的城堡拜克森，守在城堡唯一的古井旁，要求每一位打水的人猜这个谜语，猜不中的就会被吃掉。从此，这个城堡迎来了一个前所未有的灾难。谜语是什么东西早上是四条腿走路，中午是两条腿走路，晚上又变成三条腿走路？

（谜底：人；箴言：认识你自己）

2. 第一环节：我看我

（1）趣味活动。

教师：同学们，当青春悄悄来临，面对我们的变化，我们该怎么认识自己呢？你们知道自己是一个什么样的人吗？有哪些优点和缺点呢？现在请大家仔细思考，最后用一种动植物代表自己，并谈谈这种动植物的优缺点。

教师对学生进行分组，让每一个学生选出一种动植物来代表自己，接着让学生谈一谈这种动植物的优缺点，说说为什么其认为这种动植物可以代表自己。

教师：你希望自己是什么动植物？你对自己所代表的动植物满意吗？

教师让学生想一想自己身上是否具有这些特征，从而让学生学会正确地评价自己。

（2）谈一谈。

教师在黑板上写下四个问题：你喜欢别人夸自己吗？你在同学面前炫耀过自己的能力吗？你是否为自己而感到自卑？你喜欢自己的性格吗？

教师：初中阶段是自我意识发展的重要时期，个人的自我意识开始大大增强，学会了正确认识和评价自己。评价自己时既不能过高，也不能过低，树立良好的自我认识，对一个人的成长较为重要，但正确认识自己并不是一件很容易的事。我们可以通过自我评价的方法来认识自己，也可以通过他人评价的方式来认识自己。

3. 第二环节：他人眼中的我

（1）问一问。

教师让学生采访其他同学，并请学生起来念一念自己的采访成果。

（2）交流感受。

通过刚才的采访，让学生仔细思考自己在别人心目中是那样的原因。

（3）趣味活动：优点大轰炸。

教师随机指定一名学生，其他学生对他进行赞美，接着进行讨论：在大家述说的优点中，你都发现了什么？被赞美时你有什么样的感受？

4. 做一名不断更新自我、完善自我的人

由班长带领全班宣读《做一名不断更新自我、完善自我的人》承诺书，并在承诺书上签字，签字后上交。

（我是一名初一的学生，我有认识自己的能力，我会努力听取他人对我的建议。我能够充分认识到我的优点，发扬我的优点。我也能够正视我的缺点，改正我的缺点。我明白，人生就是一个不断自我完善并且没有终点的过程，我将用乐观的心态来面对，我将宽容，我将大度，我将理解他人，我将变得越来越优秀。）

5. 课堂小结

正所谓："金无足赤，人无完人。"每个人都有自己的缺点，但同时每个人都有自己的闪光点，因此不必为此沮丧，也不必为此沾沾自喜。你要相信，一切都是最好的安排！

6. 课堂作业

写出自己的50个优点。

三、项目结束后反馈

共同进步,共同成长

我是2015级应用心理学专业的白桂霖,在学校开展这项活动的时候,我积极报名参与了此次活动。

我的对接学校是红旗小学和谷庚小学,在这两个学校,我的教课对象是三年级的学生,给学生上心理健康课。我准备的课题有"发现身边的爱""认识自己,接纳自己""五彩缤纷的情绪"等。我要绞尽脑汁想办法让他们有兴趣听课,这无疑是一个很大的难题。我站在讲台上说的话,都是事先写在纸上思考过的,因为在我看来,这些小学生就像一张张白纸,也许我们的一句话、一个举动就会在上面留下浓墨艳彩。在这个过程中,有没有上好的课,有调皮的学生捣乱,有许许多多让我们感到挫败的事。我无数次想着放弃,但是当我重新站在讲台上,面对那几十个学生干净纯洁的眼睛,面对那一声声白老师,我又重新充满了力量,打起精神,准备下一次给学生呈现更精彩的课题。

以下是我上课时的场景(图11-9)。

图11-9 我上课时的场景

我们的故事里,都藏了未来的美好

我是常红,我参与了送课下校活动。在这之前,我是以一名在校大学生的生活方式生活和学习,而这次活动给了我一次锻炼的机会。我送课的学校是A区水田中学。第一次去的时候,我有一些紧张,有一些兴奋,还感到无比荣幸。因为在实习之前我有一次机会能够亲身体会当一名老师的感受。这是我之前都没有想过的,而现在这个机会就摆在我的面前,我怀着一丝忐忑的心情去送课了。

这是一所小镇上的学校,去的时候感觉坐了很久的车。在这所民风淳朴的学校里面，我既给七年级的学生上课，也给九年级的学生上课。每个年级的每一个学生都有各自的特点。在课堂上，我用一些通俗易懂的小故事告诉了他们一个又一个深刻而又很好理解的道理。紧接着再通过群与学生进行互动，增进和学生的关系，让他们能更好地适应课堂学习。

根据学校教师提的一些建议，我给七年级的学生上了情绪管理方面的课程，给九年级的学生上了心理焦虑方面的课程。让他们与情绪、压力共舞，面对任何事情的时候都要淡定。上课结束以后，学生都对我上课的方式很感兴趣，希望我一直来给他们上课。这让我非常欣喜，也非常感动。

第一次听到有人叫我常老师，当时我的心里特别高兴，觉得这些学生特别可爱。这让我觉得没有一个学生是教育不好的。在这所学校里面，我留下了些许的痕迹。我参与的事件也在我心上划下了一道永不磨灭的痕迹，值得我终生去珍藏。

以下是我上课时的场景（图11-10）。

图11-10 我上课时的场景

成长在路上

我是陈娜，我参与了2016到2017年的送课下校活动。我在云锦庄小学和定扒小学给五年级和六年级学生上心理健康课。我的课题有"做最好的自己""面对挫折，我不怕""团结就是力量"等。接触每一个不同的班级、每一类性格迥异的学生，对于我而言，都是一个挑战。台上40分钟，台下是很久的努力，每一次备课，每一次试讲，都只是为了给学生呈现一堂别出心裁的心理健康课。和学生的每一次互动，都是一个提升的过程。他们的笑脸，是给我最大的反馈，是我最大的动力。我喜欢学生认真投入的样子，也喜欢自己为了这一份工作付出的样子。而我和所有参与送课下校的志愿者一样，没有什么区别。我们都有一样的标签，我们都一样，乘着梦想去远航；我们都一样，用心在成长！

李贵：我是云锦庄小学的李贵，在陈娜老师的心理健康课上，我们开怀大笑，我们参与活动，认识自己，也与人交好。陈娜老师给枯燥的课程带来了欢笑。我们每个星期都很期待陈娜老师的到来。陈娜老师教会了我们很多东西，比如面对沮丧，人们应该做什么。

云锦庄小学的班长：我是云锦庄小学六年级的班长，每次陈娜老师来上课，都会带给我们不一样的感受，一次比一次好，也让我们觉得这堂课真的能学到东西。

定扒小学班长：第一节课，陈娜老师要我们写自己的优点，10个优点好多啊，可是在陈娜老师的引导下，我觉得自己不止10个优点。感谢陈娜老师的引导，让我变得越来越自信。

以下是我上课时的场景（图11-11）。

图11-11 我上课时的场景

健康的心灵，为你添上飞翔的翅膀

大家好，我是黄仕菊，在师范学院，我就是一名大二的学生，作为学生，我和大家一样，也爱任性，爱自拍，爱臭美。

教师的讲解、学生的表演、讨论与分享，营造出轻松的课堂氛围，这充分体现了动逸结合的理念。其实作为老师的我只是一个配角，学生才是主角。在这个舞台上，我要让他们尽情表演，我要让他们在实现心理健康的同时，发挥自己的潜质，坚信未来的舞台属于他们。打开心灵的窗户，让阳光进入，敞开心扉，缔造美丽人生。

3

启迪别人，也启迪自己

我是黄旭，我参与了送课下校活动。我从对心理学一无所知，到现在深深爱上了这个专业。在水田三江九年制学校，我给七、八、九年级的学生上过主题为"心理暗示"的课；在高穴小学，我给二至六年级的学生上过主题为"喜欢我自己"的课。在收回的教学评价表中，学生都表示喜欢这节课。在今后的教学中，我会讲更多的故事，在游戏中融入教学内容。在教学过程中，很多教学内容也在启迪着我自己，语言的暗示让我见识了语言力量的强大。植物即使枝干上有疤，也不影响它向阳生长。我知道原来我们也可以像植物一样喜欢和接纳自我。

我叫雷苛艺，参与了送课下校活动，就这样成为一名老师，每两周给水田中心完小的学生上一节心理健康课。

在水田中心完小，我教过三年级（3）班、六年级（1）班、一年级（2）班和五年级（1）班，其中在五年级（1）班上的课最多。在送课期间，我上过"认识自己""了解自己""应对学习倦怠""感恩的心，你我同行""学会合作"等课。

在送课过程中，每当看到孩子们稚气的脸，我都会想起这个年龄段的自己。送课让我成长了很多，首先是角色的转变，是学生的同时，又是老师，一开始还转变不过来的我，与本校的老师交谈后，渐渐适应过来。其次是内容的准备，要选择合适的内容。万事开头难，一次次的摸索和经验的积累，渐渐就能较好地把握内容。最后是学生的反馈和收获，我看到自己的课确实能带给学生收获，非常开心，还有学生给我的建议，也使我的教学水平不断提高。以下是个别学生的想法。

这次心理活动课使我敞开心扉，说出了自己的心里话，让大家能够更深入地了解我、认识我，让我也看到了一个全新的自己。（雷乾丽）

上了这节课，我懂得父母和老师的辛苦，我们应该心怀感恩的心，不要让他们为我们担心。（罗蓉巧）

以下是不同教师上课时的场景（图11-12）。

图11-12　不同教师上课时的场景

成长进行时

　　我是李二妹，在此次送课下校活动中，我主要负责喇平小学和老鹏小学。在喇平小学，我给三、四、五、六年级上过课；在老鹏小学，我给三、四、五年级上过课。在面对学生的时候，我把自己当作一名老师来严格要求自己。到目前为止，我给学生上过许多主题的心理健康课，如"学会合作""感恩""认识自己""欣赏自己""独立"等。

　　每一次送课之前，我都会认真准备课件，并且每次送课的内容都会让指导老师看过之后再对不足之处加以修改，看似简简单单的40分钟的课堂，私底下却要花费很多的时间与精力。每次上课之前，我都在心里想象过各种突发状况，思考如何解决，可有些时候总是事与愿违，因为经验不足，导致有些事处理得不是太好，考虑也不太全面，但我始终相信，有志者事竟成，只要我们不断努力，遇到事不怕麻烦，向其他同学、老师学习，我们终有一天也会变得优秀，现在的我还处在学习、成长的阶段。

　　郝森珊（老鹏小学三年级学生）：我很喜欢李老师，上李老师的课很轻松，在玩的过程中学会了很多东西。比如说，在教学"学会合作"这一内容时，李老师设计了一个游戏，即"心心相印背夹球"，我在这个游戏中了解了合作的重要性。

黄云（老鹏小学三年级学生）：李老师很好，她知道我不爱写作业，学习不好，但她没有像其他老师一样看不起我，我记得在教学"独立"这一内容时，李老师叫我起来分享在生活中做过哪些独立完成的事，我说了很多我在家里自己完成的事，李老师夸赞我是懂事、独立的孩子，要是能独立完成作业，那就更好了，所以我很喜欢她。

宋兆亿（喇平小学六年级学生）：我对李老师的第一印象很好，在做游戏的时候我帮助她一起控制场面，我没告诉她我的名字，她第二次来给我们上课的时候却叫出我的名字，那时候我既惊讶又高兴，于是越来越爱李老师了。

张寅泓（喇平小学六年级学生）：我记得李老师第一次来给我们上课的时候有些紧张，现在慢慢和我们熟悉之后，就不会紧张了。我特别喜欢李老师讲的"认识自己""欣赏自己"这两节课，通过对这两节课的学习，我对自己有了一个新的认识。

王昌姣（喇平小学五年级学生）：我很喜欢听李老师讲课，只是觉得李老师有点温柔，要是再严厉一点就更好了。

以下是我上课时的场景（图11-13）。

图11-13 我上课时的场景

与你们相遇，好幸运

我是李娇，我参与了送课下校活动。面对乌当实验小学的学生，我就是一名老师。在乌当实验小学，我教过三年级、四年级、五年级的学生，给学生上过各种主题的心理健康课，如"管住自己，我能行""我不怕困难""学会悦纳别人""文明校园，从我做起"等。

还记得第一次去上课的时候，为了给学生上好一节课，我反复检查备课内容，就怕上不好。我在第一次上课时有些紧张，现在慢慢适应了。我从最开始面对调皮捣蛋的学生不知所措到慢慢明白该怎么和他们相处，从最初的焦虑担心到后来的从容面对。在这次送课下校活动中，我学到了很多书本上学不到的知识。我每一次接触不同的学生时，都会有不同的体会、不同的感悟。

在户外拓展课上看着他们一张张阳光灿烂的笑容，总是给我无限的力量。在课堂上他们那丰富的想象力及较强的口语表达能力，以及踊跃举手回答问题的自信、从容，都让我刮目相看，这些可爱的小学生也让我不停地反思自己，一名好的老师到底要具备哪些知识和技能。每次下课，目送着一张张笑脸伴随着稚嫩的声音"老师再见"从我身边走过，内心总是莫名的感动，你们的笑容就是给我最大的鼓励。在我最美的时光里遇到最美的你们，我想说，与你们相遇好幸运。

以下是我上课时的场景（图11-14）。

图11-14 我上课时的场景

做最好的自己

我是李婧，我参与了这次送课下校的活动。在小谷龙小学，我教过"做最好的自己""记忆大闯关""我的多彩情绪"等课。反思自己的教学过程，虽然做了精心准备，但在课堂上还存在不足，语言贫乏，会被学生的突发状况搞得手忙脚乱，有时不能处理就把此问题放在一边，置之不理，结果我教得费力，学生听得吃力。这时我才明白，优秀教师会利用生活的点点滴滴，会借鉴其他教师的先进经验，用一辈子来备课，而我只用课前几个小时来备课，教学效果当然有差距。因此，在以后教学过程中，我会加倍努力，争取上一节让学生满意的课。

以下是我上课时的场景（图11-15）。

图11-15 我上课时的场景

大坝小学送课感想

我是李娟，这次送课的学校是大坝小学。大坝小学的学生都非常可爱，对于如此热情的学生，就连我也开始有激情了，再一次挑战了教师这个角色，感受到了那一双双大眼睛对自己的期待,体会到了教师这份职业的乐趣,虽然乐趣多多,但是也有挑战。面对那些学生无厘头的提问,我应该如何回答,什么都是未知的,这些都算是对我的考验。送课也使我的经验丰富了许多,不再局限于课堂那一点知识。

我分别给四年级、五年级、六年级的学生上了心理健康课。我的课题有"考试焦虑""做快乐的小少年""学会感恩""认识自己"等。我每次上课都有不同的感受,这些学生有较强的理解能力、有较强的活力。只要我们能够调动起学生的兴趣,他们就会配合我们。最后在上课之前一定要准备充分,熟悉课件,这样才能顺利开展教学。

成长之路

我是李蓬春,我参与了送课下校活动。面对达古小学和马场小学的学生,我就是一名老师。在达古小学和马场小学,我的执教对象是五、六年级的学生,给学生上过各种主题的心理健康课,如"快乐随行""我是谁——认识自己""学会感恩"等。

接触每一个不同的班级,遇到各种各样的学生,对于没有经验的我而言,都是一个挑战。为了和学生建立良好的关系,我总是提前去学校,和学生相处,我和学生的关系越来越好了,他们在课堂上越来越积极了。

为了让学生在课上有收获,我会花几天时间来准备课件。和学生的每一次交流互动,都是一个提升的过程。他们的笑脸,是给我最大的鼓励,也是我前进的动力。

我和所有参与送课下校活动的志愿者一样,都希望学生可以得到收获、快乐成长。

以下是我上课时的场景(图11-16)。

图11-16 我上课时的场景

送课下校,我们在路上

我是杜霞,我参与了送课下校活动。在云锦小学和洛湾小学的学生面前,我是一名老师。在云锦小学,我主要教五、六年级;在洛湾小学,我主要教六年级

（1）班、六年级（2）班、五年级（1）班。我给学生上过各种主题的心理健康课，如"做最好的自己""面对挫折我不怕""播种文明，收获阳光""团结就是力量之蚂蚁精神"等。

站在讲台上，我觉得我就是一名老师，我会用力去上好每一堂课。尽管台下准备很充分，但是站在讲台上仍然会出现一些突发状况，我会很努力地挽回。虽然别人认为这节课是失败的，但我会将其当成我成功的垫脚石，因为有过一次教训，下一次我会做得更好，让自己准备得更充分，带给学生不一样的自己和知识，收获学生不一样的笑脸。

经过几次送课，我不仅在教学经验上有所收获，还收获了其他知识，如怎么和人交流，怎么为人处世，怎么在失败中寻找经验。所以我认为在送课下校活动中，受益的还有我们自己。送课下校，我们在路上。

以下是我上课时的场景（图11-17）。

图 11-17 我上课时的场景

每个小孩都是一扇窗

我是汪智怡，我参与了送课下校活动，负责两个学校。虽然我是在校学生，但是在面对拐九小学和大山小学学生时，我就是一名老师。在这两个学校，我教过三至五年级的学生，上了许多主题的心理健康课，如"我自信，我成长""认识自己，接纳自己""我们五彩缤纷的情绪"。在此期间，我接触了不同的学生，对我来说这是个挑战，也是一次锻炼。和学生的每一次互动，都是一个提升的过程。给他们上课，带给我的是喜悦，看着他们单纯的模样，看着他们的一张张笑脸，我动力十足。因此，我会努力让他们理解我的课程，使其心理健康成长。每一个孩子都是一扇窗，等待我们去发现。

以下是我上课时的场景（图 11-18）。

图 11-18　我上课时的场景

你成长的路上还有我

我叫谢娇，是一名大三的学生，现在我还有另外一个身份——老师。我在报名参加送课下校的活动时，就把自己当成了一名老师，很幸运我入选了。我们学校给我安排的学校是小寨小学和谷金小学，这是两个比较偏远的学校。

我第一次去上课的时候，小寨小学的校长对我说，让我给全校的学生上课，当时我被吓到了，后来一了解，才知道他们学校只有24个学生。这是一个乡村小学，由于学生年龄比较小，到镇上去读书还比较困难，所以就有了这样一个小学。到了那边，我给他们上了一堂"认识自我"的课程。在上课过程中，学生很听话，也积极地回答问题。虽然环境比较艰苦，一个班才两三个人，但丝毫不影响他们学习的积极性。那边的老师也来听我的课了，可以看出他们对学生的心理健康教育还是比较重视的。

相比小寨小学，谷金小学的环境要好一点，学生比较多，一个班有十多个人。我每个月会给这两个学校各上一次课。我的课题主要有"认识自我""学会独立""我生气了""树立自信"等。因为那边的孩子大多数是留守儿童，所以我在上课时主要从留守儿童这方面入手。

我希望他们在课上学习的内容能对自己的生活有所帮助。但愿他们能健康快乐地成长。

以下是我上课时的场景（图11-19）。

图11-19 我上课时的场景

在路上，共成长

我是姚芳，我参与了送课下校活动。我负责的是岩山小学、谷溪小学。面对这两个学校的学生，我是一个老师，更是一个大姐姐。在送课期间，我给学生上过各种主题的心理健康课，如"认识自己""学会合作""感恩"等。

看到他们，我会想到当初的自己，如此天真无邪。每次给他们上课，他们给予我的都是积极的回馈，虽然会有调皮的学生，但是我都将其看成一个个的挑战。孩子的天性都是善良天真的，只要你用心对他们，他们也会渐渐亲近你。这让我觉得我所做的一切努力都是值得的。我从一开始上课有些紧张，到慢慢得到老师的好评。每次上完课程，他们都会迫不及待地问我下次什么时候再去，看到他们对于我的喜欢，我的内心感到无比的满足。

喜欢学生每次笑眯眯、有礼貌地和我打招呼，我很开心。他们在成长，我也一直在路上，愿意与他们共同努力、共同成长。

在学校，我是一名大学生，但在他们眼里，我是他们敬爱的老师。我应该更加努力，这样可以成为更好的自己；所有的送课下校志愿者应该更加努力，因为我们一直在路上，可以共同成长。

易园：我是谷溪小学的学生，我非常喜欢听姚芳老师讲课。

王开心：老师讲课特别好，我很喜欢，可以让我们懂得做人的基本道理，还带我们做活动，我们每个星期都很期待老师来给我们上课。

吴美萱：一开始不熟悉姚老师的时候，我们都有点害怕姚老师，但后来我很喜欢姚老师上课，她可以通过做游戏的形式让我们学到很多东西，希望姚老师以后能多给我们上课。

周丹丹：我是岩山小学的学生，我非常喜欢姚老师的上课方式，每次看到她来上课，我的心情就特别好。

以下是我上课时的场景（图11-20）。

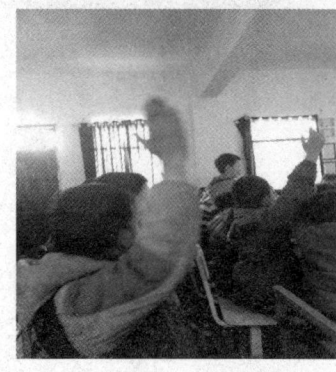

图11-20 我上课时的场景

心灵旅行

我是余婷，这次我送课的地区是A区新堡乡。这是一个美丽的旅游村，这里有少年宫，少年宫里就是新堡幼儿园、新堡民族小学、新堡民族中学。我任教的学校是新堡民族中学，它有七、八、九三个年级，每个年级一个班。我在七至九年级都上过课，到目前为止，我在每个年级上过两次心理健康课。在七年级，我的送课内容是"学会合作"，学生参与度较高。

另外，我在七年级还教过"认识自我"这一内容，给学生介绍了四种气质类型：多血质、黏液质、抑郁质、胆汁质，并且与学生一起进行了气质类型测试。再者，根据七年级班主任的意见和建议，我给七年级学生上了一节直视早恋的课。我在课堂上用人际交往引出异性交往，再引出恋爱、早恋这个话题，并与学生认真讨论青春期的我们是否应该早恋。班上学生给予了很好的反馈，听课老师说他们听得很认真。在八年级，我同样上过"学会合作"这一课，还讲了"情绪管理"这一内容。在九年级，我根据他们即将参加中考这一情况，上了"合理放松"这一课，让学生做了一个短时间的想象放松训练，学生反馈良好。

其实在这短短几节课的时间里，我与学生从陌生到熟悉，甚至小学部学生都认识了我。我对一个四年级小女孩印象深刻，每次去学校上课，她看见我就会跑过来抱着我，仰着头，大大的眼睛看着我，从她的眼睛里，我可以看见满满的真心和喜欢。还有一个七年级女孩把我上课的照片和他们班主任的照片放在一个相册里，对此我很感动。

以下是我上课时的场景（图11-21）。

图 11-21　我上课时的场景

爱随成长同行

我是郑海欧，我参与了送课下校活动。在谷定小学，我给四年级与五年级的学生上过各种主题的心理健康课，如"建立自信""拥抱亲情""认识自己"。

我相信每一位学生都需要我们用心呵护。我为了呈现更好的课程，花费许多时间和精力去备课。学生的笑脸，就是对我的付出最大的回报。爱应该随着学生的成长同行。

我到现在还忘不了当时兴致勃勃报名参加了送课下校活动。现在活动快要接近尾声，我要先感谢自己当初的义无反顾，还有那三分钟的热度。因为那三分钟的热度让我喜欢上了这群单纯可爱的孩子。

每每去上课，都有学生用稚嫩的声音问我："老师，今天是来给我们班上课吗？"他们期待我回答的小眼神，我可能永远都不会忘记。每当和他们分享自己的经历时，我更忘不了他们那一双双炯炯有神的小眼睛。

第十一章 中小学"六心一体"心理健康教育模式探究——以贵州省A区为例

以下是我上课时的场景（图 11-22）。

图 11-22　我上课时的场景

新旅程、心历程

我是龚欢，作为一名心理健康服务项目的参与者，我有幸参加了这个活动，并以一名心理教师的身份进入新天四小进行心理健康教育。在新天四小，我的授课对象是二年级到六年级。由于流动人口较多，学校资源有限，学生资源很少。我主要讲授情绪管理、同伴合作、缓解压力等方面的课程。我希望通过与学生的互动交流，使学生得到一些实质性的心理帮助。

小学授课对象比较多元，我通过使用不同系列的主题，可以感受到学生的变化，这使我上课的信心倍增。同时，心理学这个专业带给我一个明显的改变就是学会等待，因为有很多的变化都是不明显的，需要时间进行调和，这是一个持久的过程。心理学本身就是一个沟通、交流的过程，心与心的沟通更是需要时间，我们只能耐心等待。我喜欢看学生身上那种渴望的目光，告诉我他知道我在说什么，他能学到什么。作为一名教师，责任与义务是并存的。我会尽最大努力扮演好教师的角色，奉献我所有的知识与能力，我不奢求有人能记住我，但我期望他们能运用在我的课堂上学到的知识。我既是老师，也是学生，我与学生之间相互学习，他们身上有着不同的光芒，值得我们去思量与借鉴。

学生反馈：我喜欢龚老师，龚老师很好，平易近人。龚老师讲课很详细，会根据我们的需求授课，教给我们新的知识和新的方法，希望龚老师能一直给我们上课。龚老师的教学形式多样，还有好玩的游戏，跟我们的生活比较贴近，让我感觉心理健康课很有意思，我很喜欢这门课。老师讲课主题明确，会用一些新的教学方式让我们体验到新的知识。

以下是我上课时的场景（图11-23）。

图11-23　我上课时的场景

成长与碰撞

　　我是2014级应用心理学专业的李方敏，有幸参加了送课下校的活动。我送了这么久的课，只想说送课不容易，课堂如战场。我的送课对象是初二的学生。对于纪律问题，我从来没有操心过，因为我的学生从最初的24名到最后只有12名，也就是所谓的小班教学。第一次与我交接的老师告诉我："他们的学生不好管理，因为他们喜欢一些新鲜且富有挑战性的东西，上课的内容也是一样，太无聊的内容不会引起他们的注意，而且不太遵守课堂纪律。"当时我心里就在想，这到底是什么样的熊孩子？青春期的孩子确实充满了朝气，而且不想受到拘束。这激起了我的战胜欲，想要征服他们，似乎自己不是去上课，而是上战场。学会合作是我上的第一节课，我对此印象深刻，大家积极配合，至少没有让我体验被冷落的感觉，后来又给他们上了"与沟通共舞""合理情绪与人际关系""思维训练"等课程。这些学生是不按常理出牌的，所以我也不能坐以待毙，"思维训练"一课就是为了征服他们而准备的。随着时间的流逝、多次的摩擦与思想的碰撞，与学生之间没有开始的陌生，现在以朋友的身份相处，毕竟是初中生，交流与沟通起来相对容易，接下来我想让他们接受我本身想给他们带去的内容，而不是简单地为了满足他们的需求，不仅想让他们知道自己的100个优点，还想让他们知道什么是共情，什么是积极关注。

以下是我上课时的场景（图 11-24）。

图 11-24　我上课时的场景

用心关注，共同成长

我是李婷，是贵阳师范学院的一名学生，参加了 A 区的送课下校活动。我负责的是新天三小。一开始去上课时，我有些紧张，把课件试讲无数遍，生怕哪里出错。我第一次去上课，因为经验不足，课堂效果不够理想。庆幸的是，我每次上课都会有一个老师来听课，她时常会指点我，给我提建议。我教学一段时间以后，慢慢发现自己有变化了，不再像第一次那样面对学生束手无策了，基本上能掌控好课堂，来听课的老师说我越上越好了，我心里很高兴，这是对我的一种认可。

我的授课对象是二年级，上过许多主题的心理健康课，如"生活处处有规则""告别依赖，走向独立""认识自我"等。学生都很聪明，也很活跃，提问时总是把手举得高高的，生怕不叫他。每次我去上课的时候，他们都会跑到我身边问我："老师，您今天是来我们班上课吗？老师，您什么时候再来我们班上课啊？老师，您下次来我们班上课吧。"听到这些话，我心里很感动，这说明他们很喜欢我的课，他们认可了我。在这个过程中，我在向他们传授知识的同时，他们也让我成长了。有一件事让我记忆深刻，有一次我去上课，有个小男孩跑过来对我说："老师，我们上次课的内容是不是'告别依赖，走向独立'。"当时我好感动，一个星期了，他还记得我上课的内容，这说明他们把我讲的内容认真地记在心里了。学生的认可给了我很大动力，我很喜欢和他们在一起。每一个孩子都是一块宝石，都在等着我们去发掘他们的闪光点，多给他们一点关注，他们就会很开心。

以下是我上课时的场景。

图11-25 我上课时的场景

不一样的体验，不一样的收获

我是李兴春，我参与了送课下校活动。面对下坝中学的学生，我就是一名老师。在下坝中学，我教过初一（2）班和初一（3）班，也给学生上过各种主题的心理健康课，如"认识自己""我想和你谈谈""你是我的好朋友""学会合作"等。

在这次的送课下校活动中，每一次的上台对我来说都是一种挑战，每一次学生脸上的笑容都是一种不一样的体验。虽然从贵阳师范学院到下坝中学很远，每次都要绕好几个弯，坐一个多小时的车，但每次看到学生给我的回应，我还是非常开心，也很感动。在这里经历的一切使我明白了：你收获如何，关键在于自己怎样看待，拥有一颗奉献的心、一颗感恩的心，生活永远是美好的。在路上，当学生亲切地喊道"老师好"，我感到学生是那么可爱；当把知识教给对事物充满好奇的孩子，我觉得我找到了自己的价值……在这里，我学到了许多以前未曾学到的东西，而这一切将使我在以后的学习和工作中受益匪浅。在这里，我们苦过、累过，可依旧笑着；我们迷惘过、徘徊过，可依旧坚持着。虽然每次都要背很久的课，但它却锻炼了我的意志，提高了我的能力，让我在苦中作乐中提高了教学水平。送课不仅让我与学生成为朋友，还使我长大了：学会了吃苦耐劳，学会了苦中作乐，深刻体会到了坚持的重要性，收获了教育经验，提高了教学水平。

宋家宸：遇见李老师，我觉得很开心，她很有耐心，很爱笑，每次都给我带来正能量。

柴永玲：李老师上课很认真，谢谢李老师过来给我们上课，她真的教会了我们很多东西。

以下是我上课时的场景（图11-26）。

图 11-26　我上课时的场景

有你们的"陪伴"

　　我是李玉荣，我非常荣幸地参加了由 A 区教育局和我所读的贵州师范学院组织的"送课下校"活动，一路走来感触非常深刻，收获颇丰。这是一个非常好的交流学习平台。在送课下校的过程中，我反复打磨自己的授课内容，并在学校试讲，终于在走出去上课的时候有所改善。我在阿栗小学教的是四年级和五年级的心理健康课。在上课时，我深切地感觉到该校学生的淳朴、可爱。看着他们那一双双求知的眼睛，我很感动。

　　我的课题有"认识自己""记忆大闯关""悦纳他人""做快乐的小少年"等。通过和这两个班慢慢接触，我感觉自己一节课比一节课更有热情、更投入、更希望和他们交流。刚开始学生因为第一次上我的课，多多少少有点紧张，有点放不开，但是随着我们一起互动和交流，学生的学习热情逐渐开始高涨，我们的配合默契了许多，我会将多媒体与教学内容联系起来，帮助学生较好地理解学习内容，让学生动手操作，感受学习的乐趣。在本次送课下校活动中，我作为送课教师陪伴学生的同时，学生也在陪伴着我。学生独特的想法让我从他们的身上学习到了许多在学校里学不到的东西。一路走来，感谢有你们的"陪伴"。

　　以下是我上课时的场景（图 11-27）。

图 11-27　我上课时的场景

一起成长

我是罗俊文,我参与了"送课下校"活动。对于新天二小和羊昌小学的小学生来说,我是一名老师。老实说,同时教两个学校的学生,我有点忙不过来,这对我来说是很大的挑战。因为我的一言一行代表了贵州师范学院,所以在开始的时候比较紧张。还好我没有放弃,成功迈出了第一步。我清楚地记得那一天讲的主题是"我自己可以",有6个老师听课,还好我坚持讲完了,感觉就像做了一件了不起的大事。后来,我越来越自信。

我在羊昌小学给六年级、五年级、四年级的学生上课,在新天二小给六年级两个班、五年级两个班、四年级一个班、三年级一个班的学生上课。我的课题主要有"考试焦虑""自我独立""认识自我""同伴交往""学会学习"等。

每一次的备课、上课对于我来说都是一次挑战。虽然上课时间只有短短的40分钟,但我却要花好几天时间备课。当我在课堂上看到他们认真思考的样子,我觉得我的付出很值得。因为这次活动,我迫切地想要当一名真正的老师,让自己在学生的欢笑中充实地过好每一天。

学生评价:"我很喜欢罗老师设计的游戏,可以让我们放松下来","罗老师很温柔,说错话也不会凶我","罗老师连名字都好听","很希望每天都有心理健康课","我喜欢听罗老师讲小故事,因为我在听故事过程中会明白很多道理"。

以下是我上课时的场景(图11-28)。

图11-28 我上课时的场景

走进你,走向成长

我是贾德红,我参加了此次送课下校活动。在东风中学与新天学校学生眼中,我就是一名老师,一名心理老师。在东风中学,我为七年级(1)班、七年级(2)班、七年级(3)班、九年级(2)班、九年级(3)班的学生上过课;在新天学校,我为小学三年级、五年级和初一年级的学生上过课。我的课题有学习动机、插上自信的翅膀、时间管理、情绪管理等。我一直坚持的想法是我的课能够帮助他们,哪怕只有一点点帮助,也足够了。

在每一次送课过程中,我接触的都是不同的班级,遇见了不同类型的学生。在一次次的上课过程中,我感觉到他们对心理健康课是充满好奇的。在上课的过程中,我能够切身感受到这堂课使一些学生发生改变,我希望这次的送课活动能够帮助学生去更好地生活。虽然他们在不久之后可能会忘记我,但是我希望当他们面对困难的时候,能够想到曾经有一个老师告诉自己,自己很优秀,要勇敢面对困难,曾经有个老师告诉过自己一个管理情绪、管理时间的方法,自己可以把它拿来运用在生活里。这就是我想要的,走进学生,我获得成长,学生也获得成长。

学生反馈:

我是新天学校初一(1)班的学生,贾老师的课很有趣,尤其是时间管理这堂课里关于时间管理的四象限法,对我来说很有用。

我是新天学校三年级的学生,贾老师讲课非常有趣,我很喜欢听贾老师讲课,希望贾老师下次还来给我们上课。

我是东风中学初一(3)班的学生,贾老师讲的课不仅有用,还有趣。

以下是我上课时的场景(图11-29)。

图 11-29 我上课时的场景

乐趣童年

我是王志妮,我参加了这次送课下校的活动。我送课的学校是新天一小。在自己所读学校,我是一名学生;可面对新天一小的学生,我就是一名老师。在新天一小,我教过五年级的学生,现在教的班级是四年级(6)班。我每次都会挑选不同的主题进行教学,期望他们能够感受到、体验到心理健康课的乐趣。我给他们上过"认识自己""认识快乐""学会合作"等课。每一次的备课、上课,对我来说都是一个挑战,因为我要考虑很多因素,我在做课件时要深思熟虑,尽量让每个课件都很完美,能给学生带去真正的帮助。我很珍惜每次去给学生上课的机会,同时希望自己能够做得更好。台上40分钟看似很短,可背后却付出了许多,备好课了要拿给指导老师修改,修改好了还要不断试讲,直到记住教案中写的每一句话。其实我很庆幸学校能提供这次机会。在这次活动中,我不仅学到了很多东西,还使自己得以成长。

每次上完课之后,我都会反思这堂课上得好不好。在一堂课中,如果师生之间配合得很好,双方都会感到很轻松。每一次上课都不会像自己预想的那么美好,上课效果时好时坏,在经历失败后,我会不断地调整上课的方式,不断地反思,现在自己成长了不少,也进步了不少,这对我来说是一笔财富。

学生反馈:

我是新天一小四年级(6)班的学生,我觉得王老师讲课很好,我很喜欢王老师给我们上的"认识快乐""学会合作"等课。在课堂上,王老师设计的游戏很好玩,讲的故事也很有趣,我很喜欢。

我是新天一小五年级的学生,王老师给我们上的"认识自己"这一课,我很喜欢,因为当王老师让我们写自己的优缺点时,我觉得自己的优点很少,可经过王老师不断地引导,我突然发现自己的优点还是挺多的,还知道了别人心目中的我是怎样的。

我是新天一小四年级(6)班的学生,我很喜欢王老师,王老师很亲切,在王老师的心理健康课上,我会勇敢站起来回答问题,因为王老师说过,自己想表达什么就说什么,回答没有对错之分,所以我不用担心回答错误。

我是新天一小四年级(6)班的学生,我很喜欢王老师讲的心理健康课,王老师组织的活动特别有趣,只不过我们班太爱说话了,希望王老师能严厉一些。

以下是我上课时的场景(图11-30)。

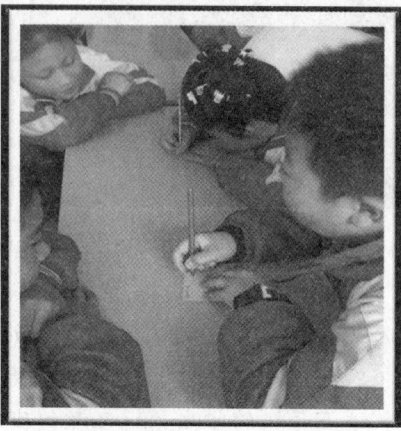

图11-30 我上课时的场景

第十一章 中小学"六心一体"心理健康教育模式探究——以贵州省A区为例

一直在路上,一路在成长

我是文盛萍,作为一名心理健康服务项目的参与者,我很荣幸地参与了这个活动,并以心理教师的身份深入洛湾中学和黄连民族小学进行心理健康教育。在黄连民族小学,我的授课对象是三年级至五年级的学生。由于地处偏远,学生资源较少,因而他们是集中在一起上课。我的课题有"我能行""目标与力量""记忆大闯关"等。在洛湾中学,我给七到九年级的学生上课,对他们开展关于青春期的心理健康讲座,开展"人际交往与异性交往""学会合作""应对考试焦虑"等一系列的主题活动。我希望通过我的讲解,学生可以得到一些实质性的心理帮助。小学授课对象比较固定,通过开展几个不同系列的主题,我可以感受到学生的变化,这使我的信心倍增。我每天都会接触不同面孔的初中生,他们身上散发的青春气息,让人感受到生命的精彩与美好。球场上总是有他们充满活力的身影,这些深深地吸引着我。

洛湾中学学生反馈:

我喜欢文老师,文老师很温柔,讲课很详细,会根据我们的需求进行授课,为我们解惑我们自身不知道的东西,希望文老师可以一直给我们上课。

文老师的教学方式多样,还会设计好玩的游戏,让我觉得心理健康课很有意思,我很喜欢这门课。

文老师讲课主题明确,会耐心重复我们不懂的地方。

黄连民族小学学生反馈:

文老师经常带领我们做一些有意思的游戏,对于这一点,我很喜欢。

文老师讲课比较有趣,讲得比较清楚,其中的一些知识可运用在生活中。

以下是我上课时的场景(图11-31)。

图11-31 我上课时的场景

手牵手,我们一起成长

我是徐芸,我参加了A区的送课下校活动。面对乌当小学的学生,我就是一名老师。在乌当小学,我给五年级和六年级上过各种主题的心理健康课,如"感恩的心，与你同行""沟通与合作""认识自我"等。第一次接触他们，我就被他们的懂事、活泼深深地震撼了。

我一直以为现在的孩子都是独生子女，应该不会做饭，很依赖父母，可是他们不是这样的。记得第一节课是在五年级（2）班上的，在上"感恩的心，与你同行"这堂课时，很多学生在说到自己父母为自己所做的事时都哭了，可以看出他们都是很懂事的。我从与他们的交谈中了解到，他们在平时的生活中也会为父母做很多事。为了上好每一节课，我在每次上课前都会提前一星期准备好教案发给指导老师，让其看看有没有问题，如果没有问题，再进行深层次的备课。随着上课次数的增多，我越来越喜欢他们，越来越喜欢心理老师这个岗位，喜欢在课堂上看学生全身心参与到教学活动中的样子，喜欢学生为了参与课堂游戏争先恐后举手的样子，喜欢学生询问我是否要来上课的样子。总之，送课让我收获了很多，不仅收获了和学生的友谊，还收获了在学校学不到的知识。

以下是我上课时的场景（图11-32）。

图11-32　我上课时的场景

我们都一样，用心在成长

我是许倩，我参与了送课下校活动。面对乌当二中的学生，我就是一名老师。在乌当二中，我教过初一（3）班、初一（5）班、初三（12）班，也给学生上过各种主题的心理健康课，如"认识自己""与沟通起舞""用心开始，我比想象中优秀""情绪ABC"等。每一次备课，每一次试讲，都只是为了给学生呈现一堂别出心裁的心理健康课。我喜欢学生认真投入的样子，也喜欢自己为了这一份工作付出的样子。而我，和所有参与送课下校活动的志愿者一样，没有什么区别。我们都有一样的标签，我们都一样乘着梦想去远航；我们都一样，用心在成长。

杨雅云：我是乌当二中初一（5）班的杨雅云，我很喜欢许倩老师讲的心理健康课。许倩老师讲的课很有意思，会让我们开怀大笑。在许倩老师的课上，我们既可认识自己，也可与人交好。

张诗琦：遇见许老师真好，她给我们带来了欢笑，我们每个星期都很期待许老师的到来。许老师教会了我们很多东西，如三段式沟通等。

王群友：许老师套路太深了，我要回农村，每次都被许老师的套路套得死死的。

刘可:10个优点好多啊,可是在许老师的引导下,我觉得自己不止10个优点,感谢许老师的引导,让我变得越来越自信。

以下是我上课时的场景(图11-33)。

图11-33　我上课时的场景

第三节　A区未成年人心理健康日活动

一、我校学生参与2015年A区525未成年人心理健康日活动

以下是我校学生在2015年A区525未成年人心理健康日活动中的场景(图11-34至图11-39)。

图11-34　全体志愿者合影

图 11-35　志愿者大学生在协助家庭参与到心理游戏中来

图 11-36　志愿者大学生在协助家庭体验心理游戏

第十一章 中小学"六心一体"心理健康教育模式探究——以贵州省A区为例

图 11-37　志愿者大学生在指导小朋友

图 11-38　志愿者大学生在帮助小朋友解读卡片

图 11-39　大学生志愿者在解读心理游戏

二、我校学生参与 2016 年 A 区 525 未成年人心理健康日活动

以下是我校学生在 2016 年 A 区 525 未成年人心理健康日活动中的场景（图 11-40 至图 11-42）。

图 11-40　全体大学生志愿者合影

第十一章 中小学"六心一体"心理健康教育模式探究——以贵州省A区为例

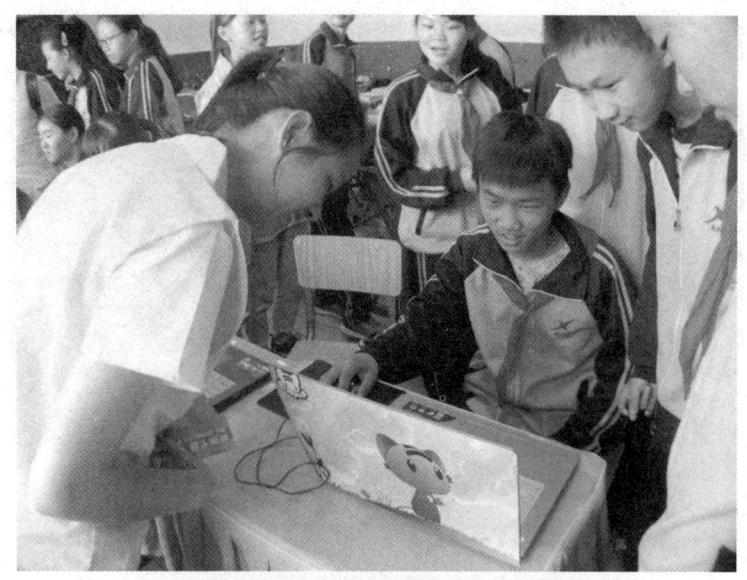

图 11-41 大学生志愿者在指导学生进行心理测评

图 11-42 大学生志愿者在指导学生参与心理游戏

三、我校学生参与 2017 年 A 区 525 未成年人心理健康日活动

以下是我校学生在 2017 年 A 区 525 未成年人心理健康日活动中的场景（图 11-43 至图 11-45）。

图 11-43　大学生志愿者在民职中学给青少年普及心理学知识

图 11-44　大学生志愿者在给青少年讲解心理游戏规则

图 11-45　大学生志愿者在帮助民职中学学生排演心理剧

第四节　团队对外开展关于中小学心理健康教育的部分讲座

以下是倪磊老师开展讲座时的部分素材（图 11-46 至图 11-51）。

图 11-46　倪磊老师在给家长做亲子讲座

图 11-47　倪磊老师在乌当二中给 A 区中小学校做关于师生沟通的讲座

图 11-48　倪磊老师在民职中学开展关于师生沟通的讲座

图 11-49　倪磊老师在贵州省精神卫生年会分享催眠在亲子关系中的应用

第十一章 中小学"六心一体"心理健康教育模式探究——以贵州省A区为例

图 11-50 倪磊老师在贵州省心理学年会上分享家庭教育

图 11-51 倪磊老师与小学老师分享压力管理

附　录

附录一　气质类型与职业选择情景剧剧本

背景：四个人去电影院看电影，而电影已经开映15分钟。按照公司规定，检票员不允许他们进入，他们分别会有怎样的表现呢？

人物：检票员、观影者A、观影者B、观影者C、观影者D。

情景1：检票员与观影者A

观影者A：你好！请让我进去一下，电影开始了。

检票员：不好意思，这位先生/女士，按照公司规定，迟到15分钟以上不能进去。

观影者A：第一，我怎么可能迟到15分钟，明明是你们影院的钟表快了，而且我进去又不会影响到别人。第二，规定是谁定的？是人定的就可以改啊！那是不是改晚点我就可以进去了呢？第三，请你让我进去，让开！（扬起手，并大声吼道）让不让？

若不让进则开始动手打人。

情景2：检票员与观影者B

观影者B：你好！帅哥/美女，请帮忙检一下票！（声音轻快，面带微笑）

检票员：不好意思，您看的这场电影已经开映15分钟，按照公司规定，您已不能进入。

观影者B：噢，这样啊！你看那边（故意指向某个地方，转移检票员注意力，然后偷溜进去）。若此种方法失败，则开始和检票员套近乎或者贿赂检票员（如看你就比较有眼缘，你让我进去看电影，结束后请你吃饭，交个朋友）。

情景3：检票员与观影者C

观影者C：你好！请帮我看看票（轻轻将票递给检票员）。

检票员：对不起，本场电影已开映 15 分钟，按照公司规定，您已不能进入。

观影者 C：是不是迟到了就不能进去？（语气平和）

检票员：嗯，迟到 15 分钟就不能进了。

观影者 C：好吧！

观影者 C 转身离开（边走边自我安慰道：反正这部电影也不太好看，回家休息了）。

情景 4：检票员与观影者 D

观影者 D：你好！请问我可以进去吗？（慢慢摸出票给检票员）

检票员：不好意思，这位先生／女士，按照公司规定，迟到 15 分钟以上不能进去。

观影者 D：可是我想看这个电影很久了（用委屈的表情看着检票员），今天好不容易学校放假有机会来，结果因为路上堵车迟到不能看。哎！真是太倒霉了！（伤春悲秋，然后转身离开）

附录二　A 区教育局与贵州师范学院德育安全网格化心理服务项目合作合同书

甲　方：A 区教育局

乙　方：贵州师范学院

根据贵阳市教育局《关于进一步做好全市中小学校德育安全工作强化基层网格化管理工作方案》，为进一步做好 A 区中小学德育安全工作，提升基层基础网格化管理，降低学生伤害事故发生，促进师生心理健康成长，甲、乙双方本着自愿、平等、公平、诚实、信用的原则，经友好协商，依据中华人民共和国有关法律、法规的规定签订本合同，由双方共同遵守。

1.由乙方向甲方所辖中小学提供专业心理服务，服务内容包括两个板块。

其一，针对甲方中小学教师、家长等群体，以讲座、团辅拓展或沙龙等形式开展培训活动共 25 次，其中 200 人以上活动不少于 4 次。（乙方提供课程服务人员必须具备讲师资格及以上职称，经过甲方同意的中小学心理名师也可）。

其二，针对甲方所辖所有公办中小学（教学点除外），乙方选派优秀大学生开展送课下校活动共 480 人次，优秀大学生由乙方应用心理学专业的学生组成，同时安排心理学专业的老师下校指导，老师下校次数共 43 人次。

2. 乙方送课下校的大学生需乙方经过筛选,并且提供下校前专题培训,培训时长不少于 8 小时,过程性提升培训不少于 4 小时,并具有授课能力,保证其授课质量及针对性,培训过程资料交甲方审核,学期结束后相关教案交学校存档。

3. 乙方送课下校的学校应覆盖甲方全区所有公办中小学(教学点除外),并确保下校大学生数量及人员稳定性。

4. 乙方应当提前对送课下校大学生及教师进行安全教育培训,乙方教师及学生在提供服务过程中,遭受人身损害,责任由乙方自行承担。其中,对于交通不便的学校,乙方希望甲方在交通上给予协助。

5. 本合作旨在提高甲方中小学师生的心理健康水平,服务于每一位教师、学生,本合作的重点是乙方协助甲方及时鉴别甲方中小学心理异常师生,如发现特殊案例,需及时给予专业疏导和干预,若遇特殊案例,在家长自愿的情况下可带到 A 区未成年人心理健康咨询中心(贵州师范学院教育科学学院心理咨询室)进行心理咨询,同时建立相关档案,其中,会设置一笔心理咨询专项基金,专供为 A 区未成年学生提供心理咨询服务。

6. 乙方需协助甲方对德育安全网格化示范学校(含区级中心)师生心理相关数据进行分析,并生成工作报告。

7. 甲方及所属中小学对乙方相关服务有监督评价的权力,甲方所属各公办中小学明确一名专兼职教师与乙方人员进行配合,并对乙方服务当场进行评价,如有需要,乙方需及时调整,双方均对评价资料进行留存,作为甲方是否继续合作的依据。

8. 本次合作采取多元化方式评价。评价相关内容如下:

8.1 问卷评价。乙方每次活动后做效果问卷评价,问卷发放对象为听众;针对学生的送课下校,每两个月做一次问卷评价,问卷发放对象为师生。

8.2 访谈评价。乙方每两个月通过面谈、电话访谈或电子邮件访谈甲方学校的师生了解学生送课下校的实践情况。

8.3 成果评价。作为双方合作的一个项目,我们既希望双方的合作能够提高甲方所辖中小学学校的心理健康水平,也能生成现实成果,成果形式包括师生感想、活动素材搜集、宣传展示。成果汇总以一个学期为周期,并及时根据成果由甲方及所辖学校师生给予评价。

8.4 乙方每两个月汇总评价结果,并且双方针对评价结果做一个当面沟通,及时改善合作效果。

9. 乙方若将此项合作作为国家、省、市级课题申请,甲方有权派相关人员参与课题研究,并成为课题组成员。

10. 如果乙方未按照规定次数及甲方要求质量进行服务，甲方有权要求乙方对不合格服务次数重新安排。

11. 合作延续条件。如在本次合作过程中，甲方对乙方所取得的效果较为满意，在双方合作愉快的情况下，可以延续和扩大合作范围。

12. 争议。本合同履行过程中发生争议，双方应协商解决，协商不成时，任何一方有权向 A 区人民法院提起诉讼。

13. 合同生效与终止。本合同经双方签字盖章之日起生效，合同期满时终止。

14. 合同份数。合同一式 3 份，甲方 2 份，乙方 1 份，具有同等法律效力。

甲方（章）：　　　　　　　　　　乙方（章）：

法定代表人：　　　　　　　　　　法定代表人：

日　　期：　　　　　　　　　　　日　　期：

地址：贵阳市 A 区行政综合大楼　　地址：A 区高新路 115 号

电话：0851-86846394　　　　　　 电话：0851-85818313